北京市支持中央在京高校共建项目资助

U0729433

第2辑

来华留学生预科教育研究论丛

主 编 翟 艳

副主编 别红樱 殷晓君

北京语言大学出版社

BEIJING LANGUAGE AND CULTURE
UNIVERSITY PRESS

© 2020 北京语言大学出版社，社图号 20208

图书在版编目（CIP）数据

来华留学生预科教育研究论丛．第 2 辑／翟艳主编
．－－北京：北京语言大学出版社，2020.12
ISBN 978-7-5619-5811-7

Ⅰ.①来…　Ⅱ.①翟…　Ⅲ.①留学教育－高等教育－
中国－文集　Ⅳ.① G648.9-53

中国版本图书馆 CIP 数据核字（2020）第 245386 号

来华留学生预科教育研究论丛（第2辑）
LAI HUA LIUXUESHENG YUKE JIAOYU YANJIU LUNCONG (DI 2 JI)

排版制作：	北京创艺涵文化发展有限公司
责任印制：	周　燚

出版发行：	北京语言大学出版社
社　　址：	北京市海淀区学院路 15 号，100083
网　　址：	www.blcup.com
电子信箱：	service@blcup.com
电　　话：	编辑部　　8610-82303647/3592/3395
	国内发行　8610-82303650/3591/3648
	海外发行　8610-82303365/3080/3668
	北语书店　8610-82303653
	网购咨询　8610-82303908
印　　刷：	北京中科印刷有限公司

版　次： 2020 年 12 月第 1 版		**印　次：** 2020 年 12 月第 1 次印刷	
开　本： 787 毫米 ×1092 毫米　1/16		**印　张：** 20.5	
字　数： 358 千字		**定　价：** 69.00 元	

PRINTED IN CHINA

前　言

2018 年 11 月 16—17 日，以"来华留学专业 / 学术汉语建设与发展"为主题的第二届全国预科教育学术研讨会在北京语言大学成功召开。北京语言大学张旺喜副校长、国家留学基金管理委员会来华部陈琳主任、北京第二外国语学院汉语学院院长潘先军教授莅临大会并在开幕式上致辞。多位汉语国际教育专家、北京语言大学科研处领导以及《世界汉语教学》《语言教学与研究》等四家杂志社的代表参加了本次大会。

本次研讨会会议形式丰富，设有圆桌会谈、大会报告和分组汇报等环节。圆桌会谈上，与会专家、代表一起走进专业/学术汉语的世界，大家针对专业/学术汉语的定位、教学目标、教学内容、学成目标以及语言学特征等方面进行了热烈的讨论，为研讨会进行了充分的热身。

17 日上午，大会邀请四位专家做了专题报告。施春宏教授提出了词汇教学新理念，他的报告内容丰富，语言幽默，开阔了词汇研究的新视野；余蓝副教授的报告对南亚师资项目生在文化适应性方面的特征进行了说明解释，数据翔实，观点清晰；李海燕副教授的报告则直接针对留学生的学术写作能力培养，实用性强，具有相当的启发意义；韩玉国副教授的报告提出了构建语法意识的迫切性，并结合案例分析，探讨了汉语教学中提升语法意识的一些具体做法。四位专家的报告从不同的角度，给对外汉语教学提出了新方法、新思路、新课题。与会代表一致表示，大会报告非常成功。

17 日，大会进行了分组讨论，与会代表们各展风采，介绍了自己在预科教育方面的最新研究成果，并进行了充分的交流讨论。不少代表评价说，每项研究都非常实用，在预科教育的教学模式、管理以及专业汉语能力提升方面都提出了很多新的见解。与会代表一致认为，本届研讨会对以后的预科教育教学、管理与科学研究具有非常重要的指导意义。

本次大会共收到论文 42 篇，涉及预科教育宏观研究、教学教法研究、课程研究、教材研究、文化研究以及预科生学习理论与策略研究 6 个预科教育相关领域。经专家审核，确定将《汉语预科教育模式的建构》等 25 篇论文收入本论文集。中间经过多次排版调整，并组织论文作者进行了全面修改。经过各位编者和专家学者长达一年多的努力，终于于近期付梓。

通读全书，本辑所收论文涉及以下方面的内容。

一、预科教育宏观研究

以北京语言大学翟艳教授的《汉语预科教育模式的建构》为代表，该文立足于教学与管理实践，从理论认识、教学实践、教学管理与教学评价等方面对预科教育模式进行了探索；北京理工大学的熊玉倩、彭美琴两位老师撰写的《"一带一路"背景下理工类高等院校学历留学生对汉语教师的评价研究》一文通过调查访谈、数据分析等方式，对适合理工类高校的汉语教师评价标准进行了初步研究；北京语言大学的庞震老师的《非洲来华预科生世界公民意识的调查研究》则以北京语言大学预科教育学院 CSC 非洲预科生为调查研究对象，探讨来华预科生教育的特殊性和对其进行"世界公民"教育的重要性，分析非洲预科生"世界公民意识"的变化并探讨其影响因素，及对未来来华预科教育的启示。

二、教学、教法研究

本辑论文集中，这部分论文占绝大多数，说明老师们还是更关注教学和教法实践方面的研究。施春宏教授等三人合著的《基于"三一语法"观念的二语词汇教学基本原则》一文基于结构—功能—语境相结合的"三一语法"的基本观念，提出了二语词汇教学应该体现的一些基本原则，同时还进一步指出，在具体词汇教学中还应注意教学用语与词汇等级相适应；韩玉国副教授的《构式语法应用于汉语教学的理据及意义》从学理角度出发，分析、提炼"构式—语块"教学法的理据与教学意义，对"构式—语块"教学法的进一步构建与应用进行了有益探讨。

北京语言大学苏向丽副教授的《认知语言学视角的现代汉语基本词汇属性特征分析》一文基于基本词汇属性特征的分析，为面向预科教学的基础词汇的选取提出了相关建议；复旦大学王一平副教授的《基于 CLIL 模式的高级阶段留学生中文书面语体表达能力培养》介绍了复旦大学汉语国际教育外籍专业硕士研究生"高级汉语"课程改革的成果，他们基于 CLIL 模式，对"高级汉语"课程进行了重新设计，通过三年的质化研究发现，学生中文书面语体表达能力的较大提升与课程所采用的 CLIL 模式有很大关系；华中师范大学的余敏、赵显昊老师在《大文科专业汉语词汇教学模式浅探》一文中，重点讨论了如何在平时有限的课堂教学中，更有效地帮助学生理解和记忆，形成大文科词汇教学的模式。

三、预科教育课程、教材与文化研究

本辑论文集中有不少面向课程、教材与文化研究的文章，以北京大学李海燕副教授等的《本科留学生学术汉语写作课需求调查与课程建设》一文为代表，文章基于对选课留学生学习需求的问卷调查，对学术汉语写作课的课程建设情况进行总结，探讨了这门课程的教学内容、教学方法及面临的挑战；华中师范大学朱力老师的《预科生看图写作中的篇章衔接偏误分析》一文以预科生的看图作文为研究语料，采用衔接理论为篇章衔接之理论基础，归纳分析预科生在看图写作时产生的语篇衔接偏误类型，进一步分析预科生完成看图写作的难点，并提出了教学建议；北京第二外国语学院的李燕辉老师从教学实践出发，以预科结业考试中的写作题型——看图作文为训练内容，在分主题的前提下将看图作文分为写作前期、写作期、写作后期三个阶段，从题目、格式与内容三方面进行实践训练，为预科生写作教学提供了参考；信息工程大学的汪景民老师则在文章中介绍了针对汉语预科外军留学生的军事汉语教材编写情况。

四、预科生学习理论与策略研究

北京第二外国语学院的符敏敏老师在文章中分析了来华留学预科生平时的汉字测试试卷，总结了他们在汉字书写中的三种主要偏误类型，即笔画、部件、整字三方面，分析了偏误可能产生的原因，并通过采访老师及结合自身教学经验为预科汉字教学提供了一些可行性建议；东北师范大学的王斯璐老师通过研究发现，预科生"情感策略"的使用频率很高，且差异性小，由此认为，"情感策略"的使用具有必要性，教师应激发预科生的正向学习情感，强化学习动机，培养情感监控、调节能力；北京语言大学的高娜老师则在分析来华留学生数学学习策略使用总体特征的基础上，结合定量研究数据，综合描绘了来华留学生在不同策略维度上的数学学习策略心理特征，并确定有助于学业成绩提高的相关策略，进而对预科数学教学提出了相关的建议。

五、教师发展、学生管理及其他方面的研究

大连医科大学的彭湃老师在文章中以医学汉语教师的培养及自我发展为例，从专业知识发展、国内外学术交流、合作教学等角度以及提高自己知识水平、教学水平、研究和反思等方面对医学汉语教师的培养及自我发展进行了讨论；北京语言大学的黄峥老师收集了北京语言大学从事留学生预科教育的班主任教师实践反思的资料，运用扎根理论方法进行编码，获得了知识结构、教学能力、专业发展能动性三大教师专业素养构成中的 24 个行为特征，证明预科教师专业发展阶段的关注模式呈现出由关注学生到关注教学任务，再到关注自身专业发展的过程。

在学生管理方面，北京语言大学的别红樱老师详细介绍了对来华留学预科生实施动态管理的具体方法，认为其主要特征在于通过外部环境的预测、内部数据分析，对学习策略、管理手段进行适时调整，对教学和管理计划进行修改和补充；北京第二外国语学院的高媛媛老师从预科课堂的非预设事件入手，对预科课堂管理以及作为课堂管理者的预科教师的素养和发展进行了探讨；北京语言大学的宋刚、黄峥两位老师则以北京语言大学预科教育学院为例全面讨论了宏观层面的教学管理模式与微观层面的教师管理行为，并且运用实际案例对班主任教师管理的具体行为进行了综合分析，充分地论证了班主任教师管理所具有的跨学科性质，及其在预科教育中担负的举足轻重的角色。

与 2017 年出版的《来华留学生预科教育研究论丛》（第 1 辑）相比，这部论文集中收录的论文虽然数量并不丰厚，但总体而言，针对预科教育的研究理念更新，方法更先进，研究的内容也更为全面。宏观研究如预科教育模式，细微观察如一个知识点，专家学者们在教学中研究，在研究中实践，在实践后反思，取得了预科教育教学、管理等方面丰硕的研究成果。

呈现在我们面前的这部散发着浓墨芳香的论文集，虽然算不上鸿篇巨制，但它确实凝聚了各位从事预科教育的教师在繁重的教学任务之余潜心研究的点点心血，映现出他们求真务实、不懈求索、奋进创新的感人风采。

编　者

2020 年 11 月

目　录

汉语预科教育模式的建构

翟艳

摘　要　近十年来，关于汉语教学模式的研究成为热点，发表了大量的文章和学位论文，但关于预科教学模式的研究却寥若晨星。学界普遍认为，对外汉语教学模式是多层面、多角度、多样化的，关注的因素、角度不同，所描述的模式就可能不同。本文一方面承继对外汉语教学的传统，一方面深刻把握新时期对预科教育的要求，从理论认识、教学实践、教学管理与教学评价等方面对预科教育模式进行了探索，力图解决预科教育从顶端设计到底端操作的各种问题。

关键词　预科教育模式　教学目标　教学实践　教学管理　教学评价

○、引言

汉语预科教育指的是对具有高中学历的来华留学生进入本科学习前所进行的汉语及专业基础知识的教育。我国早期的对外汉语教学发端于此。当今，对外汉语教学规模已今非昔比，作为其中一类的汉语预备教育如今定名为"汉语预科教育"。从历史渊源和传统的继承的角度来说，北京语言大学（以下简称"北语"）的汉语预科教育无疑是"北语对外汉语教学模式"的重要组成部分。进入新时期，重新认识和建构汉语预科教育的模式，汉语预备教育必将在新的理念上重建和中兴（赵金铭，2017）。

一、北语预科教学模式的基本要素

学界普遍认为，对外汉语教学模式是多层面、多角度、多样化的，关注的因素、角度不同，所描述的模式就可能不同（吴中伟，2016）。崔永华（2018）把对外汉语教学的教学模式理解为汉语教学的操作方式，"其外在表现为课程设置、教学方法与作为课程和方法载体的汉语教材。外在表现的背后依据则是对教学目标、教学内容、教学的基本原则以及模式的成因、过程的认识"。本文大致遵循这种思路，选择四个构建预科教育模式的关键因素，对当前的北语预科教育模式加以说明。

1.1 教学目标

建立教学模式，首先要对特定的教学群体的教学需求加以分析。鲁健骥（2016）认为，评价教学模式的第一个标准是模式的有效性，就像"一双鞋子适合一双脚"，教学模式的构建首先考虑的是特定的教学需求和与之相应的教学目标。预科教育是学历教育的前端，无论学习什么专业，来自何种文化环境，预科生们均需具备大学学习的基本能力。这种模式与汉语短期教育和汉语进修教育都有很大的不同，即使是汉语言专业的一年级也无法替代。

2009 年，教育部发布的《教育部关于对中国政府奖学金本科来华留学生开展预科教育的通知》中阐述了来华预科教育的总体目标："使学生在汉语言知识和能力、相关专业知识以及跨文化交际能力等方面达到进入我国高等学校专业阶段学习的基本标准。""汉语言知识和能力"的获得主要依赖基础汉语教学，它与短期、进修等其他汉语教学类型享有共同的知识与能力内核，而"专业知识"及学习能力具有语言向专业过渡的搭桥性质，凸显了预科教学的特殊性。这个宏观的总体目标，又可以分解为关注语言技能的获得的课程教学的中观目标，以及各课程内部容易被观察及被测量的微观目标（翟艳，2016）。也就是说。预科教育模式的教学目标可以按照宏观、中观和微观三个层次来建构。

1.2 教学实践

吴勇毅（2017）认为，任何教学模式讨论的都是如何处理课程设置、语言知识传授、语言技能训练及教材编写之间的关系，无论是预备教育前期的"结构驱动的综合教学模式"，还是 20 世纪 80 年代的"技能驱动的分技能教学模式"，莫不如此。预科教育模式的教学实践将在课程体系建设、知识与技能训练方法、教材使用等方面展开。

1.3　教学管理

关于教学管理是不是教学模式的构成因素，学界意见存在分歧。刘颂浩（2014）充分探讨和阐释了管理在模式建构中的重要性，并提出了一个"教学管理模式"，希望创建优秀教学模式所需的管理机制；汲传波（2014）支持这个看法，并以"宽模式"和"严模式"来加以区分。吴勇毅（2014）和吴中伟（2016）则持相反的观点，认为教学管理问题涉及的都是教学模式创建的外部条件，教学模式的创建固然需要外部保障，但依然需要从教学出发。

由于教学对象的限制（年龄小、自控能力差、学习动机不强）、教学目标的要求（短时间、高标准）等原因，构建预科教育模式必须对教学管理提出较高的要求。中国政府奖学金预科生培养院校不约而同地把管理提高到保证教学质量的高度，例如出勤，规定缺勤时数超过60节就劝退。由于预科教育的特殊性，预科教育将管理作为模式建构的重要因素在所难免。

1.4　教学评价

教学的有效性要靠科学的检测来衡量。常规教学多以课程考试来评价学生的学习情况，预科教育则注重整个学习过程中学生的发展，且结业时采用严格的、标准化的测试结果来检验教学效果。预科的结业考试跟雅思、托福、SAT、ACT 等海外标准化考试一样，也具有选拔与淘汰的功能。中国政府奖学金本科来华留学生预科教育结业考试正在朝着相同的目标努力，试图以奖学金生预科教育为试点，探索符合中国国情和汉语特点的大学入学资格考试。另外，测试作为预科教育模式的重要因素之一，还在于它对教学具有反拨作用。

基于以上分析，我们把教学目标、教学实践、教学管理和教学评价作为构建预科教育模式的关键因素。下面将从这四个方面对当前北语汉语预科教育模式做一个简单的描述。

二、北语汉语预科教育的模式

2014 年 3 月北语成立预科教育学院，标志着北语的汉语预科教育进入了一个新的阶段。这个学院一方面承继北语的教学传统，一方面积极适应新时期汉语教学的特点，同时努力保证完成各项教学任务，经过四年多的实践探索，初步构建了一个相对稳定的预科教育的教学模式。从理论认识、教学实践、教学管理与教学评价等多方面进行探索，力图解决预科教育从顶端设计到底端操作的各种问题：在宏观层面，通过构建理论认识体系，明确了预科教育的目标，解决了来华预科教育培养什么人的问题；在中观层面，通过构建预科教育体系，编写大纲，设计课程，编写教材，探索教法，解决如何培养人的问题；在微观层面，通过构建独具特色的预科评价体系，准确评价学生，解决质量保障、培养效果问题。

下面简要说明构成北语汉语预科教育模式的四个主要方面的具体内容。

2.1 教学目标

预科教育针对零起点或有一定汉语基础的来华留学生进行基础汉语知识和技能教学的同时，必须补充教授必要的专业基础知识和基本的数理化知识。在这个意义上，汉语是作为学习、获取知识的工具来教授的，预科教育就是"把汉语作为一种工具来教授的特殊教学门类"。因此，预科教育的培养目标，不仅是语言交际能力的培养，更是相关专业知识与学习能力的传授与培养。当前我国的预科教育依据预科生所选专业划分了四大类别：理工、医学、经贸、文科，相应地设置了科技汉语、医学（中医、西医）汉语、经贸汉语、大文科汉语教学，另外还开设高中数理化课程。全国预科教育结业考试中有三分之一的内容涉及与专业相关的知识或话题，另有数理化三科的考试。

历史上针对预科生入系后的情况曾做过三次调研（钟梫，1985；李培元，1987；高彦德、李国强、郭旭，1993），前两次调研反映学生听、读方面的困难最大。而高彦德等所做的较大规模的调查表明，预科生入系后在听、说、读、写方面均存在困难。基于此，为最大限度地满足预科生未来与中国学生同堂上课的需要，预科教育对技能目标进行了系统化和阶段化的设定：总体方针是听、说、读、写全面发展，听说打头，读写跟上。在教学的第一阶段，重点是夯实语言基础：语言知识方面，突出解决基础词汇和基础语法问题；语言技能方面，强化听和读的训练，兼顾说与写的训练。在教学的第二阶段，重点是通过专业汉语教学培养学生对书面语体所承载的专业知识的理解能力，继续强化使用汉语进行听、记、问的技能，强化专业学习技能和应试技能。

2.2 教学实践

在教学中，预科教育具有工具性、密集型、高强度、补习式、应试性的"预科性"教学特点。"工具性"体现为知识的学习必须转化为解决问题的技能；"密集型"体现为课时量大，周课时达到 30～36 节；"高强度"体现为在教学第一阶段就必须完成大纲规定的基础汉语字（600 字）、词（1600 词）、语法点等学习任务；"补习式"体现为经常性地查漏补缺；"应试性"体现为熟悉考试题型、进行简单的应试技巧训练。这些特点贯穿在教与学的各个方面，以下主要从课程、教法和教材资源三个方面概括说明。

（1）课程设置：北语预科教育设置了基础汉语类课程、专业汉语类课程、HSK 应试类课程、通识与文化类课程、语言实践类课程、课下延伸类课程六大系列课程体系，各类课程均按照强化教学的要求进行。实行大班教学、小班补习、个别指导、整班自习等多样化的排课模式。

（2）教学方法：重视学生自主学习能力的培养，比如强调预习、先做练习，然后在课堂实现一定程度的翻转，另外，还强调学生课上记笔记，方便课下复习；强调学生解决问题能力的培养，比如语言要素的学习均要求落实到产出上，知识点要求学生能理解并阐述出来；重视知识和能力的综合性、系统化，在教学中不断要求学生将知识点贯通起来，进行综合性的产出。这些做法都是由预科的特殊性所决定的，体现出预科教育高度的计划性和严格的执行程度。

（3）教材资源：北语预科教学使用的教材既包括正式出版物，也包括大量自编教材和辅助材料。基础汉语教学主要使用正式出版物，比如《汉语十日通》《HSK 标准教程》《汉语听力速成》《体验汉字》等。专业汉语教学使用我们编写的《大文科专业汉语综合教程》与《大文科专业汉语听说教程》。教材内容涉及6 大学科门类的 18 个二级学科，如汉语言文字学、新闻学、法学、国际政治、国际关系、艺术学等，从通识教育与人文教育的角度介绍专业基本知识和概念，学习专业词汇。教材在指导思想上注重培养学生的专业学习能力，如适应以教师讲授和专业文本阅读为主要方式的专业课堂教学，锻炼批判性思维能力等。我们还开设有数学课，用汉语来讲授数学知识。其他特设的课程主要使用自编讲义或材料。

2.3 教学管理

管理是教学模式运行的保障，也是教学质量的保障。预科教育高度重视教学管理，通过宽严有度的管理，来强化学生的学习动机，使其树立良好的学习态度，提高学习成绩。具体做法为：

（1）实行多元化的学生管理：承担管理职责的人员不仅有学院领导、留管人员，还有所有教师，包括班主任和任课教师。他们形成了多层次的、相互配合的动态管理体系。教师主要负责课堂纪律，他们有权要求不完成作业、不尊重老师、扰乱课堂秩序的学生去留学生管理办公室听候处理，并参与处理意见；留管人员主要负责学生出勤、谈话与奖惩；学院领导统筹管理工作，并指导制订相关管理制度。有人将预科教育阶段戏称为"高四"，在管理上，预科教育阶段确有类似特点。

（2）针对不同的违纪违规情况，实施班主任、系主任、学院领导的三级谈话制，阶梯式的谈话，既能让学生明白道理，更能增加管理的威慑力。在与学生谈话方面，班主任起到重要作用。教师谈话时能及时发现学生的困难和问题，并对其给予帮助。留管人员每周统计考勤，定期张贴考勤记录，督促学生重视平时表现；他们还与宿管频繁沟通，及时了解学生的作息，并及时对其不良生活习惯予以教育指导。

（3）创立中外学生互助机制和北京市青年志愿服务项目，有大量的中国学生加入到预科生的课外学习中，他们互动交流，共同学习。值得一提的是，中国学生勤奋好学的行为成为预科生学习的动力和榜样。通过教书育人、法制法规教育、各种谈心活动、奖励处分、陪伴学习等方式，既严格要求、有序管理，又悉心照顾、帮扶困难学生，预科教育的管理实现从"教学"到"教育"的转化，帮助预科生形成正确的价值观、学习观、生活观。

2.4 教学评价

预科教育实行全面、客观、科学的评价，建立了关注全程的形成性评价体系，全方位评判学生的学习能力和学习结果。具体做法如：

（1）更为合理的分班测试：在开始教学前对学生进行测试，以确定教学的起点和教学的重点。除此以外，在传统口试、笔试分班的基础上，参考现代语言学能测试的基本框架，研发了零起点汉语学习者学能测试试卷，为预测学习者潜能、实施分层教学提供了依据。实践证明，它对学生的学业具有较好的预测性。

（2）学习过程中的及时反馈：依据学生课堂听写、完成作业的情况，以及周测、月考和期末考试等表现，分析成绩，梳理问题。在课外实施一对一辅导、小班补课等。教师还会对学生进行一些学习策略的指导，例如教会学生使用错题本，记录和分析每次考试中的错误，整合知识。

（3）参加统一标准化考试：以中国政府奖学金本科来华留学生预科教育结业考试作为最后的考核标准，如同用同一把尺子来衡量全国预科教学的质量和学生水平，使一学年教和学的效果得到比较可靠的检验。

三、结语

随着来华留学潮流的到来，汉语预科教育在未来将变得越来越重要。2018年结业的中国政府奖学金预科生已超过 2000 人，以 2017 年在华学历生 24.15 万人[①]的数据推算，通过其他渠道入学、分散在其他高校的各类预科生也应为数不少。预科生的规模在快速增长，国家对教学质量的要求也越来越高。北语预科教育学院在实践中积极探索，努力构建新时期汉语预科教育的教学模式，以适应汉语预科教育的发展。

参考文献

崔永华（2018）试说"北语模式"，《国际汉语教学研究》第 1 期。

---

① 参见教育部网站。

高彦德、李国强、郭　旭（1993）《外国人学习与使用汉语情况调查研究报告》，北京：北京语言学院出版社。

汲传波（2014）再论对外汉语教学模式的构建，《华文教学与研究》第2期。

李培元（1987）五六十年代对外汉语教学的主要特点，《第二届国际汉语教学讨论会论文选》，北京：北京语言学院出版社。

刘颂浩（2014）中国对外汉语教学模式的创建问题，《华文教学与研究》第2期。

鲁健骥（2016）关于对外汉语教学模式的对话，《华文教学与研究》第1期。

吴勇毅（2014）关于汉语教学模式创建之管见，《华文教学与研究》第2期。

吴勇毅（2017）关于汉语教学模式的研究（2005—2016），《汉语与汉语教学研究第8号》，日本东京：东方书店。

吴中伟（2016）汉语教学模式的集成、创新和优化，《华文教学与研究》第1期。

翟　艳（2016）试论汉语预科教学的目标，《来华留学生预科教育标准与测试研究》，北京：北京语言大学出版社。

赵金铭（2017）汉语预备教育再认识，《来华留学生预科教育研究论丛》，北京：北京语言大学出版社。

钟　榱（1985）十五年汉语教学总结，《对外汉语教学论集（1979—1984）》，北京：北京语言学院出版社。

作者简介

翟艳，北京语言大学预科教育学院院长，汉语国际教育研究院教授。主要研究方向为汉语作为第二语言技能教学法、口语教学与测试研究和教材编写。

基于"三一语法"观念的二语词汇教学基本原则[*]

基于"三一语法"观念的二语词汇教学基本原则[*]

施春宏　蔡淑美　李娜

摘　要　本文就二语词汇教学的基本原则，在学界既有讨论的基础上提出了一些新思考。基于结构—功能—语境相结合的"三一语法"的基本观念，本文认为二语词汇教学应该体现这样一些基本原则：意义和用法相结合的原则、典型语境驱动的原则、词语辨析的最小差异原则、语际差异的对比参照原则。本文还进一步指出，在具体词汇教学中还应注意教学用语与词汇等级相适应。

关键词　三一语法　　词汇教学　　基本原则　　用法　　典型语境

关于汉语作为第二语言的词汇教学的基本原则，学界多有论述。比如，孙新爱（2004）认为词汇教学要把握"语素、字、词结合""在语境、句子中教学""结合词的组合关系和聚合关系"等原则，李如龙、吴茗（2005）提出对外汉语词汇教学的"高效之路"是在"区分频度、常用先教"的基础上推进"语素分析教学法"，万艺玲（2010）提出的词汇教学原则包括"结合汉字特点、利用汉语词汇的特点、注重结合具体语境、结合文化背景因素、区分书面语词汇和口语词汇、注重教学中词汇的科学重现"，刘座箐（2013）指出词汇教学要遵循"词汇量控制、适度扩展、阶段性、课型差异性"四项原则，毛悦（2015）则倡导"区分频度、分类教学、系统性、交际性和文化"五项原则，李先银等（2015）认为词汇教学的基本原则是"交际性、区别性、针对性、层级性、生成

---

*　本研究得到北京语言大学重大专项项目"基于多重互动关系的语法理论探索与应用研究"（18ZDJ04）的支持。本文原刊于《华文教学与研究》2017年第1期，此次发表，做了较大幅度的增订、调整。基于本文所阐释的基本理念而编写的《汉语基本知识（词汇篇）》（蔡淑美、施春宏著）已由北京语言大学出版社出版。

性、全面性"，等等。

教学原则是教学实践的指导思想和基本出发点。有意思的是，虽然面对的都是词汇教学这一对象，但各家提出的原则却多种多样，甚至差异很大。这就得思考，同样是谈原则，为什么会出现这样的差异？也即，各家确立这些具体原则的依据是什么？这些原则又是从什么角度提出的呢？可能受到某种限制，上述文献对于如何确立这些基本原则大多并未做出说明。当然，从宏观角度来认识，这些原则基本应是围绕"汉语词汇系统的特点、汉语教学的规律和特点及语言学习的目的"（李先银等，2015）这些方面来确立的。然而，所立原则差异之大，却也不能不引发新的思考。通过分析，我们发现上述诸多原则是基于不同的角度和层面提出来的。有的属于教学项目的编排层面（如"区分频度、词汇量控制、课型差异性"），有的属于教学内容的选择层面（如"分类教学、适度扩展、区分书面语词汇和口语词汇"），有的属于教学进程的规划层面（如"常用先教、阶段性、层级性、注重教学中词汇的科学重现"），有的属于教学策略的处理层面（如"结合汉字特点，利用汉语词汇的特点，语素、字、词相结合，结合词的组合关系和聚合关系，注重结合具体语境，在语境、句子中教学，结合文化背景因素"），有的属于教学方法的使用层面（如"语素分析教学法"），还有的则是从更为宏观的层面来考虑（如"交际性、针对性、系统性、全面性"等）。实际上，除了基于具体的教学策略和教学方法外，其他原则对于语音、语法、汉字等要素的教学大都同样适用，且基本都可以归入"因材施教"这个更高的层面。

作为总体指导着整个词汇教学过程的基本思想，二语词汇教学的基本原则应该从哪些方面来确立呢？词汇教学的原则具体有哪些？系统性和操作性何在？尤其是针对词汇系统中特异性鲜明而教学中长期存在但又不好解决的特殊现象（如涉及词汇—句法接口的词汇问题），能否提出更为有效的指导原则？如何才能把原则真正落实到具体的教学过程中去呢？这些问题都值得我们重新探索。本文即在运用语言习得和语言教学新观念的基础上对此做出进一步的思考。

一、确立二语词汇教学基本原则的基本理念

原则是观念性的、指导性的，在一定程度上也体现为策略，具有可操作性。但原则又并非具体词语的教学方法，而是能够对教学方法、操作过程进行观念性指导的更高层面。基于此，我们认为二语词汇教学的原则设立应该体现"词汇＋教学"及其关系的基本特征，即既要立足于汉语词汇系统的基本特点，又要从母语为非汉语的学习者最容易出现的词汇习得偏误入手，以有利于提高学习者学习效率并且有利于教师课堂讲练为根本目标。显然，这是一种"基于使用"（usage-based）的语言观、语言习得观和语言教学观。

首先需要说明的是，原则的确立似乎具有客观性，实际上并非完全如此。在对上述论及教学原则的文献进行分析后我们发现，所有的原则都或隐或显地具有理论（或理念）偏向性，不同的理论背景、教学理念对教学原则的确立和理解都有明显影响，甚至具体的教学实践也对研究者采取什么教学原则有导向作用，即具有教学偏向性。本文对教学原则的理解也是如此。本文试图借鉴当代语言学和语言教学的新理念来重新审视词汇教学的基本原则问题。基于我们的理论探讨和教学实践，我们认为，近年学界提出的一种新型二语教学语法体系——"三一语法"（Trinitarian Grammar）可以为此提供一种观念上的启发。这种语言习得观和教学语法观与当下方兴未艾的"构式语法"（Construction Grammar）理念相通，后者在语言习得中的有效性已有一定的实践基础。本文即从"三一语法"的基本理念出发，同时借鉴构式语法，尤其是 Goldberg（1995、2006）等所倡导的认知构式语法的基本理念[1]，来探讨二语词汇教学的基本原则及其策略。

在展开论述之前，我们先对"三一语法"的基本观念和框架做一下简单说明。与构式语法一样，"三一语法"所持的教学语法观是大语法观，将语法和词汇视为一个连续统，甚至对两者并不做出严格的区分，而是将所有语言单位

---

[1] 构式语法的核心理念是将语言系统中所有层级的单位（无论是实体的语素、词、固定习语还是抽象的句式、格式甚至语篇）都视为"构式"（construction）。构式作为形式—意义对（form-meaning pair），"它在形式或意义方面所具有的某些特征不能从其组成成分或业已建立的其他构式中完全预测出来"（Goldberg，1995：4）。后来其内涵在此基础上有所修正，认为"即使有些语言形式是可以充分预测的，只要它们的出现频率足够高，也仍然被作为构式而存储"（Goldberg，2006：5），但核心内涵未变。

都看作形式和意义／功能的配对体，即构式。在这种教学语法观中，词项本身也是构式，其特征不但包括形式和意义／功能方面的特征，还包括词语的用法特征。就此而言，讲意义和用法实际上也是同时在讲句法。如教"给、送"和教双宾语结构是互为表里的（当然，前者对所适用的语境有更具体的要求）。即使是句型、句式这样的句法格式，也必须结合词项的说明才能阐释清楚某一句法格式的有限能产性问题。不仅如此，"三一语法"还遵从"大词库、小句法"的语言学理念，将很多传统研究中视为句法因素的现象放到了词库层面来处理，基本上只是将屈折形态、线性配置、照应关系等具有结构规则性的编码系统及其操作归入句法。而且，有的语言项目，在教学实践中到底是归入语法项目还是归入词汇项目（如离合词、二价动词、二价名词、二价形容词等，下文将举例论及），视教学者观察的视角和处理的策略而定，没有必要做出严格的区分。这样，"三一语法"所关注的语法项目实际上既包括一般句法项目（如句型、句式），也包括具有特殊句法、语义、语用表现的词项式语法点 [如"别、了、都、往往"和"操心（操～心）、合作（跟～合作）、兴趣（对～的兴趣）"] 和特殊语块式语法点（如"请问、几岁、不怎么样、一……就……、都……了"）。[1]

基于冯胜利、施春宏（2011、2015）的阐释，"三一语法"是一种新型的"三位一体"的二语教学语法体系，其基本框架包括三个方面：

1) 句子的形式结构；

2) 结构的功能作用；

3) 功能的典型语境。

这里的"形式结构"指语法点所处语句依照虚词和实词的组织安排而体现出来的成分序列及其特征，包括该句型的基本结构形式和对该结构的特征的说明。如对初中级水平的汉语作为二语的学习者来说，"把"字句的基本形式结构是：A＋把＋B＋V-R/PP。其中：B须是有定的 NP；V须是行为性动词；V的后面要么带一般补语（R），要么带地点性成分（PP）。这个维度是有关"是什么样"的问题。"功能作用"指该句子结构在交际中具有什么用途，如"把"字句用来表达物体的位移或行为引发的结果。这个维度是有关"干什么用"的问

---

[1] 还需说明的是，"三一语法"视野中的语法，还包括韵律语法、语体语法视野中的语法。限于篇幅，这里不再展开，但后文第四节谈论"词语辨析的最小差异原则"时会有所涉及。

题。① "典型语境"是指让功能发挥其作用的典型场所，如"把"字句的典型语境是"搬家、安置家具和物品"和"整理房间、打扫卫生"等，它的设置都跟位移/结果有关。这个维度是有关"在哪儿用"的问题，试图解决学生"语言习得脱离实际"和教师"语言教学无从下手"的问题。特别需要说明的是"功能的典型语境"，它以功能实现的场景典型性以及教与学两方面的适应性为前提，因此它不是语言分析和语言教学中所谓的一般语境，也并非简单地指汉语使用者最常见的语境，而是根据教学对象的认知经验、二语习得的特定阶段和语言教学的生动便捷而归纳出来的"教学型"语境。

这三个维度彼此独立而又相互联系，构成一个有机整体，即化一为三，合三为一。这种三位一体的语法系统，体现了"场景驱动、功能呈现、法则匹配"这一教学法的科学性（冯胜利、施春宏，2015），既有很强的实践价值，同时也有很高的理论意义。

我们认为可以基于"三一语法"理念及其体系来重新认识二语词汇教学中的相关问题。当然，这不是说本文将词汇教学都看成语法教学，而是主要借助"三一语法"对语法项目的分析理念来重新审视二语词汇教学中涉及词汇—句法接口（interface）的问题。这些问题实际上正是词汇教学的重点和难点所在，同时又往往是传统的词汇学理念和词汇教学理念关注不够或不好解决的地方。如前所述，根据构式语法的基本理念，词项在本质上具有构式性（constructionality），即形式和意义（本文的意义取广义理解，包含功能）具有配对性，而且这种配对是在特定语境中规约化的结果。习得一个词项，除了习得它的形式（语音、词形及词类成分之间的关系）外，还要同时习得它的意义及其所适应的语境特征，而且只有了解了意义所适应的语境特征才能准确地把握意义本身。习得构式的过程，是对构式的形式和意义同时做出概括和存储的过程。而形式和意义的配对关系只有在具体语境、特定场景中才能被充分激活、有效习得。也就是说，只有活跃在语境中的词项，才是活的词项，才能实

---

① 需要特别提请注意的是"三一语法"对功能作用的特定理解。冯胜利、施春宏（2011）指出，该教学语法体系中所谓的"结构的功能作用"跟布拉格学派等功能学派提倡的"句法、语义和语用的交际功能"虽有学术的因承关系，但在领域和系统上有着本质的不同（体现出教学语法和本体语法的差异）。功能语法的功能一般以交际对象的"人"（如跟谁说时所用的）或语言形式的"义"为中心；而"三一语法"作为教学语法，它所注重的"干什么用"的"用"，严格限制在所用的"事"上（虽然也涉及人），语言形式的意义也通过功能来呈现。

现形式—意义对的交际价值。甚至可以这样认为，构式的内涵，应该从一般意义上的"形式—意义对"拓展到"形式—意义—语境对"。从这个意义上说，形式、意义、语境三者之间具有结构关系上的对应性。从"三一语法"的理念来说，词汇教学的根本目标就是使学习者能够有效地组词造句构篇并将之正确地用于具体的交际场景中，因此可以而且需要通过有效的词汇学习来带动语法学习、语篇学习，或者说词汇学习除了词音、词形、词义学习外，本质上还是在语法中学习，或者说所学的是大语法观视野中的语法。由此可见，虽然是基于"三一语法"，但我们并不是将这里的词汇教学等于语法教学。当然，由于重点解决接口问题，将"形式—意义—语境"的互动关系结合到词汇教学中，所以词汇教学和语法教学自然有交叠，而这些交叠之处正是"三一语法"理念比较擅长处理的地方，这也是下文论及的有些原则在一定程度上适用于语法教学的原因。这种"大词库、小句法"的基本理念，正是本文确立词汇教学原则的根本理念。

由此可见，我们需要从词项本身的构式性特征和词汇—句法接口方面来考虑词汇习得原则的建构。我们建立教学原则时还需要考虑学习者词汇习得过程中的特点、难点和教师在教学过程中的难点以及词汇教学的便捷、可操作性，这些都制约着宏观原则的针对性，因此还需要建构一些偏于策略性的教学原则。

基于这样的考虑，从"三一语法"的基本理念出发并将之应用于词汇教学，我们认为可以初步重新构建这样一些二语词汇教学的基本原则：意义和用法相结合的原则、典型语境驱动的原则、词语辨析的最小差异原则、语际差异的对比参照原则。这几个方面的原则，可以大体分为两个维度：前两项原则立足于"三一语法"基本观念及其内涵的不同侧面（具体顺序有别），即"意义和用法相结合的原则"主要凸显形式结构和功能作用的匹配关系，"典型语境驱动的原则"主要立足于这种匹配关系得以呈现的功能性语境；后两项原则倾向于教学过程的策略性，是教学中为突破重点、难点而需要参照的最基本的操作性原则。这些原则都是围绕如何习得和教授词汇内容的关键之处展开的。除此而外，还应有教学用语与词汇等级相适应这样的一般性的原则。

当然，并非所有词汇项目的教学都需要同等地采用这些原则。教学的着力点就是特殊之处、认知难点，因此原则也是针对特异之处、教学和习得中容易出现偏失（学生偏误和教师、教材等失误）的地方而设立的。也就是说，确立原则要立足于习得对象的特殊用法和用法偏误。[①] 因此这里只是针对性的说明，而不是全面的概括，也不是教学技巧和方法。至于如何理解词义、如何记住词形、如何扩大词汇量、如何安排词汇教学进度等教学策略，本文不做讨论。当然，原则应该能够指导具体教学过程中的策略和方法。

还有一个问题也需要说明一下。上文提到，上述几项原则，有的似乎不只是词汇教学的原则，语法教学似乎也需要这样一些原则；而像"语际差异的对比参照原则"尤其是"最小差异原则"，似乎是各种语言要素教学都需要参照的原则。就此而言，这些原则似乎都不是专属于词汇教学的基本原则了。对此，我们的看法是，就教学原则层面而言，无论是词汇教学还是语法教学，甚至语音教学、汉字教学，带有共性的地方并不少，因此很难找到绝对属于某个层面的教学原则。不过，既然是基于"三一语法"的教学理念来审视词汇教学，上述这些原则必然带有它所秉承的语法观。这种基于"大词库、小句法"观念的词汇教学理念，必然会带上一些也适用于语法教学的影子。但毫无疑问，如果基于词汇教学来理解，则有所侧重。而且本文是基于大语法观来重新审视词汇教学问题，以词汇—句法接口问题作为关注的重点，因此这些原则的确立，实际上是以词项在语法结构中的实现和在交际语境中的使用作为考察角度的，它自然会使基于这种观念的词汇教学原则呈现出传统意义上的词汇教学原则所不具备的某些特征。因此，这些基本原则的设立和操作不但有理论偏向性，同样具有词汇教学偏向性。

下面就来具体阐释各个原则的基本内涵，并举例说明各个原则的基本操作策略。

二、意义和用法相结合的原则

"词"的教学包括词音、词形、词法、词义和词用（词语用法）等方面。这里不谈词音、词形和词法，主要看词义和词用的教学问题。词义，不言自明，

---

① 就本文而言，我们所面对的主要是涉及词汇—句法接口的词汇教学问题，而不是所有词汇教学问题。

此不赘述。一般所言的用法，所指相对宽泛，既包括词语的搭配条件和句法能力，也包括具体的格式表达或句式选择，还包括语境的选择等（当然也有只是将用法理解成功能作用的）。我们这里主要指与词语搭配有关的问题，即词语在组合中的适用情况。具体地说，就是词语对特定组配的结构选择和对相配词语的选择限制。词语的使用实际就是词语进入到形式结构中所呈现的方式和所发挥的作用。就此而言，"意义和用法相结合的原则"实际上是基于"三一语法"体系中形式结构和功能作用两者的结合。

在词汇教学过程中，学习者不仅要了解词语的意义，更重要的是要掌握词语的用法，以便能够正确地使用。意义是在用法中的，离开了用法的词义，学生很难真正理解，更谈不上使用了。在实际的词汇教学中，一般都很重视词的意义，而对词的用法关注得并不充分。比较典型的表现就是各类教材中的生词表，除了词音和词形，有的给出词义，同时给出非目的语的对译形式。在给出词义时，又常常以近义词来释义，而对具体用法限制涉及很少；即便是语法点注释的内容，对用法的说明往往也不够具体。这样势必容易造成词语习得的偏误。鉴于此，在词汇教学活动中，教师要把词语的意义和用法结合起来进行，尤其要注意帮助学生通过用法来理解词义，说明词语的使用限制。下面结合二语学习者经常碰到的问题同时也是汉语教师面对的难题，具体说明意义和用法相结合的原则及其具体操作。

词语的搭配是组词造句的基础环节，是展现词语用法的一个微观窗口。因此，教师在讲解词义时要特别关注其句法组合和语义适配的特殊情况。离开了具体用法的词汇教学，学生可能不会用，或者一用就容易出错。[①] 比如，有的教师在教"办法"这个词时，仅告诉学生它的意思是"办事的方法"，与英语的"way、means"相对应。学生好像也明白了"办法"的意义，但同时也造出了下面的句子：[②]

（1）* 为了达到他们的目的他们会做各种各样的办法。

---

① 对"桌子、大象，吃、属于，好、漂亮"这样的词语而言，形式结构和功能作用都能从其语类特征（暂不考虑语体特征）推导出来，因而习得时并不容易出现问题，这自然就不会成为关注的重点。特殊用法才是用法教学的关键所在。"三一语法"作为教学语法，着眼点正是集中在那些"教学中很容易说明、习得者很少出现偏误"的用法之外的现象。

② 以下例句如无特殊说明，均来自北京语言大学 HSK 动态作文语料库。

（2）a.* 我的目标是汉语说得跟中国人一样好，因此我经常问老师什么样的

学习办法是好的。

b.* 第二个是自己能决定自己的工作办法，很自由。

跟"办法"搭配的动词一般是"想／有／没有～"，而不能是"做～"（与英语"make a way"不对等）；其意义侧重于"办"和"做"的方式，常跟做某事或解决某个具体的问题搭配在一起，如"解决环境污染的办法、想办法解决环境污染问题"等，而不跟"思想、学习、工作、科学"等表抽象意义的名词搭配（正好跟"方法"区别开来）。显然，这里的形式结构不是简单地指主谓宾、名动形之类的顺序安排，而是结合了特定的组配方式和语义特征，也即：形式结构已经蕴涵在特定组合之中，用法的讲解实际也是在进行更为精准的形式结构说明。这就是本文所谓的"用法"。

像"办法"这样的词，其组合搭配通常具有一定的选择范围，组合方式也比较自由。而有些词语因经常共现，便形成了一种惯常性搭配，如"挑起—纠纷／祸端／矛盾、缓和—矛盾／紧张局势、创造—条件／机会、解除—后顾之忧／警报"等；还有一些词语的组合搭配确定性更强，也更固定，如"功能—衰竭、阳光—明媚、可持续—发展、锻炼—身体"等，类似于凝固短语。这些凝固程度较高的特殊搭配，形式结构合乎一般组合规则，但组配词项相当受限（有时是单向受限，有时是相互限制），这就是语块理论（Chunk Theory）中所指的配选式语块[①]。对这样的语块性结构，我们在教学时就要适当地将其作为一个整体教给学生。没有意义和用法的结合，这些特殊现象的教学就很难到位。

对词汇教学来说，结合句法功能谈用法是基本的路径之一。没有不依傍句法的词汇意义，这也是学习者把握词义的基本切入点。比如，有的学生在学习"愿望、经验"这样的词时造出了下面这样的句子：

（3）a.* 也许是这个缘故吧，自古以来人们愿望"无病长寿"。

b.* 我愿望你们都支持我、理解我。

---

① 配选式包括定选式和配伍式两个下位类型。定选式语块通常由两部组成，一般是固定的有序搭配，其功能已经类似一个凝固的短语，如"端正态度、锻炼身体、天资聪颖"等；配伍式语块的两部分虽然共现，但搭配的确定性没有定选式强，如"挑起—纠纷／祸端／矛盾、创造—条件／机会"等，而且在一定程度上可以有多种组合方式，如"矛盾是由对方挑起的、挑起了一个新的祸端"等。关于语块系统的层级及各个子语块概念的内涵，参见薛小芳、施春宏（2013）的分析和说明。

（4）a.＊因为他们什么都不懂，对他们来说，看的、听的都是没有经验过的。

　　　b.＊然而，我们晚辈没有经验过惨绝人寰的战争，而只知享受我们长辈辛苦取得的经济发展的成果。

"愿望"和"经验"都是名词，不能充当谓语，应该分别换成"希望"和"经历"。只有在教学过程中指出词语在句子中的能力限制和句法要求，才能有效帮助学生避免上述偏误。

其实，这方面的句法功能，我们一般都会注意到。更为特殊的是，汉语词汇系统中有些词必须借助特殊的框式结构才能呈现其特殊的论元结构（argument structure），如离合词、二价名词（如"兴趣、印象、意见、好感"等）、二价形容词（如"有利、不利、冷淡、热情"等）、准价动词（包括准二价动词和准三价动词，分别如"见面、问好、结婚、吵架"和"表示、当作、介绍、协商"）等[①]。这里的用法主要是具有特异性的格式表达，而不是一般的规则性内容。这些词，出现偏误的概率很高，不结合用法，就讲不到位。

再以离合词的使用为例。离合词的意义和用法，跟一般动词相比，最大的不同就是具有可"离"可"合"的特点，而其中"离"的形式、方式是学习者最难掌握的。学习者往往不知道什么时候在什么地方插入什么样的成分，也不太清楚成分的位置该如何安排等。例如：

（5）a.＊昨天晚上我只睡觉了三个小时。

　　　b.＊我们艰难的时候，她老是帮忙我们。

即使到了汉语学习的高级阶段，学生仍时常会用错。像上面的句（5a），数量短语应该插入"睡"和"觉"之间，即"睡了三个小时的觉"。而句（5b）则应该将对象成分"我们"插入"帮"和"忙"之间形成"帮我们的忙"。

对这样的词，光靠意义的说明（尤其是用外文对译的方式来说明词义）并不能使学习者有效掌握句法的使用特异性。因此需要将它们的实际用法直接呈现出来，并通过多次再现和操练，形成框式意识，以强化特殊形义关系习得过

---

① 准二价动词和离合词有重叠的地方，如"帮忙、问好"之类既是准二价动词，又是离合词；而"睡觉、冒险"只是离合词，"并存、道歉"之类只是准二价动词。

程中的"表层概括"①。语言教学，需要充分利用学习者对语言用法的表层概括能力和认知加工机制。

然而，有些教材对离合词的释义不到位，没有突显离合词"离"的用法，学生从注释中看不出离合词的特殊性。"睡觉"和"帮忙"在教材里经常被释为：

睡觉（动）　　to sleep

帮忙（动）　　to help

这种直接对译的标注方式看起来简单易懂，实际带来了更为复杂的问题。这很容易使学习者一开始就得到不完全的甚至是错误的输入，认为汉语"睡觉、帮忙"这样的词和英语中的 sleep 和 help 相对应，从而忽视它们在用法上的区别。在词语释义和教学中，直接对译法的适用范围是相当受限的，不能使学习者形成有效的"表层概括"。

因此，不管是教师课堂教学还是教材编写，在涉及离合词时，应该将意义和用法有机结合，同步输入，尤其注意将汉语离合词和学习者母语中对应的词在意义和用法上的区别讲清楚，把母语迁移带来的负面影响降到最低。高书贵（1993）认为离合词在教材生词表中可以采取下面这样的展示形式：

睡觉（vi）　　to sleep　　　　不早了，该睡觉了/他每天很早就睡觉

（v+o）　　to have a sleep　睡一觉/睡了三个小时的觉

帮忙（vi）　　to help　　　　 他一会儿就来帮忙/他给我帮忙

（v+o）　　to provide help　帮了忙/帮了很多忙/帮了一天的忙/帮你

忙/帮他的忙

这样就将离合词的意义与各种扩展用法和特定格式有机地结合了起来，有利于学习者准确使用离合词。其实，典型离合词的句法表现更像"语"而不是"词"，因此，不妨采取"先离后合"（先离合短语再离合词）的方式来教学，这样更容易形成短语式的表层概括。

比离合词现象更为特殊的是汉语中的二价名词、二价形容词、准价动词等，

---

① "表层概括假说"（Surface Generalization Hypothesis）指的是："与表层论元结构形式相关的句法语义概括，通常比基于该表层形式与另一不同形式（这种形式被假定为前者句法上或语义上的派生形式）这两者之间所做的概括更加丰富。"（Goldberg，2006：25）表层概括假说和场景编码假说（见下）是构式主义研究路径基于其基本理念提出的一系列假说中两个至为基础的假说，这两种假说都强调语言知识来自于语言使用及在此基础上所做的概括。

它们的意义和用法的特殊性及其习得难度长期未受到重视。这些词在语义上关涉到主体成分和对象成分，并且常需要通过介词来引导对象成分形成框式结构，如"对……（的）兴趣、对……有利、跟……见面"，在用法上很特殊。如果在教学过程中仅仅讲解它们的词义而不强调其用法上的特殊性，学生很容易用错。[①] 例如：

（6）a.＊我印象天津非常深。

　　　b.＊以上是我流行歌曲的一些感想。

（7）a.＊这样的现象相反原来的目的，是不是？

　　　b.＊我小时候却不太喜欢母亲，我总觉得怕她，她很冷淡我。

（8）a.＊所以不常到外边去，不常见面中国人，还有我的学习进步也不太发展。

　　　b.＊生活既忙碌又紧张，没回家乡问好你们。

不管是二价名词"印象、感想"、二价形容词"相反、冷淡"，还是准二价动词"见面、问好"，当它们所关涉的对象成分要出现时，都需要通过"对"或者"跟"之类的介词来引导。因此，用介词来引导对象成分是这些表面上看来并没有多大联系的词语之间的共同特性。如例（6a）应该为"我对天津的印象非常深"，（7a）为"这样的现象跟原来的目的相反"，（8a）则为"不常跟中国人见面"，等等。学习者由于不熟悉这些词在用法上的特殊性，往往直接将对象成分置于它们后面做宾语，由此导致了上述偏误。这些特殊用法，学习者即便到了高级阶段也未必能很好地掌握。为了形成有效的表层概括，就需要在这些类型的词语教学中，采取框式结构的呈现方式，使词项的特异性和局部句法表征的共同性都能得到有效呈现。

上面所举用例都是实词教学，虚词教学自然也离不开意义和用法的结合。虚词，既是语法的，也是词汇的，有的偏向于语法，有的偏向于词汇。但虚词所表示的意义多为语法意义，不易把握，不结合用法几乎无法讲清。比如，要辨析"或者—还是"这一对表示选择关系的近义词，单从它们所表示的意义来看，很难看出有什么差别，但二者在用法上明显不同。"或者"一般用于陈述句，而"还是"则用于疑问句。学习者如果不了解它们在用法上的区别，就容易出现偏误，例如：

---

① 关于二价名词、准价动词习得的特殊表现，分别参见蔡淑美、施春宏（2014），杨圳、施春宏（2013）。

（9）a.＊我学了三年多汉语，一听到汉语歌曲还是中国电影我就可以放下一切去欣赏它们。

　　b.＊再说用怎样的尺度来决定某个家庭有"代沟"或者"无代沟"？

虚词的个性很强，所谓个性，也主要是体现在用法上。如果教师脱离了用法去讲虚词的意义，只会让学生越来越糊涂。就虚词教学而言，意义要了解，用法是关键。但更为关键的是，虚词正因为其"虚"，只有提供"语义背景"也即"典型语境"才能使其用法"实"起来，因此我们将虚词教学放到"典型语境驱动的原则"中说明，此不赘述。

由此可见，词的用法及其使用条件必然牵涉到词的语法功能的问题。也就是说，在词汇教学中，必然渗透着对词语组配条件、语法功能的教学。这既涉及词汇问题，也关涉到语法问题，更是词汇和语法的接口问题。当然，词汇不同于语法，词汇教学也不等于语法教学，但词汇教学中容易出现偏误的地方常常是语法上有特异性或者难以解释清楚的地方。[①] 因此，如何适当、有效地将语法知识渗透进来，是值得我们思考的。这与对外汉语教学界所提倡的"强化词语教学，淡化句法教学"（杨惠元，2003）有相通之处。[②] 二语词汇教学实际上也需要建立和贯彻"大词库、小句法"的教学观念，甚至将很多语法规则现象的习得也化解到词汇习得中去。赵金铭（1994）指出，"教学语法的研究，可以说主要是用法的研究"，讲用法的目的是让学生了解在什么情况下使用这个词语和使用这个词语时应该注意哪些问题。基于此，"意义和用法相结合的原则"也可

---

① 孙德金（2006）讨论了对外汉语语法教学中"不教什么"的问题，认为这是对外汉语语法教学的重要原则问题。文中所提的两个原则问题是：属于词汇范畴的不教，属于共知范畴的不教。前者强调语法教学和词汇教学的分野。需要进一步说明的是，哪些属于纯粹的词汇范畴，哪些属于词汇—语法接口的范畴。如上面所论及的二价名词、二价形容词、准价动词等，既具有词项的特异性，又具有语法的规则性。这样的词汇和语法的"中介"现象，往往应该成为词汇教学的重点，也是语法教学需要关注的对象。

② 所谓的"强化词语教学"，是指："在整个对外汉语教学中，词语教学自始至终都应该放在语言要素教学的中心位置。在词语教学中，老师不仅仅要讲清楚词语的音、形、义，更重要的是讲清楚词语的用法，即词与词的搭配以及搭配时应该注意的问题，并且要通过大量的练习来让学生掌握词语的用法。"而"淡化句法教学"则强调："只教最基本的句型，句法规则宜粗不宜细……句法规则应该用对比的方法只讲解最基本的规律，只讲那些能够讲清楚的、把所有语言事实能框住的规则。对于那些讲不清楚的，或者不能把所有的语言事实都框住的，不从句法的角度讲，从词法的角度讲，从词语搭配的角度去讲，让学生学会搭配和组装。句法教学还要讲清楚使用的条件，要讲清楚为了什么目的、对什么人、在什么情况下、在什么环境中说这个句型。"这种认识也是很多教师和研究者的一种基本认识。

以称为"词汇教学参照语法功能的原则"。参照语法，就是参照规则性内容，可扩展，可类推，相对普遍化，但同时也要特别关注句法规则的适用条件，进而认识其部分能产性问题，因为所有的语法规则都是受限的，都具有词项适应的特异性。这在词汇而言，就呈现为特异性、个体性（各别性），语言习得必须习得这样的特殊语项的知识，习得组装规则和特殊语项的配合内容。如果再考虑到语法功能所体现的词语序列、语类组配等，甚至考虑到韵律形式对词语使用的影响，那么这项教学原则也可以进一步概括为"形式和意义及用法相结合的原则"。①

三、典型语境驱动的原则

词汇教学，一方面要让学习者掌握汉语词语的意义（即知道"是什么"），另一方面要帮助他们掌握词语的用法（即知道具体"干什么"，用于怎样的形式结构和搭配中，能实现怎样的功能）。不过，仅仅知道"是什么"和"干什么"并不意味着就知道了"在哪儿用"。"三一语法"的第三个维度"典型语境"就是试图解决"在哪儿用"的问题。将典型语境（即词语在什么样的场合中使用）这一维度考虑进来，就是要使学习者不仅实现"能懂"的目标，而且达到"会用"的水准。

首先需要说明的是，"三一语法"主张设立的典型语境，正如前文所指出的，是基于二语习得和教学的特征而归纳出来的"教学型"语境，并非理论研究和一般教学中所谓的语境，也非母语者的常用语境。这种语境既是认知的，又是教学的，具有二语习得阶段性和二语学习者的日常经验性。如"往往"用来表达带有规律性或倾向性的情况，或对以往经验的总结，教学中可以设立这样两

---

① 近些年，语块问题受到了语言研究和语言习得与教学研究的广泛关注（薛小芳、施春宏，2013）。语块包括多词结构、插入语、框式结构、关联词语、习惯搭配、口语惯用句式等。很多语块现象，在传统教学中是词汇教学和语法教学都不怎么管的。这些单位放到哪部分教？尤其是那种既非习语又无句法层次关系的框式结构，若采取基于表层概括的整体习得和教学，显然更有效率。如"太……了"，这种框式结构是词汇到句法的过渡单位，结合词汇教学显然比较方便。因为虽然知道了"太+A"结构，就知道了"太……了"的组配可能，但未必知道"太……了"的整体功能。语块既是构式研究的重要内容，也应是词汇教学的一个重要内容，"三一语法"对此也颇为关注。

个典型语境：1）谈某种习惯。例如：李红往往一个人逛街，一逛就是一整天。｜这半年，吉米特别努力，往往工作到深夜。2）说人生常理。例如：不爱说话的人往往害羞。｜人一到中年，记忆力就往往开始下降。（参见冯胜利、施春宏，2015：155～156）又如"离"用来表达 A 和 B 之间空间或时间上的距离，教学中可以设立这样两个典型语境：1）谈两地、两人或两物之间的距离。例如：甲：北京大学离清华大学有多远？乙：不远，一站地。｜电视离沙发太近了，看久了会伤眼睛。2）谈时间上的距离。例如：现在离春节只有一周了，得准备准备了。｜离出发只有十分钟了，人怎么还没到齐？（同前，102 页）设立这种语境的背景是，将说话视为做事，而做事就是做事的人在具体场景中实施某种行为。在这种语境中习得语言，既能使学习者进行"场景编码"，又能使学习者直观感知到发挥功能作用的典型情景。[①] 这种语境的设置，要注意语境和语例在结构和功能上相匹配。

在词汇系统中，虚词的特异性至为鲜明，是最能体现既是词汇的又是语法的这个特征。目前的虚词教学，虽然在知识体系性介绍方面，多放到语法中，但就具体的词项教学而言，则列入词汇中；即便是放到语法中，也是多作为标记词的形式出现，跟一般的句型、句式之类的典型语法知识并不相同。而虚词教学一直是难中之难，"在外国人学习汉语所发生的错误中，有关虚词的错误占一半以上"（李晓琪，1995）。"跟实词相比，虚词的数量少得多，……但它的使用频率很高，而且个性很强，运用复杂，所以从写作上看，不管是外国人还是中国人，毛病常常出现在虚词的使用上。"（马真，2004：5～6）不过，如果我们能建构出恰当的认知语境，将大大提高虚词的习得效率。如"挨"有这样一种功能："被动用法，用来表达遭受某种动作，具有口语色彩。"教学时可以设立跟遭受打骂、批评有关的语境，如在家里受父母惩罚，上课时受到老师批评。这都是初中级水平的学生日常经验所熟知的惯常语境，教学中也便于激发学生的表达能力。这样，在结合一定的形式结构后，在"在家里受父母惩罚"这一语境中就可以造出类似于下面这样的表达：

（10）a. 这孩子跟父母撒谎，结果挨了一顿打。

---

① 关于句式性构式的生成机制，构式语法提出了"场景编码假说"（Scene Encoding Hypothesis）："与基本句子类型相对应的构式将人类基本经验的事件类型编码为构式的中心意义。"（Goldberg，1995：39）

    b. 我昨天跟爸爸吵嘴后，挨了妈妈的骂。

    有的虚词即便放在单个句子中也还不能准确揭示其意义，只有在特定语境、具体场景中才能说明白。为此，马真先生提出了"语义背景"这个重要概念，即："某个虚词能在什么样的情况或上下文中出现，不能在什么样的情况或上下文中出现；或者说，某个虚词适宜于什么样的场合或什么样的上下文中使用，不适宜于什么场合或什么样的上下文中使用。"（马真，2004：193）对虚词而言，特定语用场景具体体现在上下文的语义背景上。在虚词教学中常常发生的现象是，教师讲完了某个虚词的意义和用法后，学生看起来很明白，但一用就出错。比如"终于"这个词，意义并不难理解，一般概括为"经过较长时间最后出现某种情况"；作为时间副词，用法也不太复杂，但许多学生在使用"终于"时经常会出现偏误。例如：

    （11）a. *他的生意越来越不好，终于破产了。

        b. *我的爸爸也吸烟，吸烟得了病，终于他去世了，因此我讨厌吸烟。

        c. *我认得一些同学，学了几年的汉语，考了汉语水平考试，但终于没有通过考试。

上面这些句子的"终于"都用错了，只能换成"最后"或"最终"。看来，学生从"经过较长时间最后出现某种情况"这一笼统的意义说明中还无法确切知道"终于"的使用背景。那么，到底什么情况下可以用"终于"呢？不妨对比一下使用正确的例子：

    （12）a. 前几天一直下雨，今天太阳终于出来了。

        b. 经过他们的努力，实验终于成功了。

        c. 他学习很努力，终于考出了好成绩。

跟例（11）相比，这些句子展示了"终于"的使用背景："终于"多用于"希望出现的、好的或令人满意的"情况，那些"不希望出现、不好的或不满意的"情况一般不用"终于"，而要用不受此限制、仅表示时间或次序上排位在后的"最后"或"最终"。只有明确"终于"使用的背景，母语为非汉语的学习者才能准确把握它所表示的意义和用法，才能辨析清楚它与"最后 / 最终"等近义词之间的差异。基于"三一语法"的语法点分析，在设立句子性语境时，一般要求由相关句子来提供具体的背景，如上面例（11）和（12）中的前半句提供"某种状况经过了较长时间（接下来某种变化将会发生）"这样的语义背景，后半句提供"（承接前面状况而出现了）希望出现的、好的、令人满意的变化"这样的语义背景，"终于"出现于后半句的语义背景中。这样就能使学习者基于表层概括而获得对语境的直观感知，而且教师也便于由此相对便捷地进行系列的句型操练。

当然，回过头来看，上面关于"终于"的释义"经过较长时间最后出现某种情况"实际并不到位。如何在释义中体现近义词的语境差异，确实需要专题研究，学界对此认识不多。用法和语境的结合，也应该是词语释义需要参照的一项原则。教师、教材应该把典型语境落实到词语释义当中。也即，典型语境驱动同意义和用法相结合应该是相通的，把典型语境融入到意义之中进行教学，这样学生才能进行完善的表层概括。

如果从典型语境的角度来认识语义情景，就可以进一步帮助具体的教学，对了解"终于"的语义内容也更有帮助。如我们可以概括出"终于"所适用的典型语境——认真练习、复习而最后取得好效果：

（13）a. 这几天我一直在练字，现在终于会写毛笔字了。

　　　 b. 为了练口语，他天天去市场买菜，终于能说几句汉语了。

这样的句子可以造出很多，形成系列的表达。典型语境驱动的关键就在于师生在互动中将教学点的形式和功能结合起来，而在典型语境中设置"问答链"，能够强化学习者的使用频率，建构并固化其知识结构。这也是实现建构主义教学模式的基本路径。[①]

又比如"何况"一词，教材里的释义为"更进一层"，用法是"作为连词连接两个句子"。有的教师直接将教材的阐释照搬来教给学生，结果学生的作文里出现了下面这样的句子：

（14）a. ＊汉语对我来说是一门外语，何况是最难学的一门。

　　　 b. ＊我第一次到外国留学，何况在北京又没有亲人，没有好友，我心

---

① 语言学习的建构主义（constructivism）特别重视语言习得过程中的频率效应（frequency account），在使用中习得语言 [参见 Gass & Selinker（2008：219 ~ 226）的介绍和阐释]。基于建构主义的教学模式"强调以学生为中心，视学生为认知的主体，是知识意义的主动建构者"（何克抗，1997），教师在教学环节中要创设有效的知识情境，帮助学习者自主建构所学知识的意义。因此，学习者知道某个语言知识"在哪儿用"才是学习的关键。这就要求教学中应该将如何处理"在哪儿用"的问题作为知识学得的突破口。其实，语境设置也是促进学习者隐性学习（implicit learning）乃至隐性教学的重要而有效的途径。

里又孤单，又难受。

这两个句子中的"何况"使用都不恰当。学生也觉得很委屈，明明是按照老师说的、教材写的条件去造句，为什么还是不对？的确，在上面两句中，"何况"连接的两个分句确实都在语义上更进一层。如"汉语对我来说是一门外语"和"是最难学的一门"这两句，前者表示"汉语对我来说是陌生的"，后者更进一步强调汉语"是最难学的"。那为什么还是用错了呢？我们还是先举出正确的用例，通过对比来看"何况"到底该用在什么样的场合。例如：

（15）a. 大人都搬不动这块石头，何况是孩子呢。（孩子就更搬不动）

　　　b. 有的汉字中国人都不认识，更何况我们是外国留学生。（外国留学生就更不认识了）

　　　c. 他对陌生人都很热心，何况对自己的朋友呢。（对自己的朋友就更热心了）

　　　d. 动物都有感情，何况人呢？（人就更有感情了）

从这组例子可以清楚地看到，"何况"虽然也表示"更进一层"的含义，但是用反问的语气来强调这种递进关系的，含有"不用说、更加"的意思。如例（15a）蕴含着"大人搬不动这块石头，孩子就更搬不动这块石头"的含义。而例（14）的两句虽然都表递进关系，但并不具备需要用反问语气来表示"不用说、更加"的语义背景，因此不能使用"何况"。例（14a）应将"何况"改为单纯表示更进一层意思的"而且"。例（14b）则可以将"何况"改成"而且"或"况且"。这也就是说，对于"何况"，我们既要教给学生它有"更进一层"的含义，更要告诉学生它的使用背景，即用反问语气表示"不用说、更加"的场合。① 只有将它的意义、用法和语义背景或者说使用条件讲解清楚，学习者才不容易用错这个词。

在讲解虚词的语义背景时，一定要尽可能地结合典型语境，并用极其简单的句子将这种语境表达出来。这不仅是语境提取和设置本身的问题，也是在操练学生的篇章表达。

从上面的例子可以看出，词汇教学中紧密结合词语所出现的特定语境，可以起到事半功倍的效果。每一个词语的语法功能和使用场合都有特定的要求，

---

① 例（15）的前半句都可以用"连……（都）……"来表达，如"连大人都搬不动这块石头，何况是孩子呢"。由此可见"何况"的语义内容和语义背景了。

而语境是涉及很多不同层面的、非常复杂的系统。语义背景只是特定语境的一个方面或者说一种视角，还有其他的一些方面，如语段、篇章、文化背景等等。而如何将词语的意义、用法和特定语境有机结合起来，如何选择和提炼适合学习者学习和理解的典型语境，如何在课堂上富有成效地通过典型语境来导入、操练最终达到使学生恰当、自如使用词语的目的，是值得每一个教师思考、重视的问题，同时也是充满蓬勃生机的发展领域。

有时典型语境并不好归纳，或者归纳出来未必适合教学场景，这时例句所提示的语境功能就显得特别重要。例如语体问题一直没有引起汉语作为二语教学的关注，功能语法也未曾关注"使用中的语体问题"，但语体却是"三一语法"的"典型语境"中不可或缺的成分之一。实际上，语体是相关语境的进一步抽象概括。不同的词项（语法点），有时功能基本一致，但语体并不相同（使用的场所、对象和内容不同）。我们可以通过不同的例子（这是语境的体现）来展示其差异，以强化学生语体语法的感觉。如近义副词"差点儿"和"几乎"的语体差异体现在，前者比较口语化，后者比较正式。因此，下面的句子就不怎么能换位：

（16）a. 他第一次跟女朋友约会就差点儿迟到。

　　　 b. 他几乎抵达终点了，却突然跌倒。

像"怪……的"，跟"挺"意思相同，用来表达具有比较高的程度，带有轻松评价的口气。它们都有口语色彩，但"怪"带有更多的俚俗语色彩。例如评价某人或某物时：

（17）a. 这人怪讨厌的，总在背后说人坏话。

　　　 b. 我买的这件衣服还没穿就过时了，怪可惜的。

四、词语辨析的最小差异原则

词语辨析（无论是显性的还是隐性的）是词语教学和习得的重要策略。为了帮助学习者将那些意义相近、句法特征相关、同音或写法相似的容易混淆的词语类聚——易混淆词（confusable word）区分开来，词语辨析就成了教学中不可缺少的一个关键环节，也是词汇教学过程中的一个难点。目前学界对易混淆词及其辨析原则和词典编撰等方面已经展开了较为系统的研究，如张博等（2008、2016）。在易混淆词中，最为普遍、最为集中、最为顽固的偏误主要集中在近义词上，这是教学中为什么特别关注近义表达辨析的根本原因，而且近义词习得数量和质量也是判断语言习得水平高低的重要标志。因此，这里将以近义词为代表，对词语辨析的基本原则做出分析和说明。

关于如何进行近义词辨析，学界早有讨论，成果也很丰富，主要集中在以下几个方面：1）辨什么，即辨析的角度和具体途径问题，如从理性意义、色彩意义和用法、语境等各个方面来进行辨析。这方面有较多共识，如郭志良（1988），孟祥英（1997），赵新、李英（2001），杨寄洲（2004），敖桂华（2008）等。2）怎么辨，学界提出了不少具体的辨析策略，基本上都主张抓近义词的主要差异，张博（2013）为此提出研编易混淆词辨析词典的一异一辨原则。3）以词典形式呈现的常用近义词辨析结果，这方面也有了比较丰富的成果，如刘淑娥等（1983），刘乃叔、敖桂华（2003），卢福波（2000），马燕华、庄莹（2002）、杨寄洲、贾永芬（2005），鲁健骥、吕文华（2006）等。在此基础上还涉及怎么教的问题，对此人们也在实践中总结了不少具体的教法，但往往经验不同，主张有别。如杨峥琳、洪炜（2015）提出近义词辨析教学中预防式和治疗式方法相比较。由此可见，近义词辨析涉及众多方面和侧面。那么，近义词辨析以及相应的教学该以什么作为抓手呢？

有的教师在近义词辨析的教学过程中，常常从理性义、色彩义、用法等各个方面对近义词进行综合的、全面的分析，认为这样才能给学生展示最完整和系统的知识。比如，在一次赴泰汉语教师培训观摩课上，一位试讲者是这样展示"不"和"没"这两个词的区别的（限于篇幅，原有的举例均略）：

［不—没］

1）"不"多用于否定意愿，"没"多用于否定客观叙述。

2）"不"多用于否定现在、将来的动作行为；"没"用于否定已经发生的动作或状态，不能否定将来。

3）"不"可以否定经常性或习惯性的动作。

4）"不"用在形容词前，否定事物的性质状态；"没"否定状态的发生或变化。

5）否定"认识、知道、是"等要用"不"，不能用"没"；否定"有"要用

"没",不能用"不"。

6)"不"可以用在能愿动词前,否定能力、意愿或可能性;"没"只能用在"能、敢"等能愿动词前。

7)"不"可以放在动词和补语之间,表示不可能;"没"没有这样的用法。

可以说,这位老师从意义、时体、搭配、用法等各个方面对"不"和"没"的使用差异进行了全面比较,基本上是把近义词用法词典里关于"不"和"没"的辨析条目都搬出来了。可是,这种"一气呵成、全盘托出"的词典式展示,学习者又能真正接受多少呢?实践证明,那些差异点较多的近义词比较在教学中如果一次性全都展示,全都讲练,学习者的认知负荷很重,难以产生积极的效果。

以上这样的词义辨析实际上是基于汉语本体研究所做的考察,没有处理好语言知识和语言学知识、习得过程中的语言知识和系统整理后的语言知识之间的关系。在词汇教学中有不少教师习惯于直接采用汉语本体研究的成果,而对这些研究成果如何结合汉语作为第二语言教学的特点进行深加工则有所忽视。我们认为,即便教师全面掌握了近义词的差异,也不能像上面那样一次性全部列出、一股脑地全讲给学生。词语辨析,应结合学习者的实际情况和具体教学内容,践行词语辨析的"最小差异原则"。所谓"最小差异",指的是在词语辨析过程中侧重其区别性特征,一次侧重一个方面,提供一个知识点,在"一切相同,只差一点"的最小差异对(minimal pair)里来进行比较,以降低新信息加工的难度。[①]下面仍以"不"和"没"的词义辨析为例,具体说明如何实施最小差异原则。

"不"和"没"这对近义词在否定的侧重点、时体要求、搭配对象和用法等方面都有区别。可是,这些差异不会全部都集中在某一次或某一句的表达中。在特定的语句里,它们之间的差异主要在于某一个关键点的不同。比如,在学到"没"的时候,学生的作文里出现了这样的偏误句:

(18)*我特别烦我父母,每天在我的身边像教孩子一样干涉我,所以我没去上课而且老师布置的作业也没做。

---

① 发现或构建"最小差异对"(也作"最小对立对")是语言研究的最为基本的分析方法,教学中也应如此。这里提出的"最小差异原则"和张博(2013)在讨论外向型易混淆词典的编纂原则时所提的"一异一辨"策略是相通的。

从上下文来看，此句中的"去上课、做作业"是作者不想或者故意不做的事情，带有很强的主观意愿在里面，应该用否定主观意愿的"不"而不用否定动作行为发生的"没"，即上述条目 1 ）的差异。虽然"不—没"还有很多其他方面的差异，可是在这个特定句子中就只展现了条目 1 ）这一点。在教学过程中，教师可以通过正误句子的对比来突显其中的"最小差异"。例如：

（19）a.*我特别烦我父母，每天在我的身边像教孩子一样干涉我，所以我没去上课而且老师布置的作业也没做。（✖）

b.我特别烦我父母，每天在我的身边像教孩子一样干涉我，所以我不去上课而且老师布置的作业也不做。（✓）

c.昨天我生病住院了，没去上课，也没做作业。（✓）

d.*昨天我生病住院了，不去上课，也不做作业。（✖）

在这样具有"最小差异"的环境里进行比较，"没"和"不"的区别一目了然，教师这时再有针对性地对它们的使用要求加以说明，学生应该比较容易掌握二者在这点上的区别。

再看另一个"不"使用不当的例子：

（20）*但是我去年暑假不回日本，因为在这儿过比在日本过费用便宜得多。这个句子中的"去年暑假"表明是过去的时间，此时应该用"没"而不用"不"，即上面条目 2 ）所反映的内容。在这个句子中，"不—没"的最小差异在于时体要求不同，"没"多用于否定已经发生的事情，"不"多用于否定现在的或者将来发生的事情。依据最小差异原则，不妨将其区别展示如下：

（21）a.*但是我去年暑假不回日本，因为在这儿过比在日本过费用便宜得多。（✖）

b.但是我去年暑假没回日本，因为在这儿过比在日本过费用便宜得多。（✓）

c.但是我明年暑假不回日本，因为在这儿过比在日本过费用便宜得多。（✓）

d.*但是我明年暑假没回日本，因为在这儿过比在日本过费用便宜得多。（✖）

原则上，关于"不"和"没"之间的复杂差别，都可以依据最小差异原则来一项一项地进行辨析。教师应适当结合不同教学阶段的具体语法点来进行比较。比如在教能愿动词这一内容时，便适时展示"不"和"没"在与能愿动词搭配方面的最小差异，给出"一切相同，只差一点"的典型例句（实际也就是设置了典型语境），等等。这样，在每一个教学阶段，都根据教学内容的安排，抓住其中具有区别性特征的最小差异来进行讲练，每次集中精力解决一个方面的问题，其他差异可以先不管。待有教学内容的需要或者学生出现了其他方面的偏误时，再进行辨析。

当然，并不是每一组近义词之间的差异都像"不"和"没"那样复杂和多面。很多近义词的区别比较简单，在教学时只要抓住其中最具有区别性特征的方面，给出"最小差异对"的典型例句，有时一两句话就足矣。这时最好的处理策略，就是在适当的语境中给出合格与否的用例来呈现其主要差异。

下面选取了学生在近义词辨析时出现的一些偏误句子，分别从语义侧重、语义轻重、感情色彩、搭配等方面来展示"最小差异原则"的运用。

（22）满足—满意

  a.* 妈妈对我这次的考试成绩很满足。（✘）

  b. 妈妈对我这次的考试成绩很满意。（✓）

  c.* 我爱听、爱唱，没有机会就哼哼几句也觉得满意了。（✘）

  d. 我爱听、爱唱，没有机会就哼哼几句也觉得满足了。（✓）

说明："满意"的重点在"意"，表示他人或某事符合自己的心意；"满足"的重点在"足"，即自身感到已经足够了。

（23）知道—了解—理解

  a.* 大部分的人早晚都要结婚，那么男生应该知道女生，女生应该知道男生。（✘）

  b. 大部分的人早晚都要结婚，那么男生应该了解女生，女生应该了解男生。（✓）

  c.* 我了解你说的那个人，昨天我们见面了。（✘）

  d. 我知道你说的那个人，昨天我们见面了。（✓）

  e.* 所以我的行为我的爸爸根本不能了解。（✘）

  f. 所以我的行为我的爸爸根本不能理解。（✓）

  g.* 从那里我理解了中国人的习惯、文化。（✘）

  h. 从那里我了解／知道了中国人的习惯、文化。（✓）

说明：三者都能表示对事物或人有所知晓，但语义轻重并不相同。"知道"表示对人或者事物有一个大概的认识，不太深；"了解"表示对人或事物有进一步的认识，比"知道"的程度要深；而"理解"比"了解"的程度还要深，重在感情上的认同。

（24）太—很

    a.* 爸爸，我太健康，你放心吧。（✗）

    b. 爸爸，我很健康，你放心吧。（✓）

    c.* 你的房间很乱了，赶紧收拾一下吧。（✗）

    d. 你的房间太乱了，赶紧收拾一下吧。（✓）

说明："太"和"很"都可以表示程度高，但感情色彩不同。"太"除了表示程度高，还可以表示"过分"的含义，多用于不如意的事情，略带贬义，句末常带"了"；"很"是中性词，句末一般不带"了"。

（25）参观—访问

    a.* 记者参观了这位著名的作家。（✗）

    b. 记者访问了这位著名的作家。（✓）

    c.* 我在绍兴访问了名胜古迹，其中最有印象的还是鲁迅纪念馆。（✗）

    d. 我在绍兴参观了名胜古迹，其中最有印象的还是鲁迅纪念馆。（✓）

说明："参观"和"访问"都是动词，后面可以直接加宾语，但二者在搭配对象上有区别。"参观"的宾语只能是地方，不能是人；"访问"的宾语可以是人，也可以是地方（城市或国家）。

可见，近义词的讲练不能贪多求全，否则只能是欲速而不达。对于大多数学生，不必面面俱到地细讲，针对学生出现的偏误讲清楚差别，让他们能正确运用即可。也就是说，"留学生现在需要什么就给他什么，需要多少就给多少，这样零敲碎打地定量供应，才有助于他们消化知识"（李绍林，2010）。对于他们还没有遇到或还没有发生混淆的、目前还接受不了的、高于表达水平的或者细枝末节的东西，可以暂不涉及。

词语辨析中还有一种现象长期未受到重视（虽然有时直觉上已经感受到了），即近义的单双音节词语的用法差异。近些年兴起的韵律语法、语体语法对此有了新的认识。例如：

（26）a. 阅读报纸   b. 读报   c.* 阅读报   d. 读报纸

（27）a. 昨天领导组织大家购买和阅读了新版宪法。

    b.* 昨天领导组织大家买和看了新版宪法。

以上两例中，"阅读"和"读、看"，"购买"和"买"都是近义词对，但它们音节数量不等，用法有别。例（27）中，双音节动词"购买"要和另外一个双音节动词构成"双配双"的韵律格式，而对应的单音节动词不受这个限制。这种单双音节的对立也体现了书面正式语体与口语非正式语体的对立。例（27）中，并列的单双音节动词后面所带的成分都不是单音节，似乎都应该合法了，但仍然形成了句法对立。这是因为"V和V（＋宾语）"这种格式的使用受到了语体限制，它是口语里不能说而书面语里可以用的句法格式。由此可见，虽然近义，但音节数量多少存在语体性质的差异，因而在词汇教学过程中要摆脱"裸体教学"。"三一语法"视野中的语法也将韵律语法、语体语法的基本认识纳入到其所主张的教学语法体系中（冯胜利、施春宏，2015）。这也是当下词汇教学中应该特别引起重视的方面。很多附载在词汇之上的内容，并不能通过传统词汇观和语法观就认识到位，需要在新的理论背景下使其显现。

值得注意的是，最小差异原则是针对具体的、特定的近义词教学活动提出来的操作原则，这并不意味着所有的词义辨析就只能以分散的方式来进行。在合适的阶段和时期，教师可以把近义词集中起来进行讲练。一般来说，初级阶段的近义词辨析采用分散的随机教学，到了中高级阶段可以适当进行集中系统教学；学期中采用分散教学，在期末的总结复习阶段可以挑选出一些常用的近义词，通过典型例句集中展示它们的主要差异，归纳出需要特别注意的方面，再让学生反复练习，巩固知识，培养语感。这也就是说，教师既要注重每一次细水长流的辨析，也可以根据需要展开集中强化的归纳总结，循序渐进地帮助学生构建近义词辨析的知识网络。

五、语际差异的对比参照原则

对母语为非汉语的学习者而言，在词汇学习过程中，还有一个较大的干扰来自于母语或所熟悉的其他语言。学习者往往将母语或其他语言中的某个词与汉语里的词对应起来，把母语词的意义、组合、搭配等用法类推到汉语的对应词上去。由于不同语言中词汇的语义系统或词语用法并不一致，这样的对应就容易造成语际间的负迁移。英语背景的学习者在习得"见面、结婚、印象、兴趣"时常出现偏误，其很大一部分原因就是受英语"meet、marry、impression、interest"的影响。

语际负迁移在不同语言背景下的学习者身上都具有普遍性。教材生词表所展示的与目的语（汉语）对应的外文对译词常常会给学习者带来很大的干扰，尤其是汉语中具有近义关系的一组词对应于学习者母语或某种熟悉的外语中的某一个词的情况。例如：

（28）a.*他的意见就说："我们是和尚，和尚就是给人们带来幸福，现在没有水喝了，我们自己挖井，找水吧。"另外两个人听了他的话想这是个好办法。（应为"觉得"）

　　　b.*我的母亲是老一代人，她想女人到了一定的岁数就一定要结婚。（应为"认为"）

　　　c.*但对父母来说，他们先想男子的家庭环境，然后想钱、学历等等。因此父母与子女之间常常发生问题。（应为"考虑"）

（29）*我每天很早上班晚上很晚才下班，工作得实在太辛苦，总觉得自己为何活着，为什么东西要吃这么多的苦。（应为"思考"）

（30）a.*我以为"绿色食品"和农药化学产品都要一起发展起来。（应为"认为"）

　　　b.*虽然有时候我以为他们很可怜，不过这也是无可奈何的。（应为"觉得/认为"）

（31）a.*老师认为奇怪，调查以后，我们都知道了。（应为"觉得"）

　　　b.*如果你是一个抽烟的人的话，可能你认为很不满意，但是你先想别人的健康，这样的话，我国的未来会更好。（"认为"应为"觉得"，"想"应为"考虑"）

　　　c.*我年青的时候，我并不了解我父亲。那时我认为他不爱我，在他的眼光里我是废物，后来发现我的父亲也爱我。（应为"以为"）

（32）a.*有的人认为吸烟是我的一种权利，没什么理由干涉我的一种生活享受，但是我们不能只思考我自己，应该多想想别人。（应为"考虑"）

　　　b.*他们为什么不去思考更好的办法呢？（应为"想"）

（33）a.*或者妻子也要振作一点，找好的方法去解决，不要考虑自杀就能了结自己的心愿，而且伤害到自己的亲人。（应为"认为／以为"）

　b.＊他一考虑要打水就开始发怒。（应为"想到"）

"想、觉得、以为、认为、思考、考虑"这些词构成一个易混淆的词群（张妍，2006），它们之间的差别又比较复杂，学习者如果分辨不出这些细微的差别就很容易用错。除了义近混淆的因素，我们认为上述这些偏误在很大程度上也是由于受到了英语的负迁移影响。汉语的"想、觉得、以为、认为、思考、考虑"都可以用英语的"think"或"think about"来对应，英语背景或熟悉英语的学习者常常按照"think"或"think about"的词义和用法来使用这些近义词，因此出现了复杂的多对多式交叉混用偏误。

　　对于汉字文化圈尤其是来自日本和韩国的学习者来说，他们的母语里存在不少汉字词，其中有一部分汉字词在书写形式上和汉语词相同或相近，但意义和用法实际有别（鲁晓琨，1990；潘钧，1995；刘富华，1998；全香兰，2004；陈晨、许文平，2009；施建军、洪洁，2013；等等）。这些同形词之间的差异常为日韩学习者所忽视，也容易带来语际偏误。例如：

　（34）a.＊他日常就很痛苦，他自己想死，要安乐死。（日本，应为"平时"）

　　　b.＊特别在初中、高中这个特别精神敏感的时期，如果日常没有与异性交流的机会，怎样能以自然的态度对待女性？（日本，应为"平时"）

　（35）a.＊非洲人也是跟我们一样的人间。（韩国，应为"人"）

　　　b.＊人间是表面上好像强得很，但内心不是强，而是非常弱的。（韩国，应为"人"）

"日常"在日语和汉语中都跟"平时"这个意义有关，但二者的词性不太一样。汉语的"日常"是属性词，但日语的"日常"是名词。例（34）是日本学生直接将其母语中"日常"的词性和用法照搬到汉语中来了。同样的，韩语中的"人间"是"人"的意思，而汉语的"人间"指的是"人类社会、世间"之义，二者在词义上有明显的区别，但韩国学生直接用"人间"这个汉字词来对应汉语的"人间"一词，由此出现例（35）的偏误。这些都是受母语中汉字词的影响而带来的语际偏误。

　　甚至有些在意义和词形上均没有什么联系的词语也会给学习者带来负迁移。例如：

　（36）a.＊在一间男校里，男生们最喜欢的就是电脑游戏里的打足球。（应为

"踢"）

b.*我最喜欢的是打扬琴的那位很漂亮的小姐。（转引自张博等，
 2008：53）（应为"弹"或"敲"）

c.*也有人一边打二胡一边唱歌。（转引自张博等，2008：53）（应
 为"拉"）

d.*如果长辈喜欢打围棋，那就针对围棋谈话。（应为"下"）

e.*如果你今天问他对什么有兴趣，他大概要回答"我喜欢时而看电
 影，时而打计算机"。（应为"玩电脑"）

f.*我父母以前没有学过电脑，他们常常批评整天打网的我，他们担心
 因为电脑我的成绩不好，但是我给他们教用电脑，他们知道打网的
 好处、有利的地方以后理解我了。（应为"上"）

"打—踢—弹—拉—下—玩—上"在意义上和词形上都没有什么联系，汉语母
语者绝对不会将其弄混，但以英语为母语或熟悉英语的学习者出现了上述偏
误。这主要是因为他们将"打"的意义及其用法误推到其他词上去。表示"做
某种游戏"的"打"在英语中的对译词为"play"，而英语中的"play"不仅可以
与"basketball、football、tennis"等表示球类运动的词语搭配，也可以与"piano、
violin"等表示乐器的词语搭配，还可以与"chess、(the) Internet、computer games"
等表示智力或娱乐游戏的词语相搭配。当学生知道"打篮球"的英译为"play
basketball"时，就可能将英语"play"的其他搭配也搬到汉语中来，于是造成上述
误用。

值得注意的是，有的语际偏误在不同母语背景下的学习者中都普遍存在，
如将"think / think about"的意义或用法套用到汉语的"想—觉得—以为—认
为—思考—考虑"上。而有的语际偏误可能只在单一母语背景或少数母语背景
下的学习者中存在。像下面这样的偏误只在蒙古学生中存在（周琳、萨仁其其
格，2013）：

（37）a.*我不打算出几个孩子。

 b.*熊猫繁殖能力不强，一般出一二小熊猫。

以上两例的"出"应为"生"，这种特异性语际偏误是受蒙古语的影响而导致的。

基于上述对语际偏误的分析，我们认为在词汇教学中要贯彻"重视语际
差异，加强对比研究"的原则，要有针对性地进行语别化教学。所谓语别化

（language-specific），就是针对教学对象的母语特点及通过与目的语的比较来选择和安排教学的语言项目，设计教学过程，选择教学策略（施春宏，2010）。教师要关注学习者母语词汇的特点以及与汉语词汇的差别，既用其他语言的眼光来审视汉语，也用汉语的眼光来看其他语言。此外，教师还应区分出哪些词汇偏误是共通性的，哪些是特异性的。对于学生反复出现偏误且具有共通性的词语，教师在课堂上应采取集中训练的教学方式；对于特定语言背景下出现特异性偏误的词语，教师应该采取有所分别、单个突破的教学方式。当然，具体教学时如何做到集中训练与单个突破之间的平衡，并不是一件很容易的事情。

另外，语际差异对比研究的成果还应该充分体现在教材中，以增强教材的针对性和实用性。语别化并不是说把汉语教材译成以某种语言为媒介语的教材就可以了，而是要根据语际差异对比研究的成果来综合安排学习点的选择与排序、教学方法与练习方式等各方面内容。李泉、宫雪（2015）曾指出要在教材中呈现出经过对比研究发现的教学重点和难点以及应该繁复和简约之处。而且，教材在对汉语词语进行释义时，一定要慎重选择学习者母语中的词语来对译，除了尽可能提供精准的译词，教材还应适当给出典型例句来说明不同语言中用法上的细微差别，这样才能有效避免学习者"先入为主"地用母语词来对译汉语词，由此减少由母语译词带来的负迁移。

在词汇教学中贯彻"重视语际差异、加强对比研究"的原则是基于教学对象的差异性（如国别、语别、族别等）而进行"有的放矢"的教学，实际上就是因材施教理念和方式在新的形式背景下的拓展和深化。

六、教学用语与词汇等级相适应的原则

在二语词汇课堂教学中，教师还要特别注意教学用语的选择。不管是生词的释义、课文的讲解还是例词、例句的展示，都应该根据学习者的汉语水平和理解能力来考虑，遵循"教学用语与词汇等级相适应的原则"，即教师要尽量在学习者能理解的范围内谨慎选用适当等级的词语来进行课堂教学，做到浅显、明白、易懂。具体来说，就是尽量用学习者学过的词语来解释生词和讲解课文，尽可能避免使用他们没学过的词语尤其是高级词甚至超纲词来解释或举例。

具体说来，主要从以下两个方面入手。

首先是释义用语要做到明白易懂。在词汇教学中，对词语进行释义是既普遍又关键的一个环节，它的作用是让学习者明白词语的意义及其用法。因此，如何做出正确而有效的释义是词汇教学的第一步。如果用来释义的词语本来就是生词，超过了学习者已有的水平，造成无法理解，那么释义就是失败的。有的老师在对词语尤其是一些意义较为抽象的词语进行释义时，常常照搬词典、教材或参考书中的释义内容而没有进行必要的再加工，变成直接"用生词解释生词"，给学习者带来很大的困扰。比如，一位老师将初级词"标准"解释为"衡量事物的准则"。实际上，"衡量"是中级词，"准则"是高级词，学习者在初级阶段都没学过，很难明白是什么意思，这样就会使学习者越听越糊涂。又比如有的老师用"究竟"来解释"到底"一词，学习者不明白，问"究竟"是什么意思，老师继续解释说"究竟"就是"追究"，学习者还是稀里糊涂的。这三个词是近义词，有相同点也有不同点，且不说这种近义释词的方式会给学习者日后的使用带来干扰，光是用"究竟、追究"来解释"到底"就不符合词汇等级相适应的原则。"到底"是初级词，而"究竟、追究"都是中级词。其实，只要稍微加工一下，再给出典型例句和语境，就可以解决问题。例如：

【到底】仔细查问问题的原因或答案：这到底是怎么回事呀？我都糊涂了。｜你到底去不去北京？去的话就要赶紧订机票了。

释义内容是学习者能听懂的，例句的语境也是他们在日常生活中经常碰到的情况，这样不仅可以避免近义词循环释义和违反词汇等级的弊端，而且还可以帮助他们快速掌握"到底"的意思和用法。马静、行玉华（2008）还举过一个例子，说一位老师将"超过"解释为"超越"，学习者茫然。老师便继续说道"超越"就是"逾越"，"逾越"就是"无人能出其右"。这样的释词用语可谓"一山更比一山高"，学习者只会坠入云雾之中，茫然不知所措。其实，"超过"可以通俗地解释为"从某物或某人的后面赶到了前面"，既浅显又明白易懂。

可见，教师最好不要直接照搬基于本体研究的论著和工具书上的内容来教学，而要根据学习者的语言水平对现成的释义内容进行再加工。在充分考虑学习者的汉语水平和所掌握的词汇范围的基础上，用通俗易懂的词语准确地表述其意义和用法。下面通过"词典释义"和经过加工的"教学释义"的比较来具体展示如何贯彻教学用语与词汇等级相适应的原则。

【洪水】（词典释义）暴雨、急剧融冰化雪、风暴潮等自然因素引起的江河、湖泊水量迅速增加，或者水位迅猛上涨的一种自然现象：～泛滥。

（教学释义）河、湖中突然而迅速上涨的大水，是一种自然灾害：1998 年长江发生了严重的～灾害。

【借鉴】（词典释义）把别的人或事作为镜子，来对照自己，以便取长补短，吸取经验教训：以资～。

（教学释义）学习别的人或事情好的方面，避免不好的方面：我们这次～了他的经验，终于成功了。

【特殊】（词典释义）事物的性质或情况不同于一般：～规律。

（教学释义）和一般的情况不相同、不一样的：因为家里的～原因，他很早就工作了。

【别】（词典释义）禁止，劝阻：～动｜～走｜～急。

（教学释义）① 劝别人不要做某件事情（吸烟、喝酒等）：你都咳嗽了，～吸烟了。

② 提醒别人注意、小心（上课、开会、过马路等）：今天下午是两点上课，～迟到了。

实际上，教师对释义内容再加工的过程就是充分利用学生以前学过的词语或汉语知识，将解释和例示通俗化的过程。当然，也不能一味追求简单，要尽量避免在通俗化过程中出现释义不准的情况。

要做到教学用语与词汇等级相适应的原则，还有一个不容忽视的方面就是语言学术语的使用，总的原则是"必要的不躲，不必要的不用"。由于词汇教学并不是仅仅教学生词语的意义，而是要在意义的基础上教会学生词语的用法，但对用法的说明有时又绕不开一些语言学术语。因此，选用什么样的语言表达和描述方式来说明其用法规则，就成了教师必须要面对的问题。比如，在辨析"进行—举行"时，有的老师是这样说明的："进行"常带动词性宾语，表示某种活动的持续；"举行"主要带名词性宾语。很多非语言学专业的汉语母语者对"动词性宾语、名词性宾语"和"持续"这样的术语都不太了解甚至根本不懂，更何况母语为非汉语者呢？作为专业研究中的描写工具，这样的术语当然很重要，但是在汉语作为第二语言的词汇教学中则要尽量避免。近义词的辨析一般在初、中级阶段展开，如果这时候就出现抽象的语言学专业术语，就有可能超出学习者的理解水平。即便是到了高级阶段，学习者也不一定能真正理解透彻。"进行—举行"的差异主要体现在搭配对象的不同，教师只要直观展示二者在具体搭配对象上的差异就可以了。不妨采用下面这样的形式：

	讨论	调查	研究	批评	比赛	晚会	婚礼	画展
进行	✓	✓	✓	✓	✓	✗	✗	✗
举行	✗	✗	✗	✗	✓	✓	✓	✓

这样的描述方式既避免了使用专业术语带来的不便，还能展示出这两个词典型搭配的具体情况，学生理解和记忆起来都要容易得多。

又比如，当举例说明词性不同的近义词时，教师经常用到的一个经典例子便是"突然—忽然"。有的教师直接照搬参考书上的说明来讲解：两个词意思差不多，但是词性不同，句法能力也不同。"忽然"是副词，只能做状语；而"突然"是形容词，除了做状语外，还能做定语、谓语和补语。即便是受过专业语言学训练的人，在面对"词性、句法能力、副词、状语、形容词、定语、谓语、补语"这一大串语法术语时都会有头脑发胀之感，更别说是母语为非汉语的初、中级阶段的学生了。因此，这种做研究、写论文的表达方式在词汇教学中是完全行不通的。我们不妨也采用下面的形式来展示其区别：

	~下雨	~停电	~事故	很~	这件事很~	这件事发生得太~了[①]
突然	✓	✓	✓	✓		
忽然	✓	✓	✗	✗	✗	✗

在鲜明的对比中，易学易懂的典型例句代替了抽象枯燥的用法规则说明。在教师适当的引导下，学生避开了术语的困扰，对这两个词在用法上的区别有了直观但深刻的感受。可见，如果教师能从学生的实际情况出发，总是能找到一定的办法来解决问题的。

[①] "这件事发生得太~"用在初级阶段的教学中并不合适，"得"字补语结构是中高级阶段的教学内容。这里列出来仅为了展示的完整性。

七、结语

以上我们就汉语作为第二语言的词汇教学中既关系全局又独具汉语特点的现象提出了相应的基本原则和实施策略。这些原则虽然无法涵盖汉语词汇教学的所有问题，但却是针对教师最难处理和最容易忽视的方面、二语学习者最容易出现偏误的地方来考虑的，是在现代语言学背景下基于"三一语法"的基本理念而建构出来的二语词汇教学的基本原则及相关策略。它们试图将"交际性、针对性、系统性、层级性"等宏观原则真正落实到位，同时还具有很强的可操作性和实践性。

无论是词汇教学还是语音、语法教学，教师只有时时处处心中有学生（目标），胸中有乾坤（原则），手中有方寸（方法），才能取得理想的教学效果。

参考文献

敖桂华（2008）对外汉语近义词辨析教学对策，《汉语学习》第 3 期。

蔡淑美、施春宏（2014）基于汉语中介语语料库的二价名词习得研究，《语言文字应用》第 2 期。

陈　晨、许文平（2009）汉日同形词对比与语际迁移偏误生成，《海外华文教育》第 2 期。

冯胜利、施春宏（2011）论汉语教学中的"三一语法"，《语言科学》第 5 期。

冯胜利、施春宏（2015）《三一语法：结构·功能·语境——初中级汉语语法点教学指南》，北京：北京大学出版社。

高书贵（1993）有关对外汉语教材如何处理离合词的问题，《世界汉语教学》第 2 期。

郭志良（1988）对外汉语教学中词义辨析的几个问题，《世界汉语教学》第 1 期。

何克抗（1997）建构主义的教学模式、教学方法与教学设计，《北京师范大学学报》(社会科学版）第 5 期。

李　泉、官　雪（2015）通用型、区域型、语别型、国别型——谈国际汉语教材的多元化，《汉语学习》第1期。

李如龙、吴 著（2005）略论对外汉语词汇教学的两个原则，《语言教学与研究》第2期。

李绍林（2010）对外汉语教学词义辨析的对象和原则，《世界汉语教学》第3期。

李先银、吕艳辉、魏耕耘（2015）《国际汉语教学：词汇教学方法与技巧》，北京：北京语言大学出版社。

李晓琪（1995）中介语与汉语虚词教学，《世界汉语教学》第4期。

刘富华（1998）HSK词汇大纲中汉日同形词的比较研究与对日本学生的汉语词汇教学，《汉语学习》第6期。

刘乃叔、敖桂华（2003）《近义词使用区别》，北京：北京语言大学出版社。

刘淑娥、佟慧君、常敬宇、梅立崇（1983）《近义词辨析》，北京语言学院内部资料。

刘座箐（2013）《国际汉语词汇与词汇教学》，北京：高等教育出版社。

卢福波（2000）《对外汉语常用词语对比例释》，北京：北京语言大学出版社。

鲁健骥、吕文华（2006）《商务馆学汉语词典》，北京：商务印书馆。

鲁晓琨（1990）汉日同形近义词辨析方法，《外语与外语教学》第1期。

马 静、行玉华（2008）对外汉语教学词语释义的原则与方法，《重庆教育学院学报》第4期。

马燕华、庄 莹（2002）《汉语近义词词典》，北京：北京大学出版社。

马 真（2004）《现代汉语虚词研究方法论》，北京：商务印书馆。

毛 悦（2015）《汉语作为第二语言教学——汉语要素教学》，北京：外语教学与研究出版社。

孟祥英（1997）谈对外汉语教学中的近义词辨析，《天津师范大学学报》第3期。

潘 钧（1995）中日同形词词义差异原因浅析，《日语学习与研究》第3期。

全香兰（2004）汉韩同形词偏误分析，《汉语学习》第3期。

施春宏（2010）面向第二语言教学的语言学教材编写中的若干问题，《语言教学与研究》第2期。

施建军、洪 洁（2013）汉日同形词意义用法的对比方法研究，《外语教学与研究》第4期。

孙德金（2006）语法不教什么——对外汉语语法教学的两个原则问题，《语言教学与研究》第 1 期。

孙新爱（2004）对外汉语词汇教学应把握的几个原则，《云南师范大学学报》（对外汉语教学与研究版）第 2 期。

万艺玲（2010）《汉语词汇教学》，北京：北京语言大学出版社。

薛小芳、施春宏（2013）语块的性质及汉语语块系统的层级关系，《当代修辞学》第 3 期。

杨惠元（2003）强化词语教学，淡化句法教学——也谈对外汉语教学中的语法教学，《语言教学与研究》第 1 期。

杨寄洲（2004）课堂教学中怎么进行近义词词语用法对比，《世界汉语教学》第 3 期。

杨寄洲、贾永芬（2005）《1700 对近义词语用法对比》，北京：北京语言大学出版社。

杨　圳、施春宏（2013）汉语准价动词的二语习得表现及其内在机制，《世界汉语教学》第 4 期。

杨峥琳、洪　炜（2015）预防式与治疗式近义词教学方法在对外汉语教学中的应用，《云南师范大学学报》（对外汉语教学与研究版）第 1 期。

张　博（2013）针对性：易混淆词辨析词典的研编要则，《世界汉语教学》第 2 期。

张　博等（2008）《基于中介语语料库的汉语词汇专题研究》，北京：北京大学出版社。

张　博等（2016）《不同母语背景的汉语学习者词语混淆分布特征及其成因研究》，北京：北京大学出版社。

张　妍（2006）欧美学生汉语中介语易混行为动词、心理动词及其辨析方法研究，北京语言大学硕士学位论文。

赵金铭（1994）教外国人汉语语法的一些原则问题，《语言教学与研究》第 2 期。

赵　新、李　英（2001）对外汉语教学中的同义词辨析，《暨南大学华文学院学报》第 2 期。

周　琳、萨仁其其格（2013）蒙古学习者特异性汉语易混淆词及其母语影响因素，《语言文字应用》第 1 期。

Gass, Susan & Larry Selinker (2008) *Second Language Acquisition*: *An Introductory Course*. 3rd edition. New York: Routledge. 赵杨译《第二语言习得（第三版）》，北京：北京大学出版社，2011年.

Goldberg, Adele E. (1995) *Constructions*: *A Construction Grammar Approach to Argument Structure*. Illinois, Chicago: The University of Chicago Press.

Goldberg, Adele E. (2006) *Constructions at Work*: *The Nature of Generalization in Language*. New York: Oxford University Press.

作者简介

施春宏，北京语言大学语言科学院教授。主要研究方向为语言学理论及应用。

蔡淑美，厦门大学人文学院副教授。主要研究方向为语法学和认知语言学。

李娜，北京语言大学语言科学院硕士。主要研究方向为语法学和二语习得。

大文科专业汉语词汇教学模式浅探 *

余敏　赵显昊

摘　要　大文科专业汉语是来华留学文科学生必须学习的一门课程。其中，词汇的教学是大文科专业汉语中重要的组成部分，也是考试的重难点。在进行大文科词汇教学的过程中，存在词汇意义抽象、近义词难以辨析、学生记忆困难等问题，如何在平时有限的课堂教学中，更有效地帮助学生理解和记忆，形成大文科词汇教学的模式，是本论文讨论的主要内容。

关键词　大文科　　词汇　　可视化　　可推导化

一、引言

面向来华本科留学生的汉语预科教育已经进行了 10 多个年头。从初期以老 HSK 作为考核标准，到后来用新 HSK4 级作为考核标准，到目前分文科、经贸、理工、医学等不同专业，采取"基础汉语＋专业汉语综合"考核的模式，经历了 10 多年的探索和实验。目前出版了专业汉语的教材，也已经建立了较为完善的教学和考核体系。

《大文科专业汉语综合教程》是专门为来华留学文科类专业预科生编写的一套专业汉语教材，也是文科生结业考试备考必须学习的内容。除了相关的词汇以外，经贸类结业考试中涉及很多经济学方面的知识。与经贸类结业考试略有差别的是，文科结业考试基本上是考查学生对于大文科词汇的掌握情况，几乎没有对中国文史哲、教育、法律等相关的专业知识的考查。因此，大文科专业汉语的词

---

* 本论文为中央高校基本科研业务费专项资金项目"韩国中文学习现状及未来学习和服务需求研究"（项目编号：CCNU19A06006）的阶段性成果。

汇教学显得尤其重要和突出，是大文科专业汉语教学的重点和第一要务。

本文主要就笔者如何在课堂教学中帮助学生理解、记忆大文科专业词汇的方法和模式做一个简单探讨。

二、大文科专业汉语词汇教学模式

对外汉语教学中词汇教学的目的，简而言之，就是通过教师的教授，使学生能够理解、记忆以及应用所学的词汇。大文科专业汉语词汇的教授也是如此。

在华中师范大学，大文科专业汉语是在第二个学期开课。学生在第一学期基本上完成了《汉语教程》第一册和第二册的学习，掌握的基础汉语的词汇量约为 1000 个。这些词大部分都是生活词汇，要求学生能听懂，口语会说。这些词汇学生容易理解，无论在课堂上还是在生活中，总能听到、用到。大文科专业词汇总体来说意义抽象，使用频率相对较低，专业性比较强，还存在一些词义、用法非常接近的近义词。因此对只学过半年汉语、词汇量只有 1000 左右的预科生来说，在短短三个多月时间内，理解、记忆并运用这些词，确实有很大的难度，这对教师的教学能力也是一大挑战和考验。

大文科词汇教学的首要任务是通过教学让学生理解词汇。由于预科学生来自不同国家，母语各不相同，有些国家的学生几乎不会英语。即使会英语的学生（母语非英语），英语水平也不高，教材中生词后边的英文注解只对部分学生有效。因此预习是非常有必要的环节。

我们的预科生在开始大文科专业汉语学习时，掌握的基础汉语词汇量只有 1000 个左右，虽然综合课、阅读课也在同步进行，但还有一些词是还没有学到的。课文里有些词，虽然是基础汉语词汇大纲范围之内的，但是学生并没有学习过，此外，还有少数大纲范围之外的词。因此，每次上新课前，笔者会把课文里学生可能会有障碍的词语用红笔画出来，连同生词一起布置预习任务，要求他们用母语把生词的注解写在生词后边。课前会提前五分钟，逐一检查学生的预习情况。

预习做到位，只是做好了讲解生词的准备工作，仅仅算是完成了第一步。在课堂上，如何有效利用有限的时间，将每个生词讲懂、讲透，让学生明白、会用，笔者总结了以下方法。

2.1 可视化

教师领读生词后，进入生词的讲解阶段。关于汉语词汇的教学方法，除了"词本位"和"字本位"的宏观论之外，还有很多学者撰写论文探讨微观的、具体的教学方法，比如图片展示法、表情动作法、实物展示法、教学设备展示法、比较法、语素教学法、联想法、对比法（郑菊颖，2013）。这些词汇课教学技巧在大文科汉语词汇教授过程中都是适用的。可视化，即将词汇的含义或者所指通过图片、实物、动作等媒介直接转换为可视的物质。最容易采用这种可视化方式的词语，一般为比较具体的名词、动词、形容词、量词等。例如在《汉字的造字法》一课中，教师通过展示一张"幼苗"的图片，就能非常直观地解释"幼苗"的意思。这一课中的"壶"和"甲骨文"也属于这种类型。很多动词也可以通过可视化的途径达到教师有效讲解、学生快速理解的目的。如《老子的道家思想》中的"断"。笔者利用了在教室中随手可得的教具——粉笔，教学步骤如下：

教师：（将一根粉笔丢到地上）粉笔被老师怎么了？

学生：粉笔被老师摔到地上了。（"摔"是出现在"断"前面的生词，在此，可以利用同一个情景讲解两个词语，也可以先讲解"摔"，然后在讲解"断"时，通过引导复习"摔"。）

教师：（拾起断的粉笔）现在粉笔断了。（说"断"字时，放慢语速，并同时指向 PPT 上的生词"断"。）

某些抽象的词语也可以采取可视化的方式。图片展示法，不仅仅适用于展示词义比较具体的词语，也适用于展示比较抽象的概念。如《老子的道家思想》中的"创始"，课文中出现的词是"创始人"，它比"创始"更容易理解。因此笔者从讲解"创始人"入手引导学生理解"创始"的意思。笔者在 PPT 上展示了一张淘宝的图片和一张马云的图片。

教师：这是什么，大家都知道吧？

学生：（非常兴奋）淘宝……

教师：（指着马云的图片）这个人是谁，有人知道吗？

学生：（有人知道，有人不知道）马云／不知道……

教师：对，他叫马云，他是淘宝的老板，淘宝是他开始做的。（展示例句"马云是淘宝的创始人"，并领读例句。）

在生词的讲解阶段，生词可视化的范围，既包括具体的名词、动词，也包括一些抽象的名词、动词和形容词。可视化的媒介可以是图片、实物、动作以及情景等。

2.2 可推导化

虽然部分词语容易通过图片、实物、动作和情景实现可视化，但遇到意义比较抽象的词语，例如《汉字的造字方法》中的"演变"，用语言描述出来让学生理解并不容易，于是笔者给学生展示了一些简单的汉字，如"日、月、山、雨"等从甲骨文到金文、隶书、楷书的字形变化，告诉他们这就是汉字的演变，接下来展示例句"最基本的汉字是从图画演变来的"。这种方式就是可推导化的词汇讲解方式。使用这种可推导化的生词讲解方法，学生一能明白"演变"的含义，二能感知"演变"的常用搭配和在句中充当的成分。

可推导化的生词讲解方式有时也要借助图片、实物等，但它与可视化不同，可视化的图片、实物、动作和情景等直接展示词汇意义所指的对象，而可推导化中的图片、实物等，只是进一步导入下一个情景的媒介物。

再如《老子的道家思想》一课中，有一个抽象的动词"主宰"。笔者是这样展开讲解的：

教师：（向学生展示了一张地球上有很多恐龙的图片）那个时候地球上有没有人类？

学生：没有。

教师：对，那个时候地球上还没有人类，到处都是恐龙。恐龙是地球的主人。对吗？那我们就可以说（紧接着展示例句）"十几亿年前，恐龙主宰着地球"。[领读一遍，并板书"……主宰（着）……"，强调"主宰"经常与"着"搭配使用。]那现在呢？谁是地球的主人？

学生：人类。

教师：那现在谁主宰着地球？

学生：现在人类主宰着地球。（教师展示这个例句，并领读一遍。）

再如，笔者讲解《新〈中华人民共和国老年人权益保障法〉》中的"争议"

一词时，采取的也是可推导的方式，具体步骤如下：

教师：（展示一张老人倒地、年轻人去扶的图片）这个老人怎么了？

学生：摔倒了。

教师：这个年轻人在做什么？

学生：（不会说"扶"这个词，都用肢体语言表示。）

教师：（在黑板上写下"扶"这个字，并用肢体语言解释该词的词义。）年轻人扶老人。你们觉得老人摔倒了应不应该扶？

学生：当然应该扶。

教师：可是现在很多人不敢扶，不愿意扶。

学生：老师，为什么？

教师：因为以前有一些老人摔倒了，别人去扶，然后老人说是这个人推了他，或者撞了他，让他付住院费、药费，所以现在很多人看见老人摔倒了，都不敢扶，不愿意扶。那么，老人摔倒了到底要不要扶呢？有人觉得应该扶，有人觉得不应该扶，你不同意我的看法，我也不同意你的看法，最后没有答案，大家对这个问题有争议。（说"有争议"时，教师放慢语速，加大音量，并指着PPT上"争议"这个词，紧接着展示例句"老人摔倒了，该不该扶，这是一个有争议的问题"并领读一遍。）

笔者通过展示图片，引入中国当代社会中实际存在的法律问题以及社会对此的不同看法，层层引导，步步推导，进而讲解"争议"这个词的含义和基本用法，既能让学生在不断的师生互动中很好地理解词义，同时也让学生了解了当下中国社会存在的一些问题。

2.3 由浅入深、由简进难

无论是使用哪种词汇教学方法，在展示例句教授大文科词汇时，笔者一直遵循由浅入深、由简进难的原则。讲解生词的目的有二，一是让学生理解生词的含义，了解生词的用法；二是为讲解课文做准备。大文科课文里的句子是学生不熟悉的句子，句子结构相对复杂，有时候一个句子里还包括好几个生词，甚至有些还包含大文科专业方面的知识，因此，为了达到以上两个目的，笔者一般先利用学生熟悉的情景，使用学生熟悉的句型结构，编写简单的例句。通过这些简单例句来展示、讲解生词，引导学生理解。接下来，再逐步引入结构稍复杂一些的例句，最后展示课文里的相关句子，引导学生理解。这样，一篇课文里所有生词讲解完了，几乎课文里每个句子也都过了一遍。如此一来，学生面对课文时不再觉得困难，这对帮助学生理解课文有非常大的作用。下面，笔者还是以讲解生词"争议"为例。在展示并领读第一个例句"老人摔倒了，该不该扶，这是一个有争议的问题"以后，教师板书"争议"的第一个用法"……有争议……"。接下来引入第二个情景，具体如下：

教师：现在很多小学生放学以后，要参加各种辅导班，英语班、书法班、钢琴班等等，有人认为应该参加，有人认为不该参加，这也是一个……（教师停顿，指着第一个例句中的"有争议的问题"这个部分，引导学生说出句子的后半段——"有争议的问题"。）

学生：有争议的问题。（教师展示第二个例句"小学生放学后要不要参加各种辅导班，这在中国社会上引起了争议"并领读一遍。）

教师：（指着"引起了争议"部分）"引起"我们以前学过，我们回忆一下，我们可以说什么"引起"什么？

学生：一辆自行车引起交通事故……感冒引起咳嗽……感冒引起发烧……

教师：（总结，在黑板上板书"引起"的句法结构）大家说得很好，"引起"前边是原因，后边是结果。那么，第二个例句里"引起争议"中的"争议"是原因还是结果？

学生：结果。

教师：那原因是什么？

学生：小学生要不要上辅导班。

教师：很好，因为有了小学生要不要上辅导班这个问题，所以，有了争议。（板书"……引起争议"）

最后，教师展示第三个例句，即课文里的句子"父亲将儿女告上法庭，这到底是家庭问题还是法律问题，在社会上引起了广泛争议"。其中，除"争议"以外其他生词"将""告""法庭"都必须在展示该例句前讲解完毕。

由于课文里的相关句子使用的是"……引起争议"这个相对复杂的句式，因此在第一个例句中，我们仅展示了"争议"的含义及其比较简单的用法"有争议"。接下来，我们通过第二个情景和对应的例句不仅巩固了学生对于"争议"含义的理解，更重要的是展示"……引起争议"这个更为复杂的句式，为第三个例句，也就是课文中出现的句子做好铺垫。学生通过例句一理解了"争议"的含义，并对它的基本用法有了初步感知。通过例句二复习或者了解"……引起争议"的句式结构，接下来理解例句三就是水到渠成了。通过这种由浅入深、由简进难的例句展示法，帮助学生理解课文中出现的相关句子，可以达到事半功倍的效果。

以下是笔者讲解"尊重"一词时逐一展示的例句：1.她很尊重老师，每次看到老师都说"老师好！"，还常常帮助老师。2.去别的国家学习、生活的时候，应该尊重当地人的生活习惯。3.虽然我妈妈反对我开公司，但是她还是尊重我的选择。4.案子结束了，六名子女都表示将尊重法庭的判决。前边三个例句都是贴近学生生活的例子，并且展示了"尊重"一词常用的搭配——可以是表示"人"的名词，也可以是相对抽象的名词如"习惯""选择"等。最后才引入课文里的句子，即例句4。能理解"尊重"别人的"习惯"和"选择"，自然就容易理解"尊重判决"的含义。

以下是笔者讲解"实施"一词时逐一展示的例句：1.我们学校的这些新规定将在下周一开始实施。2.有了学习计划以后，应该马上实施。3.由于德国实施义务教育效果非常好，其他国家都开始向它学习。4.2013年7月1号，中国开始实施新的《中华人民共和国老年人权益保障法》。

展示例句时，笔者基本遵循以下原则和顺序展示至少3～5个例句：贴近留学生生活或者他们熟悉的情景＋生词的简单用法——结合中国社会生活或者联系中国文化＋生词的复杂用法或者课文中包含生词的句子中出现的句式——课文中包含生词的句子。

2.4 提高例句中生词的复现率

课堂上教师细致到位的讲解可以在一定程度上帮助学生理解和记忆生词，图片、肢体语言以及情景都可以帮助学生记忆生词。此外，提高生词的复现率也能有效提高学生的记忆效果，同时可以起到巩固理解的作用。例如在第十课《中国的外交政策》一课中，笔者先讲解了"领土"，介绍了中国的领土面积等。然后，在讲解"完整"一词时，笔者将"领土"与"完整"编入一个例句："《南京条约》签订以后，中国的领土就不完整了。"（在之前讲解"条约"一词时介绍过《南京条约》的大致背景和内容）其后，在讲解"侵犯"这个词的时候，笔者再次引入"领土"一词，设计了两个例句：1.两个国家签订了停战协议，并保证以后互不侵犯对方的领土。2.台湾自古就是中国的领土，神圣不可侵犯。既讲解了"侵犯"的意思，又复现了"领土"，并展示了"侵犯"与"领土"的搭配。以下以第十课《中国的外交政策》一课为例，将笔者编写的例句里复现的生词及重点句型展示如下。

第十课《中国的外交政策》例句中生词及句型复现情况表

讲解的生词	相关例句	复现的生词	复现的生词首次出现的课号
近年	这些都是近年发生在本市的有关老人权益的案件。	权益 案件	第三课 第三课
舞台	她不小心在舞台上摔了一跤，把腿摔断了。	摔 断	第九课 第九课
日益	1. 近年来，来华学习汉语的留学生日益增多。 2. 改革开放以后，中国的经济日益发展，人民的生活水平日益提高。 3. 近年来，孩子的教育问题日益受到大家的关注。	近年 改革 近年 关注	第十课 第五课 第十课 第五课
日常	中国人的谦虚不仅体现在一些正式场合和语体中，也体现在日常生活中。	谦虚 体现 场合 语体	第一课 第八课 第八课 第八课
议题	这个议题在会议上引起了中外学者的争议。	争议	第三课
陪同	在这位年轻导游的陪同下，我们玩得非常愉快。	在……下	第三课
一行	在张校长的陪同下，我们一行十几个人先后参观了图书馆、食堂、宿舍。	在……下 陪同	第三课 第十课
注重	张老师注重语法，而王老师则特别注重发音。	则	第五课
机关	目前，中国也在进行政府机关的改革，让人们办事更方便，更快。	改革	第五课
使节	明朝政府派使节郑和率领船队出使了很多国家。	率领 出使	第二课 第二课
项	1. 这个合同上有一项规定，就是在公司工作期间，不能同时为别的公司服务。 2. 经理给我布置了一项任务，就是把近年签订的合同整理一下。	期间 近年 签订	第五课 第十课 第十课

续表

讲解的生词	相关例句	复现的生词	复现的生词首次出现的课号
原则	他当老师的基本原则就是公平对待每个学生。	对待	第八课
完整	《南京条约》签订以后，中国的领土就不完整了。	签订 领土	第十课 第十课
侵犯	1. 两个国家签订了停战协议，并保证以后互不侵犯对方的领土。 2. 台湾自古就是中国的领土，神圣不可侵犯。 3. 小王把表演的照片发到网上，结果他成了被告，因为他侵犯了别人的肖像权。	签订 领土 领土 被告	第十课 第十课 第十课 第三课
内政	1. 台湾、香港都是中国的领土，因此它们的事都是中国的内政。 2. 这是我们国家的内政，我们不希望别的国家来干涉。 3. 干涉别国内政就是侵犯别国主权。	领土 干涉 干涉 侵犯 主权	第十课 第三课 第三课 第十课 第十课
平等	《南京条约》是一份不平等条约。	条约	第十课
互利	跟他们公司签订这份合同，对他们有好处，对我们也有好处，这是互利的。	签订	第十课
准则	我做人的基本准则就是不骗人，不说假话，不损害别人的利益。	损害	第八课
平静	经历了十几年的战争以后，他们终于过上了平静的生活。	战争	第九课
倡导	孔子首先倡导"因材施教"的教育思想。	孔子 因材施教 教育	第五课 第五课 第五课

　　学习第十课前，学生一共学习了第一课至第五课以及第八课、第九课，共七课的内容。从上表可以看出，在第十课的例句设计中，复现的生词包括了前面所学的七课中的部分生词。这样，既能利用已学词语引出生词，又可以在一定程度上对旧词进行有效的复习和巩固，如此一来，学生对学过的旧词的含义和用法的理解和掌握也可进一步加深。

2.5 其他

除此以外，笔者还常常采用生词互训或者利用某一个生词讲解另一个的方式讲解生词。例如，《新〈中华人民共和国老年人权益保障法〉》中，笔者先利用了前边讲过的"原告"和"被告"来解释了"起诉"的意思，然后展示了例句"这个案件中，孩子的父母起诉了孩子的学校。也就是说＿＿＿＿＿是原告，＿＿＿＿＿是被告"并让学生根据理解填空。这样，既解释了"起诉"的意思，又复习了"原告"和"被告"。再如，在第二课《丝绸之路——文明的桥梁》中，笔者利用"郑和下西洋"的图片，讲解了"出使"的意思，然后指着图片中的郑和和他的手下们，告诉学生这些出使的人就是使臣。后来在第十课《中国的外交政策》一课中，出现了"使节"这个生词。笔者再次展示郑和下西洋的图片，利用已学过的生词"使臣"来解释"使节"，同时还复习了"出使"的动词用法，取得了温故而知新的效果。

三、小结

预科生学习时间短、汉语基础薄弱的学习特点以及大文科词汇数量多、抽象性专业性强等特点，决定了大文科专业词汇的教学强度大、难度高。词语的含义是大文科词汇教学的核心。在有限的课堂时间内，要做到让学生吃透每一个词的含义和用法，教师必须在备课、讲课环节有缜密的安排和计划。教师应该多和学生换位思考，站在学生的角度考虑：老师如何讲解，我能更容易理解这些词语。在具体讲解某些生词时，教师应该考虑这些生词是否可以进行可视化处理，是否可推导，尽力使本来晦涩难懂的词义具象化；而在展示例句环节，教师应该遵循学习者的认知规律和学习规律，由浅入深、由简进难，层层引导推进，合理安排例句呈现的顺序；在例句中，巧妙融入之前学过的生词和句型，不但能起到巩固复习旧知识的作用，还能通过学过的词语帮助学生理解新词的含义。

大文科词汇的备课和讲课过程，是一个宏观和微观相互结合、互相配合的过程，需要教师在备课过程中精心设计、巧妙安排。笔者的大文科词汇教学还处于摸索阶段，希望在以后的教学过程中，能总结出更多更有效的方法和模式。

参考文献

郑菊颖（2013）对外汉语词汇教学技巧研究，《大庆师范学院学报》第 7 期。

作者简介

余敏，华中师范大学国际文化交流学院副教授。主要研究方向为对外汉语教学、语言学及应用语言学。

赵显昊，华中师范大学外国语学院讲师。主要研究方向为韩国语教学、语言学及应用语言学。

本科留学生学术汉语写作课需求调查与课程建设

李海燕　张文贤　辛平

摘　要　随着来华留学学历生数量的增加，留学生用汉语撰写学术论文的需求日益增强。北京大学自2017年秋季学期起开设了全校本科留学生学术汉语写作通选课。本文基于对选课留学生学习需求的问卷调查，对学术汉语写作课的课程建设情况进行了总结，探讨了这门课程的教学内容、教学方法及面临的挑战。

关键词　本科留学生　　学术汉语写作　　学习需求　　课程建设

一、引言

近年来，在来华留学生中，学历生数量大幅增加，其汉语水平也在不断提高，用汉语进行专业学习及学术研究的需求日益增强。培养学术汉语能力已经成为留学生学历教育的目标之一（高增霞、刘福英，2016）。来华留学生在专业学习中遇到的困难主要集中在听课难和学术论文写作这两个方面（鲁洲，2014）。

关于"学术汉语"的概念，单韵鸣（2008）及单韵鸣、安然（2009）在讨论《科技汉语阅读教程》系列教材编写和科技汉语课程设置时第一次提到"学术汉语"，指的是科技汉语、商务汉语等专门用途汉语，侧重培养理工科学生阅读科技文章的能力和听力理解能力，帮助学生扫清听力和阅读过程中专业词语和科技术语的障碍。高增霞、刘福英（2016）借鉴"学术英语"的内涵，进一步把学术汉语教学明确界定为训练学生运用汉语从事专业学习和学术活动的汉语教学，又分为通用学术用途汉语（各学科通用的汉语）教学和特殊学术用途汉语（专业汉语）教学。通用学术用途汉语教学培养学生在专业学习中所需要的学术汉语口语和书面交流能力，如用汉语听课、记笔记、查找文献、撰写论文、进行学术交流等，是适合所有专业的具有共性的学术能力的教学；特殊学术用途汉语教学则侧重特定学科如医学、法律、工程等，是适合具体专业特点的汉语及其技能的教学。该文认为必须加强留学生学术汉语教学，尤其是通用学术用途汉语教学。

当前高校留学生学术汉语写作教学以及相关研究都较薄弱。与学术英语的相关课程建设和研究相比，学术汉语方面的研究刚刚起步。相比于听课、阅读，留学生用汉语进行专业论文写作的能力尤为欠缺。一些研究也指出了留学生在学位论文写作方面存在语言障碍、不了解论文写作规范及科研能力不足等诸多问题（金兰，2002；幺书君，2005；亓华，2006；仇鑫奕，2009；谷祖莎，2014）。为此，北京大学（以下简称"北大"）自2017年秋季学期起开设了"全校本科留学生学术汉语写作通选课"。在开课之初，任课教师对于这门课的教学内容和教学方法都存在很多困惑，如：学生的学术汉语能力怎么样？教学重点是专业词汇等语言知识还是论文写作总体思路？不同专业背景的学生在论文写作中有哪些突出的问题和需求？如何协调不同专业学生的写作需求？如何在选课学生多、课时少的情况下有效地提高学生的论文写作能力？这些问题的答案在三个学期的教学实践过程中逐渐明晰，本文基于对选课留学生的学习需求调查，总结并探讨本科留学生学术汉语写作课的教学内容和教学方法。

二、本科留学生学术汉语写作课学习需求调查分析

北大本科留学生学术汉语写作通选课每学期开课，每周2课时，限制选课人数。课程开设三个学期以来，每学期均选满。2017年秋季和2018年春季学期各开设了一个班，2018年秋季学期开设了两个班。三个学期选课总人数达126人。

作为一门新开的选修课，每个学期开课时均对选课学生进行了问卷调查，以便更好地了解学生的学习需求，调整并确定教学内容。问卷通过问卷星发放到班级微信群中，由选课学生在第一次课时当堂完成（调查问卷详见附录）。问卷内容主要包括学生基本情况、用中文进行专业论文写作的经历和难点以及对

学术汉语写作课的学习需求。

2.1 选课学生基本信息

126 名选课留学生来自北大社会学系、经济学院、新闻与传播学院、国际关系学院、元培学院、法学院、艺术学院、政府管理学院、中国语言文学系等 20 个院系。除个别学生来自化学学院、生命科学学院等理科院系外，绝大多数都来自文科专业。具体分布见下图。

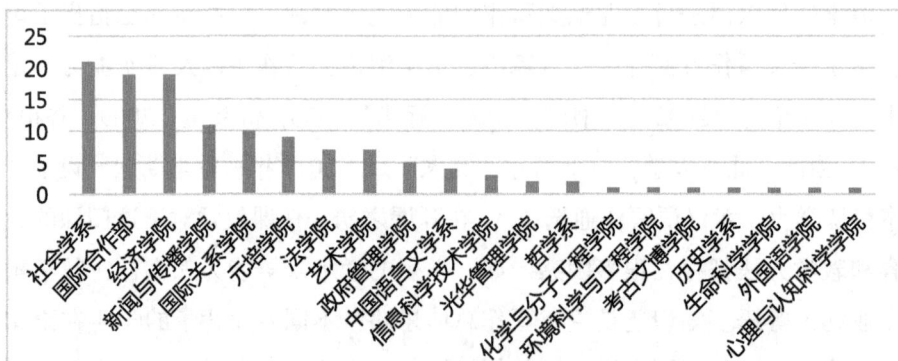

2017—2018 三个学期 126 名选课学生专业分布

选课学生中男生 63 人，女生 63 人，正好各占 50%。他们来自 21 个国家，其中韩国学生最多，为 78 人，占 62%；其次为日本学生 17 人，占 13%；其他学生来自美国、泰国、澳大利亚、土耳其、瑞典、意大利、英国、俄罗斯、法国等。126 名选课学生中一到四年级的学生都有，具体分布是一年级 44 人（占 35%）、二年级和三年级各为 25 人（各占 20%）、四年级 9 人（占 7%），还有 23 人（占 18%）是国际合作部的进修生。90% 以上的选课学生通过了 HSK6 级考试[①]。约 50% 的学生曾在中国的小学、初中或高中学习过。约三分之一的学生学习汉语的时间超过 10 年，只有 20% 的学生学汉语的时间不到 3 年。

由上述信息可知，选修学术汉语写作课的留学生汉语水平较高，国籍和专业背景多样，因此课程的定位应该是通用学术用途汉语教学，而不是针对某个专业的特殊学术用途汉语教学。

---

① 留学生来源不同，有部分学生没有参加过 HSK 考试，因此没有 HSK 成绩。

2.2 选课学生学术汉语写作经历和难点

问卷调查的第二部分内容主要考察选课学生以前是否有过学术汉语写作经历，在专业课学习中需要用汉语写什么样的学术论文，在学术论文写作过程中有哪些难点等。

调查结果显示，绝大多数学生在专业课学习过程中都被要求用中文撰写过课程论文和读书报告等，64%的学生需要用中文撰写毕业论文。有学生明确表示虽然专业不要求用中文写毕业论文，但自己仍认为学术论文写作是大学学习必须要掌握的技能。也有学生表示未来打算继续在中国读研究生，想在学术方面有所发展，因此希望通过这门课为以后的学习打下良好的基础，提高自己阅读中文专业文献及运用学术汉语进行写作的能力。

虽然多数学生的专业学习需要写学术论文，但经常阅读中文专业文献和经常写论文的学生都只有17%，多达83%的学生不常（36%）、很少（32%）或从未（15%）阅读过中文专业文献，83%的学生不常（19%）、很少（19%）或从未（45%）用中文写过论文。写过论文的学生基本上都是高年级学生，他们反映虽然写过一些专业课程论文和读书报告，但专业课老师往往只是给一个分数，并没有就论文的优点和不足给予具体反馈和评价，因此留学生并不知道自己到底存在哪些问题以及如何改进。这也是不少高年级学生选修这门课的主要原因。由此可见，留学生对学术汉语写作有很大的需求，但大多数人缺乏写作经验，对学术论文写作基本不了解。

关于在专业学习的各个环节以及学术汉语写作中的难点，我们通过五度量表（1最容易，2很容易，3还可以，4很难，5最难）进行了调查。结果显示，写论文或者报告是最难的（3.98），其次是阅读汉语论文（3.19）和学习专业词汇（3.18），用中文记笔记（2.9）和听老师用汉语讲课（2.56）比较容易。关于写论文或报告时的难点，学生认为论文的格式规范相对最难（3.7），其次是论文的结构要求（3.66），符合中文习惯的词语、句式和表达方式（3.59），确定论文写作的思路（3.39）和选择合适的题目（3.32）。从调查结果来看，学生觉得这五个方面难度相当，可以说都是难点。调查问卷在给出这5个选项外，也设计了开放性的问题请学生说明论文写作过程中的困难之处，概括起来相对比较集中的难点除了上述5个方面外，还有书面语表达、专业词汇和学术论文常用词汇不足、标点符号的使用、句子之间及段落之间的衔接与连贯等。有多位同学谈到自己写论文写得太慢，往往是先用母语写，然后再翻译成中文，自己看了都觉得称不上是学术论文。还有学生反映分不清楚学术论文与记叙文、议论文的区别，也不明白读书报告和读后感的差异，结果每次都写成了"超长的高中作文"，因此希望通过这门课可以学习到论文的写作方法，"学会如何写真正的学术论文"。

2.3 对学术汉语写作课的学习需求

关于学术汉语写作课的学习需求，问卷通过两个问题进行了考察。一个是开放的问题"对于这门课的内容和教学方法你有什么希望和需求？"，另一个是五度量表选择题：你认为学术论文写作时，词语、句式、写作方法、格式规范、逻辑思维的重要程度如何？（1～5，1为最不重要，5为最重要。）调查结果显示，选课学生认为这五个方面的内容都很重要，量表分均超过了4，其中写作方法（4.35）相对更重要，其他几项依次为逻辑思维（4.25）、格式规范（4.24）、句式（4.16）和词语（4.14）。因此这五个方面的内容都需在学术论文写作课程设置中重点考虑。

在对开放性问题的回答中，学生们对于学习需求也有很多表述。综合起来，主要有以下几个方面：一是希望全面系统地了解学术汉语写作的要求。很多学生很少阅读中文学术文献，也没写过论文，可以说对学术论文写作一无所知，不知从何入手，所以希望从基础开始学习，比如什么是论文，作文和论文有什么区别等。二是希望通过课程学习提高学术论文写作效率，可以用汉语直接跟着自己的思路写而不再通过翻译。这部分学生认为写论文最大的困难是词汇量不足、缺乏写作方法和技巧，写论文需要花很多时间找资料、查词典，但仍无法顺畅地表达自己的想法，因此希望多练习论文写作。调查结果也显示，每周除了上课之外，90%的学生都愿意花2个小时以上的时间练习学术汉语写作。三是希望学习整篇学术论文的构思、框架结构安排以及论文写作常用的词汇、语法句式和篇章衔接的细节。四是希望在这门课上得到老师更多的反馈，有针对性地解决自己在论文写作中的问题，包括词句、论文的逻辑性和写作规范等。

从上述调查结果可以看出，留学生对学术汉语写作这门课抱有很大的期待，虽然写作经验比较欠缺，基础比较薄弱，但学习的积极性比较高，希望通过这门课在论文写作的思路逻辑、遣词造句、写作规范、写作技巧等方面都有所改进、提高。学术汉语写作课的课程设置要在教学内容和方法上充分考虑到学生的实际能力和学习需求，力争在短短的一个学期时间内切实帮助学生提高论文写作能力。

三、本科留学生学术汉语写作课课程设置

作为北大全校本科留学生通选课，学术汉语写作课每个学期开设，每周 2 课时，除去国庆节等假期外，按照每个学期 15 周共 30 课时的教学量进行课程设置。自 2017 年秋季学期开课以来，在三个学期的课程建设过程中不断总结经验，调整改进。下面分别从课程定位和教学目标、课程内容框架和教学大纲设计、教学材料的选取、教学方法等方面进行说明。

3.1 课程定位和教学目标

基于对选课学生的问卷调查，学术汉语写作课基本明确了课程定位和教学目标。选课学生的汉语水平较高，来自多个专业院系，听课不是问题，但对学术论文阅读和写作缺乏经验，查阅中文专业文献及撰写学术论文都有很大的困难，因此课程定位应是通用学术用途汉语的阅读和写作。阅读和写作是紧密相连、互相促进的两种语言技能，课程教学目标就是要通过典型的论文阅读，让学生了解学术论文的框架结构、语言特征和写作规范，培养学术思维，通过写作训练，提高学生对学术论文的认识和写作技能，使其到期末可以独立撰写一篇完整的学术论文。

3.2 课程内容框架和教学大纲设计

目前有关学术汉语写作方面的研究不多，也没有面向留学生的相关教材，因此课程内容框架和教学大纲的设计一直处于不断的试验和探索之中。基于问卷调查所了解到的学生学习难点和学习需求以及期末教学评估中的学生反馈，目前的课程内容主要包括三个大的方面：一是学术论文的结构和写作思路，如选题、谋篇布局、撰写提纲等；二是论文各部分的写法和规范，如章节标题、引言、文献综述、论证、结论、摘要、关键词、参考文献等。在讲练每个部分

的写法时重点关注逻辑论证、篇章衔接、格式规范等；三是学术汉语的语言特征，如标点符号的使用、书面语表达、常用词语句式等。

从问卷调查结果可知，大多数本科留学生在专业课学习过程中需要写的是读书报告和课程小论文，部分学生需要用中文撰写毕业论文。这三种论文的写作要求不尽相同，而且选课学生以低年级为主，他们首先面临的就是专业课读书报告和课程论文的写作。因此学术汉语写作课在前几讲中专门将读书报告的写法拿出来进行教学练习，然后再进入到一般课程论文的写作教学。毕业论文的规范和写作要求较课程论文更高，更严格，在讲练课程论文各部分的过程中会逐步教给学生。

3.3 教学材料的选取

由于多数学生很少阅读中文学术文献，对论文的结构和表达方式都缺乏足够的认知，阅读一定数量的论文有助于学生对学术汉语写作有一个更直观感性的认识。因此教学材料主要包含两个部分，一是任课教师制作的PPT，内容主要是论文写作的思路、规范和语言特征以及学生习作讲评；二是从期刊网上下载的学术论文范例。因为学生专业背景各不相同，在选取论文范例时尽量选取各专业学生都有能力了解并感兴趣的课题，避免选择专业性过强的论文，如："中外网上书店比较研究""当代大学生高消费行为分析与引导策略"之类。同时注意选取的论文要结构典型清晰，语言表述典范，篇幅不宜过长。选取的这些论文材料有些是在课堂上作为案例进行讨论分析，有些是要求学生课下阅读体会。

3.4 教学方法

写作技能必须要通过不断地写作练习、修改完善才能提高。学术汉语写作课课时有限，选课学生众多，学生专业背景和写作中的具体问题各不相同，如何在较短的时间内切实提高每个学生的写作能力是课程面临的一个大挑战。因此，在课程教学理念上努力贯彻"精讲多练"及"针对性"的原则。教学方法注意讲练结合、课堂练习与课下练习相结合并为每个学生建立学习档案，尽量详细地进行作业反馈，重点就习作的逻辑性、写法和语言表述给学生提出有建设性的意见和建议，鼓励学生就写作中的问题找教师或助教研讨。教师的角色定位更多是学生的论文写作辅导。

每一次课的内容都有课堂练习和课下作业两个部分，课堂练习除了讨论分析范例论文的写法之外，也会编写一些针对性更强的练习，如给语段加标点符号，根据所给的论文摘要分组讨论拟写论文题目，根据所给的课题分组研讨写作思路和论文框架，当堂归纳综述所给文献的内容，等等。课堂练习和当堂写作不但可以活跃课堂气氛，促使学生在练习和讨论中加深对所讲内容的理解，而且可以锻炼学生的写作速度和效率。每次课都留有课下作业，要求学生跟着课程节奏按时完成并提交电子版，教师对每一篇作业通过批注和修订的方式进行书面反馈及课堂讲评，学生吸取教师的反馈意见再进行修改完善，并加入新课要求写作的内容再次提交。从选题、拟写提纲，到每个章节的写作，都会经过"写作—提交—修改—再提交—再修改补充"的程序，直至期末写成一篇完整的学术论文。学生在选择本学期要练习写作的论文题目时可以从教师所给的七八个课题中选取一个，也可以从专业学习的角度提出自己的题目。下面以学术论文写作课中的"引言"写作为例对上述教学目标、教学内容和教学方法进行具体阐述和分析。

四、学术论文"引言"写作教学过程例示

根据课程教学大纲，第 5 讲是"如何提出观点及引言写作"，在这一讲之前，学生已经选择了某一个选题撰写并修改了论文大纲，基本明确了自己本学期计划撰写的论文的总体思路和写作框架。这一讲的教学目标是学习论文"引言"部分的作用、写法、语言特点，能够基于自己的论文提纲撰写引言。

在上课之前，教师会把 3～4 篇从知网上下载的论文样例发在微信群中，这几篇例文涉及不同领域的课题，有的在标题中明确写有"引言／绪论"等，有的没有标题，只是一段话；有的例文引言部分比较简略，只写着研究背景、研究目的和意义；有的比较详细，还包括具体的研究问题、研究方法等。虽然这一讲只是"引言"部分的写作教学，但如果学生不了解整篇论文的内容，就不容易理解引言的作用和写法。而学术论文一般篇幅较长，学生的阅读速度有差异，当堂阅读会占用比较多的课堂时间，因此要充分利用课外时间，课下和课

堂相结合，要求学生提前浏览了解论文的框架和内容，重点阅读引言部分。

在课堂上，教师首先通过PPT介绍学术论文"引言—本论—结论"的一般结构，结合学生提前阅读过的一篇例文《中外网上书店比较研究——以当当网上书店与亚马逊网上书店为个案》，说明引言在论文中的位置、作用、内容（一般要写什么）、常见写法及写作要求。

然后进行课堂练习环节：一是学生分小组讨论，在限定时间内分析另外几篇提前阅读的例文的引言内容。讨论结束后选派一名代表报告小组讨论的结果，教师引导全班同学比较各组回答，进一步深入理解引言的作用和写法。二是课堂快速练习，如：教师会把一篇学生没有读过的论文的引言部分打乱句群的顺序，要求学生当堂排序，训练学生的逻辑思维和句群衔接能力。在课堂上教师还会基于学生的讨论总结出引言写作常用的词语句式，要求学生熟读甚至背诵一些典型的语段，如：

究竟移动互联网会对性别平等带来何种影响？女性是否有望在这个时代重新被定义？本研究/本文拟/试图通过问卷调查，对高教育程度青年群体的移动网络行为和网络政治参与方面的性别差异及其特征进行分析，以探讨移动互联网对于促进性别平等所带来的机遇和风险。

这一段落不仅有引言常见的内容如怎样提出研究问题、研究方法和研究目的如何表述，而且包含了最常用的学术语言特征，如上文加着重号的词句。学生如果能够记熟这一段话，那么在自己写作时就可以直接套用。

以上课堂练习主要从正面帮助学生了解引言的一般写作方法，但仅有正面的案例往往并不足以让学生学会正确地写作，针对留学生经常会出现的一些写作问题，教师会精选一些以前的学生习作，进行课堂的第二轮小组讨论环节，要求学生找出习作中引言部分的写作问题和不足并尝试修改。如下面这段留学生"引言"习作，论文题目是《大学生消费水平的群体趋同现象调查分析》。

伴随着互联网的普及、电子商务的兴起和繁荣及消费主义的蔓延，大学生面对的物质选择日益丰富。由于阅历与判断能力的不足，大学生的日常消费水平时常会受到周边同学的影响，在一定范围内容易出现群体趋同的现象。近年来学术界对于大学生的消费行为的关注度显著提升，主要研究方向为：消费观、行为特征、校园贷的风行、消费主义的影响与互联网对大学生消费的影响等等。这些正被热议的热点研究课题除了本身存在的深刻社会意义之外，实际上也均是造成趋同现象的因素。本文将结合大量问卷调查与过往研究分析深入探讨该现象的形成原因与该现象造成的社会影响。

在课堂上教师引导学生分析画线部分存在的表述逻辑问题（前面似乎已经得出结论，认为造成趋同现象的因素就是消费观等，而后面又说要探讨该现象的形成原因）并尝试修改为：

近年来学界对于大学生消费行为的关注度显著提升，主要关注的问题有大学生的消费观和行为特征、校园贷、消费主义、互联网对大学生消费的影响等。这些因素是否会导致消费水平的群体趋同现象还有待进一步研究。因此本研究拟通过问卷调查，考察分析大学生消费水平群体趋同现象的成因，并探讨该现象的社会影响。

通过这些课堂上正面和反面案例的讨论练习，学生基本可以掌握论文引言的写法。教学就从课堂转入课下的实践环节，要求学生课下撰写并提交"引言"，教师和助教会以修订或批注的方式一一修改作业中出现的内容、逻辑、表述方面的错误，提出促进学生进一步思考的问题，如"你为什么要探讨这个问题？""'前人的研究数据'具体是什么样的数据？"等。教师汇总作业中比较典型的问题在下一讲进行作业讲评，要求学生根据批改意见进一步修改完善"引言"的写作，并与下一讲的作业一起再次提交。

每一讲的内容基本上都是按照上述"引言"的教学过程，精讲多练，课堂练习与课下作业相结合，通过反复地实践—修改—再实践，帮助学生提高对学术汉语的认识和论文写作能力。

五、教学效果及反思

经过三个学期的教学实践，从学校期末的本科生教学评估结果来看，学生对于课程的满意度较高，在评估的所有指标上，包括对于学生知识体系的构建和能力提升、系统性和逻辑性、能否激发学生的学习兴趣和热情、是否注重培养学生创新精神、是否能针对学生的问题给予及时有效的反馈等都得到了选课学生的好评。

尽管教学效果得到了学生的肯定，但在教学过程中也有一些问题值得进一步反思和总结。

首先是学术思维与语言表达在课程中的侧重问题。第一个学期出于对留学生笔头表达能力的担心，教学内容更多侧重于训练学生如何叙述、描述、说明、论述，但在教学过程中发现多数学生固然有遣词造句方面的不足，但更大的问题在于缺乏学术思维，他们大多没有接受过学术训练，对学术论文的性质、写作思路和规范没有清晰的概念，写作时不知从何入手。因此课程设置在后面两个学期的教学中适当调整了内容，增加了如何从论文的整体结构上谋篇布局等内容，更注重从学术论文的性质角度帮助学生把握学术汉语写作的总体特征，这是可以在短时间内让留学生走进学术汉语写作殿堂的一扇门，打开了这扇门，学生便会有豁然开朗之感。至于遣词造句方面的问题，则从属于学术思维的训练，主要是在教学中重点给出一些学术论文常用表达方式以及通过习作批改和讲评来帮助学生提高学术汉语表达的准确性和得体性。选课留学生基本上具备了在教师反馈及广泛阅读的基础上自学的能力，可以在今后长时间的专业课学习过程中逐渐增加专业汉语词汇量、提高学术汉语表达能力。

其次是如何解决选课学生的个性与共性的问题。尽管缺乏学术思维是学生共性的问题，但具体到每个学生，从作业中反映出来的问题各不相同。同时各个专业的论文写作要求和格式也各有特点，比如社会学专业的调查报告、法学专业的案例分析、艺术学专业的作品评述等的写法都有很大的不同。当学生选择自己专业方向的内容进行写作练习时，对于从事通用学术用途汉语教学的任课教师来说，由于对其他专业知识的不了解，在如何修改并提出改进建议方面就会面临一些困惑，如何个性、共性兼顾还需要进一步探讨。

六、结语

本文基于对学生情况和学习需求的问卷调查以及三个学期的教学实践，对本科留学生学术汉语写作课的课程建设方面的情况进行了介绍和总结。

"本科留学生学术汉语写作课"的教学目标就是培养学生的学术思维和写作能力。课程设置要特别注重写作实践。本课程从初期就要求每个学生选择一个论文课题，从论文题目和论文提纲的拟定到各章节内容的写作乃至论文摘要的撰写，几乎每周学生都会提交习作，教师和助教逐一批阅后提出修改建议，课堂讲评，学生再修改完善，再提交，再修改，直至期末学生可以独立完成一篇比较符合汉语写作规范的学术论文。虽然在此过程中教师工作量很大，但学生通过实践在逻辑思维和语言表达两方面都提高了学术汉语写作能力。

　　对外汉语教学界以往关注较多的是留学生的普通汉语写作，缺乏对学术汉语写作的相关研究成果。本科留学生在学术论文写作中存在的问题与普通汉语学习阶段的写作问题有很大的不同，情况也比较复杂，其学术汉语表达特征和习得过程还有待于更具体深入的探讨分析，在此基础上编写相应的学术汉语写作教材对提高教学质量来说也是亟待完成的工作。

参考文献

高增霞、刘福英（2016）论学术汉语在对外汉语教学中的重要性，《云南师范大学学报》（对外汉语教学与研究版）第 2 期。

谷祖莎（2014）留学生本科毕业论文存在的问题及对策，《教育教学论坛》第 2 期。

金　兰（2002）北大汉语中心韩国硕士生论文述评，《汉语学习》第 4 期。

鲁　洲（2014）来华留学生专业学习的现状与问题，《外国留学生工作研究》第 3 期。

亓　华（2006）留学生毕业论文的写作特点与规范化指导，《云南师范大学学报》（对外汉语教学与研究版）第 1 期。

仇鑫奕（2009）汉语言专业留学生学士学位论文分析，《多维视野下的对外汉语教学研究第七届国际汉语教学学术研讨会论文集》，桂林：广西师范大学出版社。

单韵鸣（2008）专门用途汉语教材的编写问题——以《科技汉语阅读教程》系列教材为例，《暨南大学华文学院学报》第 2 期。

单韵鸣、安　然（2009）专门用途汉语课程设置探析——以《科技汉语》课程为例，《西南民族大学学报》（人文社科版）第 8 期。

幺书君（2005）韩国留学生汉语学历教育高年级写作课教学探索，《海外华文教育》第 3 期。

作者简介

李海燕，北京大学对外汉语教育学院副教授。研究方向为对外汉语教学。

张文贤，北京大学对外汉语教育学院副教授。研究方向为对外汉语教学和互动语言学。

辛平，北京大学对外汉语教育学院教授。研究方向为汉语作为第二语言的词汇教学研究和写作教学研究。

附录

"留学生学术汉语写作课"调查问卷

姓名：_____   国籍：_____   性别：_____

1. 进入北大本科学习的时间是 201_____年，现在是_____年级的学生。

2. 现在在_____系（学院）_____专业学习。

3. 上本科之前学习汉语的时间是_____年，在_____（学校）学习的汉语。

   是否参加过什么汉语水平考试（如 HSK、BHK）？

   □否   □是：_____，考试结果：_____

4. 在专业课学习中，你需要用汉语写的是：

   A. 读书报告   B. 课程论文   C. 课堂口头报告的草稿

   D. 毕业论文   E. 其他：_____

5. 你经常查找阅读中文学术文献吗？

   A. 经常阅读   B. 不常阅读   C. 很少阅读   D. 从未阅读

6. 你用中文写过学术论文吗？

   A. 经常写   B. 不常写   C. 很少写   D. 从未写过

7. 专业课学习中下列环节的难度怎么样？请标上难度数字。（1 为最容易，2 为
   很容易，3 为还可以，4 为很难，5 为最难。）

   A. 听老师用汉语讲课   1——2——3——4——5

   B. 用中文记笔记   1——2——3——4——5

   C. 阅读汉语论文   1——2——3——4——5

   D. 学习专业词汇   1——2——3——4——5

   E. 写论文或者报告   1——2——3——4——5

8. 在写论文或者学术报告时，下列各项的难度怎么样？（1 为最容易，2 为很容
   易，3 为还可以，4 为很难，5 为最难。）

   A. 选择合适的题目   1——2——3——4——5

   B. 确定论文写作的思路   1——2——3——4——5

   C. 符合汉语学术论文的结构要求 1——2——3——4——5

   D. 选择合适的汉语学术论文的格式 1——2——3——4——5

   E. 符合中文习惯的词语、句式和表达方式 1——2——3——4——5

9. 在这门课上，你认为下列各项的重要程度如何？（请标出数字，1～5，1为最不重要，5为最重要。）

    A. 学术写作常用的词语   1——2——3——4——5

    B. 学术写作常用的句式   1——2——3——4——5

    C. 汉语学术论文的写作方法 1——2——3——4——5

    D. 学术论文的格式规范   1——2——3——4——5

    E. 学术论文的逻辑思维   1——2——3——4——5

10. 除了上课时间外，你愿意每周花多长时间练习学术汉语写作？

    A. 4个小时以上   B. 3～4个小时   C. 2个小时   D. 1个小时

11. 对于这门课的内容和教学方法你有什么希望和需求？

构式语法应用于汉语教学的理据及意义[*]

构式语法应用于汉语教学的理据及意义[*]

韩玉国

摘　要　汉语构式语法的理论研究有意识地兼顾教学需求，在提出"构式—语块"析句法的同时，也随即提出了应用于语法教学的"构式—语块"教学法，并对教学效果进行了实证。为进一步理解和明晰其教学应用价值，本文从学理角度出发，分析、提炼"构式—语块"教学法的理据与教学意义，为该教法的进一步构建与应用进行有益探讨。

关键词　构式语法　"构式—语块"教学法　体验主义
　　　　　基于类型学特点的语法教学

一、引言

构式语法自本世纪初被引入并应用于汉语语法研究，20 年来蓬勃发展，突破了以往研究中的局限和困扰，从形—义配位的角度对汉语双及物式、"把"字句、动态存在句、领主属宾句、功用句等一系列特殊句式提出了合理阐释。构式—语块语法分析法甫一提出即应用于汉语语法教学，被称为"构式—语块教学法"，教学效果得到了实证（苏丹洁、陆俭明，2010；苏丹洁，2010、2011）。之后，学界自觉地从理论语法和教学语法的接口层面进行构建，开始了面向第二语言教学的构式研究情况梳理，探讨汉语构式习得、教学与研究的发展空间和基本任务（施春宏，2011、2012、2017），提出建立"词库—构式"互动的汉语语法描写体系构想，并研究这一体系将怎样应用于汉语国际教育实践，形成

---

　*　本研究得到北京语言大学院级科研项目（中央高校基本科研业务专项资金）资助，项目名称为"基于语义波理论的来华预科专业汉语语篇个案研究"，项目编号为 19YJ010407。

全新的汉语国际教育的理念和策略（袁毓林、詹卫东、施春宏，2014）。

尽管在实施与实证方面取得了一定成果，但作为一种教学法，"构式—语块教学法"的学理和价值仍有待深入发掘，从而为该教法进一步的体系建设和教学应用提供支撑。本文立足于理论语法与教学语法的接口层面，从习得和教学的需要出发，对构式语法应用于汉语教学的理据和意义进行分析和思考。

二、构式语法适用于汉语教学的理据

构式—语块教学法直接建立在构式语法宏观、微观研究成果之上，在认知语言学框架内体现了习得、教学与本体研究合流的趋势，是一种语言本体驱动的教学法，对汉语语法教学具有一定的革新意义，我们将从教学论、教学语法本体论、习得论、方法论等四个方面进行理据溯源。

2.1 教学论：引导和发现的统一

苏丹洁、陆俭明（2010）、苏丹洁（2010、2011）提出语块—构式教学法并对其进行了教学实证。我们将其"V着"存在句教学案例总结为三步走的方式：第一步，通过语言类型学考察，揭示不同语言"存在"范畴的语块构成和语序，得出构式语块链；第二步，用"有"字存在句激活学习者对"存在"范畴的体验和认知；第三步，用"V着"替换"有"，生成目标语句并进行操练。这一过程关联语义与形式，具有"聚焦于形"（focus-on-form）的教法属性——在清晰呈现语义的前提下引导学生有意识地注意作为意义载体的语言形式及特征。从教学效果来看，存在范畴的认知唤起、"V着"替换"有"体现了教师引导和学生发现的统一。该案例是构式—语块分析法和教学法的融合，很好地体现了理论语法和教学语法的接口，具有一定的方法论意义。

2.2 教学语法本体论：形式和意义的统一

构式语法的形—义配对观能够很好地解决汉语语法教学中久而未决的形式和意义脱节问题，为语法的形—义—用全面教学提供理论界面。一直以来，汉语语义的灵活性、汉语语法的意合性使语法教学遇到诸多困难，是汉语难学、难教的原因之一。为了从根本上解决问题，学界先后提出了形、义结合的教学主张（李泉，2003；邵敬敏、罗晓英，2005；卢福波，2007；孙德金，2007 等）。孙德金（2007）明确将汉语语法教学系统的弊端归结为形式和意义的脱节，并断言："能够真正从语法最本质的方面——形式和意义的统一的角度去考虑语法教学中的问题，对第二语言语法教学至关重要"。

教学中所说的"意义"一般指的是语义和语法关系意义。构式语法以对形式与意义的认知及二者的结合为研究起点和核心，其"认知—语义—句法"框架为教学的形义结合提供了完备的解决方案。这一框架将构式与客观世界的场景联系起来，以此体现作为"能指"的语言形式承载的"所指"意义。Fillmore（1975）的"场景—框架"范式（scenes-and-frames paradigm）、Goldberg（1995、2006）的"场景编码假设"（scene encoding hypothesis）都凸显了场景、概念图式在语言意义理解中所起的重要作用，为语言意义的研究和教学提供了一条全新的思路。"构式—语块"教学法正是从场景出发，通过由义到形的教学导入实现了语法教学形式和意义的统一。

2.3　习得论：体验与认知的统一

作为与构式—语块教学法相匹配的习得理论，认知语言学二语习得论有别于以往的认知教学法（cognitive approach），二者在哲学观、语言观和习得观三个方面形成对立——体验主义—先验主义、认知语法—普遍语法、人脑的信息处理器功能—先天的语言习得机制。

认知语言学的哲学基础是体验哲学（embodied mind），从认知无意识性、心智体验性、思维隐喻性等三项基本原则出发，探索语言形式的本质，提出语言的体验性——语言主要是人们通过感觉器官在对世界体验的基础上经过认知加工逐步形成，是主客观互动的结果，这一过程被概括为"现实—认知—语言"（Lakoff，1987；Lakoff & Johnson，1999）。遵循构式语法框架，王黎（2005）、陆俭明（2008、2009）以汉语"V 着"存在句为例，构拟了从客观世界到语言表达的五个层次：客观"存在"事件→认知域"存在"认知图式→语言里"存在"意义框架→汉语"存在"构式→汉语里的存在句。这一过程揭示了第一语言从客观世界范畴到语言形式的生成过程，也是语言形式意义的根本所在。从对客观世界的认知出发既是一语形式的起源，也可以作为二语习得的起点。遵循这一路线，认知语言学二语习得论强调在语境中感受和识解构式的意义，进而关注其形式特征。

2.4　方法论：本体研究与教学实践的统一

实际上，认知语言学始终将对二语习得的解释作为研究目标之一，要求认知语言学分析很好地服务于教学，也格外强调将教学实效作为对理论框架的重要实证检验标准，使理论研究与教学应用在互动中合流。汉语本体与教学研究也注意到这一问题，陆俭明（2016）将"是否能有助于语言运用和语言教学，特别是汉语作为外语或第二语言的教学"作为评判句子分类价值的依据，施春宏等（2017）进一步明确："构式本体研究、习得研究和教学研究都紧紧围绕'构式'和'使用观'而展开，本体、习得和教学的单位在'构式'这个观念下得到了统一。构式观念下的本体研究、习得研究和教学研究的'互动'不再是'提倡'或'呼吁'，而是本有之义、必然之路。"在认知语言学框架下，理论语言学与应用语言学达成了前所未有的紧密联系。

三、汉语构式语法的教学意义

3.1　凸显汉语的类型学特征

陆俭明（2008）在讨论动态存在句时认为："其实作为现实世界客体或状态的空间存在并不是直接在语言中影射，而都得通过人的认知域。"这一论述蕴含的语言观是将语言视为不同人类族群用以认知和反映客观世界的工具，使得特定的认知方式和语码化手段成为介于客观世界与语言表象之间的一面棱镜，在此基础上，采用什么样的语法手段传达意义成为其关注的焦点，理论视域扩及语言类型学。因此，"构式—语块"教学法的第一步就是从语言类型学角度进行语际对比，揭示不同语言对同一客观范畴的不同语块构成模式，这一做法使汉语自身的特点得以凸显，同时也为汉语语法教学构架出语言类型学层面，使针对汉语特点的教学构建成为可能，达成的效果就像刘珣（2014）展望的那样："在了解世界第二语言教学的一般规律的基础上，从汉语的特点出发，在实践中探讨汉语教学的特殊规律，研究汉语教学的特殊方法，解决汉语教学中的特殊问题，自己探索一条教这一'真正外语'的路子。"

3.2 达成词汇、语法双向构建

汉语构式语法研究中，为协调词汇义和构式义的关系，袁毓林（2004）提出了非常中肯的主张，即采用归纳和类推的方法。具体做法是从一定数量的实际语料中归纳、总结各种动词的配价情况，概括出它们的论元结构，然后预测在其他语境下，这些动词跟名词的组配将是什么情况。我们认为，这种方法的本质就是语言研究中的先自下而上再自上而下的方法。这一思路后续发展并应用于语法描写体系及教学的构建。袁毓林、詹卫东、施春宏（2014）在认知语言学、配价语法和论元结构理论、生成词库论、构式语法等当代语言学理论的指导下，提出了建立关于汉语语法的"词库—构式"互动的描写体系这一工作目标，并计划将研究成果应用于汉语国际教育。该描写体系明确提出了两个重要支点，即词和构式："在语言习得过程中，词汇和构式这两个层面是共同运作并相互影响的。词汇习得需要以构式习得为导向，构式习得需要词汇习得为依托"，"'词库—构式'互动观可以指导教师和学生在汉语习得过程中，通过词汇习得和构式习得互相促进的方式，把汉语意合语法的抽象原则转化为具体的可操作的规程，从而实现汉语表达的准确性、流利性、复杂性这些语言习得目标"（袁毓林、詹卫东、施春宏，2014）。我们认为这是一种体现汉语特色的描写体系，将使构式语法的教学应用得到进一步的扩展和提升。

3.3 揭示语构文化

"现实—认知—语言"这一路向不但给教学提供了充分的形—义解释，也为语法教学提供了符合人类认知规律的方法和过程。除此以外，认知语言学，特别是构式语法还能够在揭示语构文化方面发挥不可替代的作用。Fillmore（1977）提出"透视域"（或称视角，perspective）概念，是指说话者看问题的角度。语义联系着场景，但是场景并不等于语义，场景必须通过语言使用者的透视才能进入语言，才能与语义发生直接联系。Fillmore 用透视域来说明基于同一场景的不同框架、句子的语法关系差别，但如果将其上升到语言类型的高度，面对同一个客观世界范畴，不同的语言因不同的认知和透视方式而采用了不同的语言构形方式，这就解释了语构文化（syntactic culture）的形成。可见，基于构式语法，同时联系认知语义学和框架语义学，语法教学能够达到触及语构文化的深度。

我国近期对认知语言学应用价值的研究不约而同地直指文化。沈家煊（2009）认为：“跟英语等语言相比，汉语是主观性较强的一种语言。要使学生掌握汉语语法的特点，一项重要的工作是设法使学生体会到汉语一些重要的句式所包含的说话人的‘感性波谱’。”我们将“感性波谱”理解为具有族群性特征的认知、思维和语码化方式，这也正是语构文化的含义。张伯江（2017）在讨论汉语主观性时进一步明确：“汉语的主观性不是个孤立的现象，它实际上是汉民族文化特征的一个具象化的表现。”正如认知语言学奠基人之一 Langacker（1994）所说：“认知语言学的到来可以被看作是文化语言学的先兆，文化知识不仅仅是词汇的基础，更是语法的中心层面。”

四、结语

通过梳理和分析，我们有理由相信，构式语法的教学应用将在以下四个方面解决汉语语法教学存在的问题，提升教学效果。

第一，实现语法教学形式和意义的统一，建立符合汉语意合特点的教学法。

第二，利于构建汉语教学语法体系，改变当前语法项目之间关联不足的零散格局。

第三，构建基于类型学特点的汉语语法教学，完善并发展西方二语习得与教学理论。

第四，揭示汉语语构文化，凸显汉语认知世界、构造语言的特有方式。

教学语法讲求效果驱动下的实用主义原则——为我所用，有时会对理论语法有所调整甚至突破，正如陆俭明（2005）所言：“对外汉语教学对汉语本体研究的推动作用，我们可以用这样两句话来加以概括：第一句话是，对外汉语教学是汉语本体研究的试金石；第二句话是，对外汉语教学拓展了汉语本体研究。”在此基础上，陆俭明（2007）进一步提出了“汉语作为第二语言教学的本体研究”这一概念，认为：“汉语教学本体研究始终将‘研究’跟‘教学’绑在一起，时时得考虑如何将研究成果用诸汉语教学。"基于理论语法与教学语法的这种互动关系，从教学需求的角度看，理论语法中的构式不一定处理为教学上的构式，如典型的给予义双宾句。尽管它是一个典型的图式构式，但既没有出现动词论元错位的情况，基本上也属于语言的共性范畴，因此在教学中可以不必列为构式。相反地，教学中宜于采用"构式—语块"教学法的语法项目也不一定就是理论语法中的构式——除了带有语法标记的特殊句式以外，如果某个语法项目适宜采用以形带形的句法操作手段进行教学，既表征了汉语以特定的语法手段建构意义，又体现出语法项目之间的内在关联性，那么，应该也可以考虑将其列为教学中的构式。例如：疑问句、"是"字存在句、动词性成分做定语的降级述谓结构等，教学中可以分别采取添加 / 替代、删除、插入等操作（韩玉国，2017）。也就是说，理论语法中的构式和语法教学中的构式很可能不是简单的一一对应关系，如何判定并明晰语法教学中的构式，是"构式—语块"教学法需要进一步解决的问题。

参考文献

韩玉国（2017）句法操作在初级汉语语法教学导入环节中的应用，《国际汉语教学研究》第 3 期。

李　泉（2003）语法在对外汉语教学中的地位和作用及相关问题，国家汉办教学处编《对外汉语教学语法探索——首届国际对外汉语教学语法研讨会论文集》，北京：中国社会科学出版社。

卢福波（2007）语法教学与认知理念，《汉语学习》第 3 期。

陆俭明（2005）对外汉语教学与汉语本体研究的关系，《语言文字应用》第 1 期。

陆俭明（2007）汉语作为第二语言教学的本体研究，《世界汉语教学》第 3 期。

陆俭明（2009）构式与意象图式，《北京大学学报》（哲学社会科学版）第 3 期。

陆俭明（2011）再论构式语块分析法，《语言研究》第 2 期。

陆俭明（2016）句类、句型、句模、句式、表达格式与构式——兼说"构式—语块"分析法，《汉语学习》第 1 期。

邵敬敏、罗晓英（2005）语法本体研究与对外汉语教学语法，《暨南大学华文学院学报》第 3 期。

施春宏（2011）面向第二语言教学汉语构式研究的基本状况和研究取向，《语言教学与研究》第 6 期。

施春宏（2012）对外汉语教学本位观的理论蕴涵及其现实问题，《世界汉语教学》第 3 期。

施春宏（2017）构式语法的理论路径和应用空间，《汉语学报》第 1 期。

施春宏、邱　莹、蔡淑美（2017）汉语构式二语习得研究的理论思考，《语言教学与研究》第 5 期。

苏丹洁（2010）试析"构式—语块"教学法——以存现句教学实验为例，《汉语学习》第 2 期。

苏丹洁（2011）构式语块教学法的实质——以兼语句教学及实验为例，《语言教学与研究》第 2 期。

苏丹洁、陆俭明（2010）"构式—语块"句法分析法和教学法，《世界汉语教学》第 4 期。

孙德金（2007）对外汉语语法教学中的形式与意义，《语言教学与研究》第 5 期。

王　黎（2005）关于构式和词语的多功能性，《外国语》第 4 期。

袁毓林（2004）论元结构和句式结构互动的动因、机制和条件——表达精细化对动词配价和句式构造的影响，《语言研究》第 4 期。

袁毓林、詹卫东、施春宏（2014）汉语"词库—构式"互动的语法描写体系及其教学应用，《语言教学与研究》第 2 期。

Fillmore J. (1975) An alternative to checklist theories of meaning. In C. Cogen, H. Thompson, G. Thurgood, K. Whistler & J. Wright (eds.) *Proceedings of the First Annual Meeting of the Berkeley Linguistics Society*, 123-131. Berkeley: Berkeley Linguistics Society.

Fillmore J. (1977) The case for case reopened. In P. Cole and J. M. Sadock (eds.) *Syntax and Semantics* Volume 8: *Grammatical Relations*, 59-81. New York: Academic Press.

Goldberg A. (1995) *Constructions: A Construction Grammar Approach to Argument Structure*. London: The University of Chicago Press, Ltd..

Goldberg A. (2006) *Constructions at Work: The Nature of Generalization in Language*. Oxford: Oxford University Press.

Croft W. & D. A. Cruse (2004) *Cognitive Linguistics*. Cambridge: Cambridge University Press.

Lakoff, G. (1987) *Women, Fire, and Dangerous Things: What Categories Reveal about the Mind*. Chicago: University of Chicago Press.

Lakoff, G. & Mark Johnson (1999) *Philosophy in the Flesh — The Embodied Mind and Its Challenge to Western Thought*. New York: Basic Books.

作者简介

韩玉国，北京语言大学预科教育学院副教授。主要研究方向为汉语国际教育、汉语语义与句法。

认知语言学视角的现代汉语基本词汇属性特征分析 *

——兼谈预科基础汉语词汇的选取

苏向丽

摘 要 基本词汇是汉语词汇系统中的核心子系统，同时也是一个动态的模糊集合。本文基于认知语言学理论，从认知、结构、语义、频率、释义、聚合、组合等多维度分析了基本词汇的属性特征，研究认为该范畴成员属性特征的多寡和强弱可以反映一个词在基本词汇系统中的隶属程度，基本词汇范畴内有中心成员、近中心成员和边缘成员的等级差异。另外，本文基于基本词汇属性特征的分析，为面向预科教学的基础词汇的选取提出了相关建议。

关键词 认知语言学 现代汉语基本词汇 属性特征 预科教学

一、引言

词汇体系是一个耗散结构，它具有耗散结构的开放性、动态性。在词汇的动态系统中，有变量，也有常量。一般词汇是变量，核心词汇是常量；总词数是变量，基本词汇、常用词汇是常量。基本词汇作为语言词汇系统中的核心部分，是一种语言体系中该民族群众在日常生活的语言交流中需要经常使用的、不可缺少的那部分词汇。（张能甫，1999）这些词反映的概念大都是在不同语言中共同存在的。第二语言词汇教学中以基本词汇为核心的基础词汇是学生首先要掌握的，学好这些词就可以更好地学习其他词汇。在现代汉语词汇系统中，

---

* 本研究得到国家社科基金一般项目"基于词汇类型学的 CSL 学习者空间量度范畴形容词的习得研究"（项目批准号 16BYY101）经费支持，特此致谢。

基本词汇数量大概有多少？这些词与一般词汇相比具有哪些属性特征？在来华预科教学中基础汉语词汇选取多少比较适宜？选取基础词汇时要考虑哪些因素？如何选取？本文在介绍基本词汇相关研究的基础上，分析词汇动态系统中基本词汇与一般词汇的关系，然后从认知语言学视角分析现代汉语词汇的属性特征，最后探讨预科教学中基础词汇选取的相关问题。

二、基本词汇及其与一般词汇的关系

2.1 基本词汇及相关研究

历史比较语言学的创始人之一拉斯克（Rask）首次使用了"基本词汇"这一术语。他从历史比较语言学的角度提出，如果两种语言之间最基本的词语所呈现的词形对立达到了可以用规则来揭示其差异对立的程度，这两种语言就具有最基本的亲属关系。（R. H. 罗宾斯，1997）语言年代学家斯瓦迪士（M. Swadesh）与拉斯克一脉相承，1952 年他从语言年代学的角度总结提出了 200 个基本词汇，以代表任何语言中由根词、基本的日常概念组成的那部分词，用于推算语言的发展年代。

19 世纪以来，英语教学界也日益重视基本词汇的研究，从语言教学的角度研究基本词汇对本族人和外族人学习语言都很重要。1930 年 C. K. Ogden 的 850 个基础英语词汇问世，自此之后，法国、德国也研制出一系列教学词表。俄国则提出了与之相应的最低受限词汇概念，并研制出一系列受限词表。这些基本词汇的研究以稳定性和词频为提取标准，但词的使用频率和稳定性有时存在冲突，为克服词频研究的弊端，20 世纪 70 年代以后西方学者开始关注基本词汇中的核心词，其中 Michael Stubbs（1986）的核心词理论中提出了检测核心词的 12 条标准及附带的 3 条次要标准，这改变了以某种单一标准来衡量核心词汇的思维观，对基础外语教学起到重要的指导作用。

我国学者受到 C. K. Ogden "基本英语"的影响，在 20 世纪 20 年代起开始进行了基本字和词的调查研究，发表了《国语基本语词的统计研究》（黎锦熙，1922）、《语体文应用字汇》（陈鹤琴，1928）。"基本词汇"这一术语在国内最早被使用则始于孙伏园 1947 年的《基本词汇研究述要》。此后，国内对基本词汇概念的界定众说纷纭，这一概念至今仍界定不清，外延模糊。争论的焦点主要在于基本词汇的性质。有关基本词汇的性质，经典的提法是"三性说"，即稳固性、全民性（含常用性）、能产性。然而针对这三个特征，人们也难有统一的认识，其中的"稳固性"和"能产性"是历时问题，"全民性"却是共时问题，真正符合这三个条件的基本词并不多，这一提法将基本词汇的整体与成员个体混淆起来，忽视了词汇系统变异的复杂性。

随着认知语言学的发展，很多学者借助认知语言学中范畴化理论、原型理论、基本层次范畴理论研究基本词汇。从范畴化理论看，传统上对基本词汇"三性说"的研究主要是建立在经典范畴化基础上的，经典范畴化理论认为，划分范畴是根据其成员所共同具有的特性进行的，范畴的边界是清晰的、明确的，范畴内各成员的地位是相同的，没有"核心"和"边缘"之分。这种抽象化、绝对化的二元划分受到了实用主义哲学和认知科学的挑战。认知原型理论认为，范畴的边界是模糊的、不固定的，基本词汇是词汇系统中的核心范畴，它与一般词汇相比有较大的区别特征，但是隶属于基本词汇的各个成员地位也是不平等的。范畴内部各成员之间存在隶属度的差异，有些成员具有这一范畴的所有典型特征，是原型成员，有些成员只具有部分典型特征，是非典型成员，范畴内的成员地位不平等，具有等级性。此外，很多学者从基本层次范畴理论的角度研究基本词汇，苏新春、宋贝贝（2013）用基本层次范畴理论透视现代汉语动词类基本词汇，杨吉春（2011、2012）提出对外汉语词汇教学应以基本层次范畴词汇教学为中心，并提出选取标准和方法，宋飞（2015）以性质状态类为例，基于语料库建设基本层次范畴词库。认知语言学视角为我们重新认识现代汉语基本词汇提供了理论基础和依据。

2.2　基本词汇与一般词汇的关系

事物的特征只有在比较中才能得以凸显。通过与一般词汇的比较，我们可以发现基本词汇的特征。基本词汇是词汇的核心，它反映的是日常生活中必需的事物和概念，在交际过程中使用频繁，意义和用法比较稳定，为创造新词提供最重要的凭据，这些词保证了语言的连续性。一般词汇是基本词汇之外的词的总汇，内容丰富，容量大，包括旧词、新词、地域方言词、外来词、专门术语和行业语等等，它们随着社会生活的脉动不断扩充和发展。（李如龙，2006）

此外，根据语域属性，词汇还可分为通用词汇和专用词汇。通用词汇与基本词汇关系密切，可以用于多个语域。专用词汇是指专用于各种不同语域的词，包括术语与专用词，属于一般词汇，如法律词汇、商业词汇、教育词汇、政治词汇、旅游词汇和行业词汇等等。

"物竞天择，适者生存。"这是自然界和人类社会运动发展的自然法则，也是词汇发展的动力。汉语词汇系统中，基本词汇与一般词汇、传承词与变异词、书面语词与口语词、通语词与方言词、本族词与外来词、通用词汇与专业词汇之间不断竞争演化。在竞争的机制下，基本词汇系统不是静态系统，而是变动不居的动态系统。基本词汇系统的变化积累得多了，就会发生系统的重大变化。从基本词汇入手，考察不同时代的通语和不同地域的方言，我们会发现随着时空的转移，现代基本词汇系统已经与上古词汇系统有了较大的差异。要考察基本词汇与一般词汇在词汇系统中的关系，可以把它们放在词汇的动态坐标系中。下图是反映基本词汇与一般词汇（古、今、中、外、方、术、普）在词汇系统中的动态陀螺模型图。

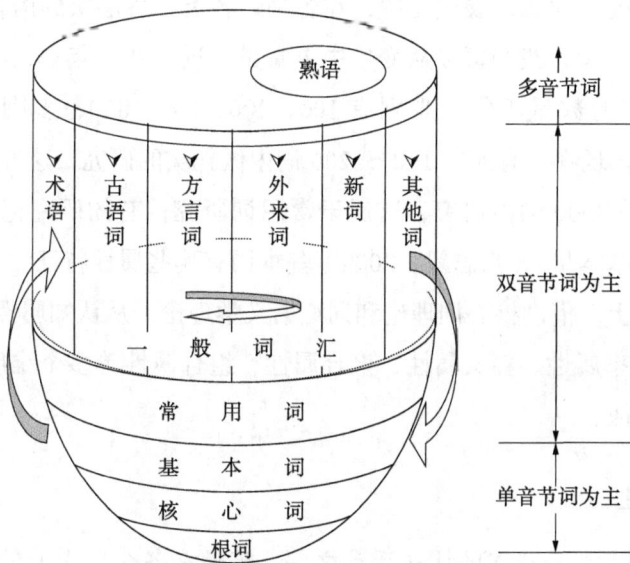

现代汉语词汇系统动态陀螺模型图

（注：图中常用词包含基本词、核心词和根词，基本词中也包含核心词和根词。）

从上图可以看出：陀螺尖是根词，陀螺底部往上依次是根词、核心词、基本词、常用词、一般词汇（含熟语），由单音节词到双音节词、多音节词。陀螺本体是静态构成，但陀螺旋转运动时，这些成员之间是动态转化的。根词、核心词及单音节基本词的绝大多数是初始编码，是认知和后续编码的始点，其最恰当的位置是陀螺底端，陀螺上部合理地分布着各种类型的词语，表明词汇系统是一个动态发展、不断变化的系统。（李如龙，2011）

在词汇系统中，根词和核心词是最稳定的，基本词汇是一般词汇形成的基础，而一般词汇也在历史发展中不断为基本词汇输送新的血液。二者在使用中互相依存，在发展中相互转化。基本词汇是词汇系统的中心成员，一般常用词或通用词是词汇系统中的次中心成员，古、旧、新、方、术、口、书等词语是词汇系统的边缘成员。中心成员是核心，稳定性强，变异性最小；边缘成员稳定性弱，变异性最大。

三、认知语言学视角的基本词汇属性特征分析

词汇系统处于动态发展变化中，在各种、各类、各层次的语言交际中都有一个基础词汇常量，我们可以从变量中求常量。近七八十年来，围绕基本词汇提出的基本词的数量不等，少则有100、200、500、850，多则2000、3000、4000、8000等。现在，有人在100～200词内做扎实的研究，这属于根词研究；有人在7000～8000词内研究，这属于常用词研究；有的研究把1500～2000作为基本词的基本量。（张志毅，2008）基本词有哪些属性特征？本文将在认知语言学的基础上，借助核心词理论和词汇语义理论，从认知属性、结构属性、语义属性、频率属性、释义属性、聚合属性、组合属性等多个维度来考察基本词汇的属性特征。

3.1 认知属性

范畴化是人类最基本的认知活动之一，范畴在各个层次上的认知不相同，认知语言学中范畴被分为上义层次范畴、基本层次范畴和下义层次范畴，如"植物—树—松树"分别处于三个层次范畴，其中"树"处于认知的基本层次范畴。基本词汇与基本层次范畴关系密切。基本词汇表达的是与人们世世代代日常生活关系非常密切的事物和概念，如自然现象、方位、时令、数目、家畜、

亲属名称、人体器官、日常言行有关的词汇及语言世界内的基本关系的词。基本层次范畴在认知上最基本、最重要，基本词汇反映的是人类认知中最重要的范畴和语言中最重要的关系，一般处于基本层次范畴。基本词汇比一般词汇具有更高的认知价值，从认知心理上看，其熟知度也高，熟知度高的词具有心理便捷性，判断一个词是否是基本词首先要看其是否属于基本层次范畴，另外还要关注它是否具有较高的熟知度。

3.2 结构属性

关于基本词汇的结构特征，多数人认为基本词汇核心中的根词最单纯，最原始，生命力最为长久，构词能力最强，这些词一般是单音节的单纯词。相对于基本词汇，一般词汇中的复合词在现代汉语中占绝大多数。在古代汉语词汇中，单音节单纯词占优势，但是秦汉以后，词汇系统开始朝着双音化的方向发展，古汉语中的单纯词在现代汉语中被相应的双音节词或短语替代了，基本词也有了双音化的倾向。尽管在汉语的词汇系统中，双音词占优势，但是单音词是双音词的基础，是描写现代汉语基本词汇体系的一个突破口。

3.3 语义属性

基本词汇的意义不是一个混沌体，而是有复杂联系的语义聚合体。语义的基本单位是义位。义位系统是语言的子系统之一，是词汇系统的主要基础，是词义系统的主体。基本词汇的核心义位、基本义位通常是中性的。许多同义词的差异主要体现在色彩义上，色彩义可反映义位的产生时代、地域特色、来源特征、语体色彩、褒贬色彩、情感评价等等。在共时视角下，现代汉语系统中的基本词汇多数是无标记的义位，其通用范围较广，整体表现出中性特征，无标记性和中性特征是基本词汇的重要属性。但共时的基本词汇系统是历时的产物，从动态的角度观察，某些基本义位在古今传承的同时也在发生着各种变异。

3.4 频率属性

常用性、高频性、使用度高通常被认为是基本词汇的一组基本特征。基本词汇作为词汇系统中的核心子系统，多数具有常用性。使用频率常被作为判断常用度和选词的重要标准。但是有时候词频特征显示的是某段时间人们对某词所表事物的关注程度，如《现代汉语频率词典》（1986）中反映意识形态的"革命""斗争"等都是高频词，而有些基本概念词汇也会出现相对低频的现象，如反映日常生活中天气情况的"阴、晴"在《现代汉语频率词典》中词频相对较低。

3.5　释义属性

有些基本词具有定义其他词语的能力，我们称之为元语言释义能力。如基本词"的、在、不、用、人"等都具有较高的释义功能，使用频率也很高。有的学者认为"释训频率"是验证基本词的方法之一。（苏新春，1994）但是，有些词虽是典型的基本词，释义功能却很弱，如"我、您、他、万、吧"等词。因此我们认为部分基本词具有较强的释义能力，但是基本词不等同于释义元语言，二者不属于同一范畴，问题的关键是区别出基本词汇中哪一些具有较强的释义能力，哪些不具备。

3.6　聚合属性

基本词汇的核心义位多处于同义聚合、上下义聚合、反义聚合、多义聚合之中。比如，同义聚合是最普遍的关系，现代汉语中大约2/3的义位是可以进入同义聚合的，有共同基义的词进入同一个义场，形成一个同义词群。[①]处于同一词群里的各个成员，其地位多半并不是平等、并列的，其中一个成员处于核心地位，有研究者称为中心词、主导词，如"看、瞧、望、盯"是一组同义词群，"看"是基本词，是该聚合中的主导词。词汇系统中的词汇数量庞大，具有开放性，而作为词汇的核心——基本词汇在各类聚合中常常占有主导地位和优势地位。它们的地位往往优于一般词汇，进入以上聚合的比例也高于一般词汇。聚合特征是基本词汇的重要属性之一。

3.7　组合属性

很多学者认为能产性是基本词汇的重要属性之一，这主要是针对义位内部的组合而言的。组合系统的研究是对聚合系统研究的深化。基本词汇的组合能

---

① 现代汉语至少有6000个底层语义场包含同义结构关系的义位，其义位总数大约占现代汉语义位的2/3。义位同义的基础是系统同一，基义相同或大部分相同。（张志毅、张庆云，2005：65）

力比一般词汇要广，限制少。这是因为，基本词汇在语义上较少标记性，语域广，且具有多义性，从而使基本词的组合关系趋向复杂化。能产性主要适用于基本词汇中的核心词——根词，这类单音词具有较强的构词能力，还有一些基本词可能构词能力不强，但自由组合的能力较强，另外，还有一些基本词汇组成固定搭配的能力比较强。

基本词汇是一个动态的模糊集，对基本词的选择和判断要考虑词汇成员的多种属性特征，可以从认知、结构、词频、释义、语义、聚合、组合等多个维度观察。从认知原型理论看，基本词汇中有中心成员、近中心成员和边缘成员。成员所具有的基本词的属性特征的多少和强弱是不同的，这决定了每个词在基本词汇系统中隶属度的强弱，隶属特征越多越强，越接近核心。反之，会逐渐脱离基本词汇系统进入一般词汇系统中，而一般词汇也会随着隶属特征的增强而流动到基本词汇系统中。

四、面向来华预科教学的基础词汇的选取

在语言教学中，词汇的选择和控制贯穿教学的各个方面，如教学总体设计、大纲编写、教材编写、课堂教学和测试等，因此必须根据不同教学对象、教学目标有系统地、按一定原则选择最有价值的词汇进行教学。（苏向丽，2012）随着来华留学预科教育和学历教育的发展，预科基础词汇教学越来越引人关注。基础词汇以现代汉语基本词汇为核心，基础词汇不仅是汉语教学词汇中最稳定的部分，也是最有用的部分，学生以最少的时间和精力，掌握少量基础词汇就可以进行大量阅读，进行书面表达，这也是预科生学习专业知识的基础和最低保障。

4.1 预科教学基础词表面临的问题

来华留学生的预科教学有自己独立的能力标准和词汇大纲，预科基础词汇在性质上，特别是在数量上不同于一般词汇和专业词汇。预科教学的特点是高度强化教学，表现为"时间短、强度大、学时多、课程容量大"，9～10个月之内既要掌握基础汉语，还要掌握基本的专业汉语。目前预科教学词汇大纲基础

词汇是 1600 个[①]，根据实际教学效果、CSC 考试以及学生进入专业院校后的反馈，这些词语远不能满足预科基础词汇教学和专业基础汉语的学习，必须加大词汇量，适当增补词汇数量，才能达到教学目标。然而增补多少词汇、增补哪些词汇、如何增补都是预科教学所面临的重要问题，而且增补词汇过程中也会对原 1600 词进行重新认定，因此增补与重构词表是同步的，而重构词表首先需要确定词表选词的数量。

预科基础词汇数量增至多少比较合理？在英语中，根据剑桥国际语料库，对于通用英语来说，最重要的 2000 个词构成了所有词项的 80%。Laufer（2003：24）指出就文本的覆盖范围而言，3000 个词族覆盖率可达 90% ~ 95%。Hirsh & Nation（1992）研究认为要读懂一篇普通的学术 / 专业文章，大约需要掌握 4000 个词汇，其中包括 2000 个高频词，570 个普通学术词汇和 1000 个专业技术词汇、专有名词和低频词。在汉语教学界，通常认为 3000 常用词是初等汉语水平的词汇量界标，对一般语料的覆盖率达 86% 左右，8000 常用词的覆盖率达 95% 左右。预科教学阶段的时间仅有 10 个月左右，受教学时长限制，预科教学词汇既需要扩大词汇量，同时又需要控制数量，选取 3000 词可以满足教学需要，为其进入专业领域学习奠定基础，这一数量与汉语基本词汇数量近似。预科基础词汇可以在现代汉语基本词汇研究的基础上结合教学需求确定选取标准。

4.2　预科教学基础词汇的选取建议

基础词汇的选取是一个复杂的系统工程，需要专项人员研究选词标准、研制词表。

教学词汇的选择不能仅考虑频率和分布率这两个因素，还要考虑词语的组合能力、释义能力、替代能力以及易联想性和不可或缺性相关的其他因素。（Nation & Newton，1997）本文在基本词汇属性特征分析的基础上建议，教学基础词汇在选词过程中可以适当考虑词汇的属性特征，如：是否是基本层次范畴词汇，是否具有较高的熟知度，语义是否具有中性特征，稳定性如何，是否高频，有无释义能力，是否有聚合能力，组合能力是否强。一个词能够满足的上

---

① 2020 年即将出版的预科教育基础汉语词汇表已确定的基础词汇为 3000 个。

述条件越多，则其越接近基础词汇的核心层，越少则越处于边缘层。除此以外，作为教学词表，词汇的选择还要充分考虑预科教学因素和教师的教学语感，通过调查选取教材中的高频词、初级教材中分布较广的词汇以及课堂教学所必需的词汇。

关于选词的具体操作建议如下：（1）基于各类词表提取出常用词表；（2）区分实词和功能词、封闭类词和开放类词；（3）根据词频标准确定基本功能词；（4）根据语义场和词频确定实词中的常用数词和代词；（5）根据多指标选定开放类实词的基本词；（6）增补预科教学中主题易联想基础词汇；（7）验证分析，界定等级，确定基本词汇集；（8）进一步优化基本词汇集。总之，对基础词汇的选取可借鉴已有的各类词表以及相关研究，根据"整体把握、分层处理、先易后难、逐层筛选、逐层确定、主客观结合"的原则，通过多维度比较，最后优化选定预科教学基础词汇。

以上仅仅是对教学中基础词汇选取的建议，实际选词过程中会遇到各种各样的问题，较为理想的研究是采用多指标综合评价方法，将主观判断和客观量化结合起来，主观判断也通过量化方式操作，即，可通过专家和群众语感调查的方式将感性认识数据化，客观量化则通过构建语料库、数据库提取数据综合评定其基础词汇的身份，此外，还要根据语言规范化标准确定词表的呈现方式，等等。

五、结语

基本词汇是汉语词汇系统中的核心子系统，同时也是一个动态的模糊集合，它们在与一般词汇的竞争中发展，既有传承，又有变异。从认知语言学视角看，基本词汇的典型与非典型性成员之间的边界也是模糊的，它们往往具有渐变性。在考察基本词汇时，我们可以先确定较为原型的基本词，再寻找次核心基本词，最后确定较为边缘的基本词。预科教学中基础词汇的选取可以以基本词汇为核心，同时结合教学需要，适当增补初级教学主题中易联想词、不可或缺词以及教材中的高频词。

参考文献

R. H. 罗宾斯著，许德宝等译（1997）《简明语言学史》，北京：中国社科出版社。

北京语言学院语言教学研究所（1986）《现代汉语频率词典》，北京：北京语言学院出版社。

李如龙（2006）词汇系统在竞争中发展，《词汇学理论与应用》（三），北京：商务印书馆。

李如龙（2011）《汉语词汇学论集》，厦门：厦门大学出版社。

斯大林（1964）《马克思主义语言学问题》，北京：人民出版社。

宋　飞（2015）国际汉语教学中的性质状态类基本层次范畴词库建设研究，中央民族大学博士学位论文。

苏向丽（2012）词价研究与汉语国际教育基础词汇表的优化——以《词汇大纲》与《等级划分》为例，《语言教学与研究》第 4 期。

苏新春（1994）如何划分汉语的基本词汇，《广州师院学报》（社会科学版）第 4 期。

苏新春、宋贝贝（2013）用基本层次范畴透视现代汉语动词类基本词，《江苏大学学报》（社会科学版）第 1 期。

孙伏园（1947）基本词汇研究述要，《四川教育通讯》第 28 期。

杨吉春（2011）对外汉语教学应以常用词基本层次范畴词汇教学为中心，《民族教育研究》第 3 期。

杨吉春（2012）试论国际汉语教学中生物类基本层次范畴词汇的提取标准和方法，《国际汉语教材的理念与教学实践研究》，杭州：浙江大学出版社。

张能甫（1999）汉语基本词汇研究的回顾与展望，《四川师范大学学报》（哲学社会科学版）第 2 期。

张志毅（2008）《汉语词汇》的贡献与词汇学的新进展，《词汇学理论与应用》（四），北京：商务印书馆。

张志毅、张庆云（2005）《词汇语义学》，北京：商务印书馆。

Hirsh, D., & Nation, P. (1992) What vocabulary size is needed to read unsimplified texts for pleasure? *Reading in a Foreign Language,* 8 (2), 689-696.

Laufer, B. (2003) Vocabulary acquisition in a second language: Do learners really acquire most vocabulary by reading? Some empirical evidence. *The Canadian Modern Language Review,* 59(4), 567-587.

Nation P. & Newton J. (1997) Teaching vocabulary. In Coady J. & T. Huchin (eds.), *Second Vocabulary Acquisition,* 238-254. Cambridge: Cambridge University Press. (《第二语言词汇习得》第一版,上海: 上海教育出版社, 2005 年)

Michael Stubbs (1986) *Language Development, Lexical Competence and Nuclear Vocabulary,* In K. Durkined (ed.), *Language Development in the School Years.* Croom Helm, 1986.

作者简介

苏向丽,副教授,北京语言大学汉语国际教育研究院 / 汉语国际教育学部预科学院。研究方向为语言学及应用语言学。

基于 CLIL 模式的高级阶段留学生
中文书面语体表达能力培养 *

——以复旦大学汉语国际教育外籍专业硕士研究生
"高级汉语"课程改革为例

王一平

摘　要　内容与语言整合性学习（简称 CLIL）是一种兼顾学科知识和外语学习的具有双重教学目的的教育模式，其核心理念是语言作为一种发展性技能应该伴随内容学习、认知发展而发展。本文基于 CLIL 模式，对"高级汉语"课程进行了重新设计：我们选择了一些内容较为浅显的、跟第二语言教育有关的专业文献（短文、论文）作为学习材料，指导学生阅读，分组讨论、概括文章内容，关注文章中的词语搭配、句式、书面语用法，缩写短文内容、概括论文主要观点并撰写读书报告。多种操练方式为学生的书面语体输出提供恰当的语境，使学生能将学到的知识和书面语言加以应用。通过三年的质化研究我们发现，学生中文书面语体表达能力的较大提升与我们采用的 CLIL 模式有很大关系。

关键词　CLIL 模式　　高级汉语课程　　书面语体表达能力

一、引言

语言表达的准确性、得体性是高级阶段对外汉语教学的培养目标。据骆健

---

*　本文系复旦大学国际文化交流学院教研项目"学术汉语能力分析与培养模式研究"的成果，项目编号 JZH4070003/009。

飞（2014）、汲传波（2015）、张秀红（2017）对高年级汉语学习者书面语表达能力和写作偏误情况的调查分析，高年级留学生对汉语的口语语体和书面语体的区别缺乏明确的认识，在书面写作中常常出现口语语体、书面语体混用的情况。罗青松（2004）、亓华（2006）对留学生毕业论文的考察也发现，外国留学生毕业论文的写作不符合中文论文标准和规范，论文的语言普遍存在书面和口语混杂、逻辑性不强等问题。王晓娜（2003）、骆健飞（2014）、汲传波（2015）、张秀红（2017）分析，高级阶段留学生中文书面语表达能力存在问题的原因在于：首先，教师本身对现代汉语书面语语法体系的独立性[①]认识不清、重视不够；其次，高级汉语教材对书面语体的处理方式（更多侧重书面语知识、规则的介绍，缺少充分的书面语应用练习，学练分离等）以及书面语教学、练习（虚拟语境设置）不当，使得中文书面语体教学成为对外汉语教学界的"攻坚堡垒"[②]。

骆健飞（2014）、张秀红（2017）等提出了一些书面语教学的改进对策，但是最大的问题在于，书面语表达能力并非仅仅依靠个别（书面语的）语言点的学习就能习得的。孙德金曾提出"语体和谐"[③]的看法，他认为"语体和谐"是一个系统工程，只有"同类语体相配"，才能"形成语体和谐"。某些对外汉语教师提出的"在平时的作文及考试期间，鼓励学生使用较为典雅的表达方式，规定或指定（学生）使用嵌偶单音词[④]完成作文"[⑤]这种片面、简单化的做法，不但无法培养学生较好的书面语表达能力，反而容易诱导学生在表达中出现大量口语、书面语体杂糅的偏误。

---

① 冯胜利（2003）认为现代汉语书面语语法具有独立性，书面语自有一套与口语不同的组词造句规则。

② 冯胜利（2003）认为当前国际对外汉语教学中，书面语的教学一直是一个"攻坚堡垒"。

③ 孙德金（2009）所说的"语体和谐"指的是语言表达中制约语言单位在语体匹配上的一种选择机制：同类语体相配形成语体和谐。谐体律与求简律、趋雅律、整齐律共同作用于书写表达。

④ 嵌偶单音词是冯胜利（2006）提出的，指现代汉语书面语特有的"单音＋单音"的构语方式。

⑤ 见骆健飞（2014）《中高年级留学生韵律偏误分析及教学策略》第 41 页。

二、研究设计

2.1 复旦大学汉语国际教育外籍专业硕士研究生概况

复旦大学每年招收十余名汉语国际教育外籍专业硕士研究生，他们有的毕业于中国高校的（对外）汉语言文化专业、汉语国际教育专业，有的毕业于海外高校的中文系或其他院系（如中国经济、商业管理、特殊教育、英语等专业）。研究生阶段的第一学年，这些外籍研究生要与汉语国际教育中国籍专业硕士研究生同堂学习二十余门专业课。第二学年进行教学实习并撰写毕业论文。入学前，这些外籍研究生大多已通过了新 HSK6 级考试（少数学生只通过了新 HSK5 级考试），但他们同样也对汉语的口语语体和书面语体的区别缺乏明确的认识，在书面写作中常常出现口语语体、书面语体混用的情况。

"高级汉语"课程是为一年级的外籍专业硕士研究生开设的，每周 4 课时，开设一学期（72 课时）。2016 年以前，复旦大学"高级汉语"课程主要进行的是通用汉语教学，使用汉语进修生的"高级汉语"教材或教师自编教材。我们对 2015 级外籍专业硕士研究生的书面语言和专业知识掌握情况进行了调查，调查结果见表 1。

表 1　复旦大学汉语国际教育外籍专业硕士研究生书面语言和专业知识掌握情况

入学前	尚不具备良好的中文书面语体表达能力
	不了解汉语国际教育专业方面的专业知识和专业词汇
入学后	上课听不懂老师的讲授，不能跟同学讨论专业问题，无法胜任专业课学习
	专业文献看不懂
	课程论文写作困难
	对专业研究、撰写毕业论文十分恐惧

从对学生"高级汉语"课程需求的调查来看，（通用汉语教学方式的）"高级汉语"课程对他们迫切需要提高的中文书面语体理解和表达能力帮助不大，跟他们的专业课学习也没有什么关系，他们非常希望"高级汉语"课程能提高他们的中文书面语体理解和表达能力，并增加一些跟专业学习相关的内容。

有鉴于此，我们在过去的三年（2016—2018），基于 CLIL（内容与语言整合性学习）模式，尝试对"高级汉语"课程进行重新设计，将学习材料（教材）改为跟第二语言教育有关的内容，通过阅读这些学习材料，让学生了解一些专业知识、认识一些专业词汇，同时也为其学习专业课程、专业汉语打下一些学术语言基础。

2.2 CLIL 模式

CLIL 是 Content and Language Integrated Learning（内容与语言整合性学习）的简称，是欧盟于 20 世纪 90 年代提出的一种兼顾学科知识和外语学习的具有双重教学目的的教育模式，是指将外语作为教学用语来教授如数学、地理、生物等非语言类课程。

CLIL 模式的核心理念是语言作为一种发展性技能应该伴随内容学习、认知发展而发展，它基于以下三个教学理念：第一，学习者有足够的认知学习水平来获得伴随性语言学习；第二，单靠外语课堂不能提供足够的、有效的语言输入；第三，语言不宜作为孤立的系统来教，而是应当给学习者提供多样化的输入，增加学习者自主学习的机会。

由于学习者在外语课上学到的语言技能未必能迁移到专业学科知识学习中，CLIL 模式把教学内容与特定语境或实际专业语境结合起来，注重知识在语境中的具体应用，目的是更有效地促进语言基本技能与专业或职业技能之间的无缝拼接。

2.3 改革后的"高级汉语"课程的教学方式

我们选择了一些内容较为浅显的跟第二语言教育有关的专业文献（短文、论文）作为学习材料，进行了内容与语言整合性学习。改革后的"高级汉语"课程的教学方式有：第一，指导学生阅读、分组讨论、（口头）概括文章内容；第二，缩写短文，概括论文主要观点并撰写读书报告；第三，关注文章中的词语搭配、句式、书面语用法，进行相应的练习；第四，（结合所读文献）介绍中文学术文献的体例结构、引言、本论和结论部分的写作方法和语言特点；第五，（结合所读文献和作业）介绍中文书面表达的写作知识（写作格式、标点符号的用法、文章过渡和照应的方法、缩写和概括主要内容的方法、读书报告的写法）。

2.4 改革后的"高级汉语"课程的训练模式

针对学生的学术需求，结合所读的文献，我们对学生进行了系列的书面表达训练（见表2），并将这些训练项目的成果作为我们的研究材料进行质性研究。

表2 "高级汉语"课程训练项目及训练量

训练项目	训练量
（专业短文）缩写和读后感（初稿、二稿）	阅读10篇，写作5篇
（论文）读书报告（初稿、二稿）	阅读4篇，写作2篇
每月学习日志交流	3篇
书面自我介绍（选导师用）（初稿、二稿）	1篇
学习这门课的感想和建议	1篇
小论文（初稿、二稿）	1篇

我们收集到的学生作业资料包括23位学生的短文缩写（包括读后感）各5篇，论文读书报告各2篇，每月学习日志各3篇，（选导师用的）书面自我介绍、小论文、部分学生课程论文和学习"高级汉语"这门课程的感想和建议各1篇。

三、研究发现

在"高级汉语"课程的教学中，教师在课堂上跟学生一起进行专业文献阅读，引导学生在关注语篇内容、学科知识的同时，也不忽略学术语篇的语言形式和语篇结构。学生们在课内外阅读了十数篇语言学、语言教学方面的学术文献，不但了解了专业知识，积累了专业词汇，读懂了专业文献，培养了对学术语言的语感，还在教师的指导下撰写了近十篇缩写（＋读后感）、读书报告、小论文，学生们明显感觉到自己的中文学术读写能力有了很大的进步，能够较好地运用书面语表情达意、论述说理、进行专业学习和表达。

由于了解了（国际汉语教育）专业文献的语体特点和学术范式，学期末，学生们充分运用自己在高级汉语课上学到的中文学术读写知识和能力，认真撰写课程论文，不但学期论文完成过程比较顺利，多名外籍研究生甚至凭借较扎实的中文学术读写功底，选题恰当，论述清楚，获得了 A、A- 等优异成绩。他们的主要收获有以下几个方面：第一，随着专业知识和专业词汇的增加、对书面语词汇/句式的了解，他们可以看懂短小的专业文章，上课也可以听懂更多内容，自信心得到增强；第二，可以看懂跟课程有关的小论文，跟同学讨论，参与课堂活动、小组活动；第三，将从高级汉语课学到的技能运用到了其他课程；第四，积极代表小组进行报告，或为小组报告做贡献；第五，了解了学术文章结构和写作知识，并通过作业、小论文的练笔，顺利完成学期课程论文写作。

改革后的"高级汉语"课程超越了以往高级汉语教学以培养一般性交流技能为主的教学目标，有效地发展了学生包括学术认知技能在内的学术化、专门化的高级汉语能力，使得我们的学生可以更好、更迅速地适应专业学习。

原因在于，改革后的"高级汉语"课程所选的学习材料贴近学生对于第二语言教育专业课程的认知水平，学科知识学习和语言学习有机结合，互为语境，学习内容交际化；"高级汉语"课程设计的多种作业和课堂活动为学生的书面语体输出提供了恰当的语境和载体，方便学生将学到的学科知识和书面化的语言学以致用。

四、研究结论

通过三个学年的质化研究我们发现学生中文书面语表达能力的提升主要是因为：第一，我们采用了 CLIL 模式；第二，我们所选择的内容浅显的专业文献贴近学生的中文水平，适合其学习需求；第三，我们设计的学术语篇中常见的词语搭配练习、短文缩写和读后感、论文读书报告写作等大量实践性强的练习形式、所表达内容与书面语体非常契合。

本研究的局限在于：我们对于高级阶段汉语书面语体表达能力培养的尝试只进行了三个学年，未来还应该深入探究采用 CLIL 模式如何才能更有效地提升高级阶段留学生中文书面正式语体的表达能力。希望我们的尝试能为高级汉语教学和书面语体教学提供更多的经验和启示。

参考文献

冯胜利（2003）书面语语法及教学的相对独立性，《语言教学与研究》第 2 期。

冯胜利（2006）论汉语书面正式语体的特征与教学，《世界汉语教学》第 4 期。

冯胜利（2006）《汉语书面用语初编》，北京：北京语言大学出版社。

汲传波（2015）留学生汉语书面语中的口语化倾向研究，《语言教学与研究》第 1 期。

罗青松（2004）汉语言专业留学生毕业论文指导初探——谈对外汉语学历教育高级阶段写作教学的原则与方法，《第七届国际汉语教学讨论会论文选》，北京：北京大学出版社。

骆健飞（2014）中高年级留学生韵律偏误分析及教学策略，《云南师范大学学报》（对外汉语教学与研究版）第 5 期。

亓　华（2006）留学生毕业论文的写作特点与规范化指导，《云南师范大学学报》（对外汉语教学与研究版）第 1 期。

王晓娜（2003）第二语言语体能力的培养与教材虚拟语境的设置，《汉语学习》第 1 期。

徐晶凝（2014）《高级汉语教程》，北京：北京大学出版社。

张秀红（2017）高年级留学生书面正式语体表达能力的考察与培养，《海南师范大学学报》第 2 期。

作者简介

　　王一平，复旦大学国际文化交流学院副教授。研究方向为现代汉语语法和对外汉语教学。

预科生看图写作中的篇章衔接偏误分析

朱力

摘　要　本研究以来华留学预科生为研究对象，以预科生的看图作文为研究语料，采用衔接理论为篇章衔接之理论基础，归纳分析预科生在看图写作时产生的语篇衔接偏误类型，进一步分析预科生完成看图写作的难点，并提出教学建议以供后续研究者与汉语教师参考。

关键词　看图写作　　篇章衔接　　偏误分析

一、引言

随着"留学中国"计划的实施，中国政府奖学金来华留学生规模不断扩大，自 2010 年以来，所有中国政府奖学金来华留学本科生均须接受预科教育。预科生是进入本科专业学习以前的留学生，根据预科结业考试的要求，完成一年预科教育的预科生应具备书面叙述一件事情或简单说明一个问题的能力。从 2014 年到 2018 年，预科结业考试都采用"看图作文"的形式来考查学生的汉语写作能力。预科结业考试中的"看图作文"一般给出三幅有逻辑顺序的图片，学生根据图片用给定的词语写出一篇短文。这一题型着重考查预科生在具体语境中运用汉语的能力，要求学生能够写出一篇符合图意、语义连贯、语法正确的短文。

预科结业考试"看图作文"这一题型的特点是：三幅图片具有连续性，能够帮助考生理清思路，考生可以较为方便地一幅图片接着一幅图片将故事写完整，极少出现跑题的情况。考生不需要进行凭空想象，根据图片所理解的故事都是一样的，由于要求考生写清楚每张图片的内容，所以这样的写作方式也可以减小他们使用"回避策略"的可能性，教师也能更好地把握学生在词汇使用和遣词造句上真实存在的问题。

本文研究的对象是华中师范大学国际文化交流学院 2018 级的预科生，大部分学生的汉语水平都已达到新 HSK4 级，研究的语料来自 2018 级预科生一次统考中的看图作文，这次考试采用了 2015 年全国统一的预科模拟考试试卷，共收集作文约 1.2 万字。在分析语料时，我们基本保留原作的面貌，少数例句在不改变原意的基础上，对影响意思表达的个别词语做了修改。本研究采用衔接理论为篇章衔接之理论基础，归纳分析预科生在看图写作时产生的语篇衔接偏误类型，进一步分析预科生完成看图写作的难点，并提出教学建议以供后续研究者和汉语教师参考。

二、预科生看图作文中语篇衔接偏误情况及分析

Halliday & Hasan（1976）将"衔接"定义为存在于语篇内部、能使全文成为语篇的各种意义联系关系，并且将语篇衔接表现方式归纳为五种，即照应（reference）、替代（substitution）、省略（ellipsis）、连接（conjunction）、词汇衔接（lexical cohension）。

在现有的语料中，我们可以发现预科生在完成看图写作任务时，已能尝试运用关联词、代名词回指等技巧进行成段表达，然而大部分预科生在看图写作时，仍会出现不恰当或偏误的语言表达现象，例如关联词使用不当、省略、尚未完全掌握代名词的回指功能等。

2.1 关联词使用不当

关联词是用来衔接子句的功能词，用于表示子句与子句之间的语义逻辑关系。（胡壮麟，1994）根据作文题中的图片，学生应围绕母亲节送礼物写出一篇至少有 60 个汉字的短文，短文应包括买礼物和送礼物两个事件，我们从语料中发现，"因为……所以……"是使用频率最高的关联词，学生在描述事件的发展时也多使用"然后"。但由于预科生的汉语水平有限，容易出现关联词误用或使用不当的情况。

2.1.1 "因为""所以"的误用

在汉语表达中，"因为……所以……"结构是提出因果关系的表达方式。"因为……"结构用来强调原因，而强调结果时，则使用"所以……"结构。学生的偏误示例如：

（1）*因为今天星期六，玛丽去商场买一份礼物，因为今天是母亲节。玛丽觉得这条漂亮的裙子让妈妈很满意。

（2）*下午我去商场买一个礼物送给我的妈妈。我的礼物送给我的妈妈是一件裙子，因为我的妈妈喜欢裙子。我的妈妈看到。她很高兴。然后她说这件裙子真的很漂亮。

（3）*在那里，服务员说欢迎，欢迎，你要买什么？所以我说，我要买一条漂亮的裙子。然后服务员给我好看的裙子还便宜。

（4）*在商场我买了裙子因为我觉得她喜欢裙子。这个裙子我买了 30 元，所以很便宜和很好看。

例句（1）中使用了两次"因为"，"因为今天星期六"和"玛丽去商场买一份礼物"之间并没有构成因果关系，"今天星期六"只是描述事情发生的时间，说明学习者易过度扩大因果连接词的适用语境，将其用在连结事件发展的关系上，而忽略了语义逻辑关系。根据语义逻辑关系，例句（1）的"因为今天是母亲节"应在"玛丽去商场买一份礼物"之前，例句（2）的"因为我的妈妈喜欢裙子"应放到"我的礼物送给我的妈妈是一件裙子"之前，以此来构成因果关系。例句（3）和（4）中的"所以"都和前句没有因果关系，反映出学生缺乏对于上下文语义逻辑关系的语言意识，在试图运用连接词衔接语句串联讯息时产生了偏误。

2.1.2 "然后"的使用偏误

"然后"表示某一动作或情况发生后，接着发生另一动作或情况，强调动作或情况发生的顺序，一般与"首先""先"等词语相对应。学生的偏误示例如：

（5）*我想买礼物给妈妈，然后我去商场购买衣服，我看到一条黑色的裙子，我觉得很好看也觉得适合我的妈妈。

（6）*这里有很多裙子都好看。然后我看见一个很好看的裙子，我觉得我的妈妈也喜欢，我买了很开心。

（7）*早上我去商场买裙子。服务员帮我找哪条裙子比较好看。然后在家我送给妈妈。妈妈很喜欢这条裙子。

（8）*我在商场买了一条红色的裙子，然后我回家，到家以后，我说"妈妈，我给您。"她说，"我很喜欢，谢谢你。"

例句（5）混淆了前后句的逻辑关系，句中"我想买礼物给妈妈"和"我去商场购买衣服"不是先后关系，而是因果关系。例句（6）中的"然后"不具备连接功能，句中"这里有很多裙子很好看"是一句陈述，而非动作描述，和"我看见一个很好看的裙子"不是接连发生的两个动作。例句（7）中买裙子和回家是事件发展的两个阶段，间隔时间比较长，而"然后"不可以连接间隔时间长的事件，可以将这句改为"回家以后我把裙子送给妈妈"。例句（8）中"然后我回家"显得突兀，而后面"到家以后"有比较明确的时间参考点，和前面的"我在商场买了一条红色的裙子"衔接紧密，不需要再使用"然后"这一连接成分。

2.1.3 其他关联词的使用偏误

（9）*不管今天是母亲节，爸爸都去工作。爸爸给我很多钱，他让我去商场买一个礼物。

（10）*因为不知道买什么才好。我想了想，但是想不出来，然后给爸爸打了电话问他的意见。不管爸爸一直在妈妈的身边不知道她喜欢什么。

（11）*她觉得这条裙子既漂亮，价格又不太贵，于是她决定买这一条送给妈妈。

（12）*这个裙子又好看又便宜，我非常高兴。以后在我的家我给母亲她的礼物，她非常高兴。

例句（9）和（10）都混淆了"不管"和"虽然"。"不管"是表示条件关系的关联词，用于有疑问代词或并列短语的语句，表示在任何条件下结构或结论都不会改变，而例句（9）和（10），从逻辑意义上来讲，前句和后句之间是转折关系，句中的"不管"都应该改为"虽然"。例句（11）中"既……又……"连接了两个主语，导致句子的语义表达混乱，应改成"她觉得这条裙子既漂亮又便宜"。例句（12）中"以后"连接了它不能连接的成分，"以后"在篇章中很少做连接成分，这里在使用"以后"时只注意到它的词汇意义而没有考虑到它的用法，所以出了错。

2.2 连贯度不足

衔接是通过直接的语法关系来呈现语句的逻辑关系（Halliday & Hasan，1976），衔接体现了句子之间和段落之间的联系。预科生的汉语水平有限，在表达的过程中，容易出现语义前后不一、指代关系不明，造成语义关系紊乱或是语义不连贯的现象。很多学生的作文从表面上来看似乎是一个段落或者一个语篇，实际上却只是一些句子的叠加，句子之间缺乏必要的语篇连接手段和内在的语义联系，存在不少衔接连贯方面的问题。以下即从回指功能掌握不佳及省略两方面来探讨预科生看图写作时连贯度不足的现象。

2.2.1 回指功能掌握不佳

在汉语表达中，对于重复出现的名词，通常会以代名词取代。这些代名词具有回指功能，降低了信息层叠冗长造成的理解干扰，使语篇更为紧凑，但是如果回指功能掌握得不好，就会造成语义联系不紧密，从而影响表达。例如：

（13）*在商场里，我看到很贵的裙子，就买了一条。到母亲节时，我送给妈妈礼物，她高兴极了。

（14）*因为今天星期六，玛丽去商场买一份礼物，因为今天是母亲节。玛丽觉得这条漂亮的裙子让妈妈很满意。

（15）*我想买礼物给妈妈，然后我去商场购买衣服，我看到一条黑色的裙子，我觉得很好看也觉得适合我的妈妈。

（16）*我在商场里看到了一件很漂亮的裙子很适合我的妈妈，就买这件。

例（13）和例（14）中，"礼物"和"裙子"之间没有明显的对应关系，例（13）是从"我买了一条很贵的裙子"，跳跃到"我送给妈妈礼物"，应把"我送给妈妈礼物"改成"我送给妈妈这条裙子"，用"这条裙子"来替代前句中的"很贵的裙子"。例（14）"这条漂亮的裙子"不能回指前句中的"一份礼物"，前句和后句之间语义联系不紧密。例（15）中"我觉得"后面缺少了"这条裙子"，影响了上下文的衔接。例（16）中"这件"是对前句的指代，这里误用了代词，影响了语义的表达，应将"就买这件"改为"就买了下来"。从上述例子可以看出学生在使用代名词替代前文中某一部分时，常出现指代不清晰、不明确的情况。

2.2.2 省略

我们从语料中可以观察到学生在成段表达时尝试运用省略的方式。省略是指语篇中未出现的词语可以从其他句子中找回，其作用也是为了避免重复，突出主要信息，衔接上下文。（胡壮麟，1994）在汉语中，可以通过省略同一个话题链中的相同主语，达到精简语言的效果。学生的偏误示例如：

（17）* 我要买裙子，但是我不知道哪一件更适合我的妈妈。我觉得红色的很漂亮。我买了那件裙子。

（18）* 下午我去商场买一个礼物送给我的妈妈。我的礼物送给我的妈妈是一件裙子，因为我的妈妈喜欢裙子。我的妈妈看到。她很高兴。然后她说这件裙子真的很漂亮。

例（17）"红色的"和"那件裙子"来指代前面的买裙子，但是过度省略，影响了语义的表达，根据上下文应改成"我觉得有条红色的裙子很漂亮。我买了那条裙子"。例（18）"我的妈妈看到"这个句子缺少宾语，前后句的语义不连贯，应改成"我的妈妈看到这条裙子，她很高兴，她说这条裙子真的很漂亮"。从上述例子可以看出，学生在根据图片描述事情的发展时，极易过度省略，使成段表达中出现很多讯息空隙，从而导致语义不连贯的现象。

三、教学对策

预科生在完成看图作文时，需要顾及表达内容与语境的相符程度，保证语义连贯和结构衔接有序，根据预科生的汉语水平和预科结业考试的考核要求，预科生的写作教学应注意培养学生的语篇表达能力，（罗青松，2002）把语篇的衔接和连贯作为教学的重点和难点。

首先，培养写作意识，增强写作的目的性。预科汉语教学时间短（不足九个月），教学内容多，没有开设单独的写作课。针对预科生和预科汉语教学的特点，应在综合课中加入写作训练，鼓励学生在开始学习汉语短句阶段就使用简短的句子和有序的衔接手段来表达完整的、连贯的语义。（魏志诚，2010）老师应有意识地对一些词的篇章连接作用加以强调，重视对学生短句、短篇、语篇的训练。在预科生掌握了一定的词汇量以后，选用熟悉的写作题目，使学生在写作时有话可说，也会使学生把更多的时间和精力放在语言的使用以及篇章的结构上。培养学生以交流信息为写作目的，这样他们在写作时就会考虑到读者的需求，为了使读者对作文的内容感兴趣，他们就会不断地学习语言知识，提高他们的语言运用能力。

其次，进行有效的写作指导。由于预科生的汉语水平有限，使用有引导的写作训练会使学生更顺利地完成写作任务，同时还可以给他们提供大量的目的语输入。在开始写作前，教师应带领学生学习基本的文章结构、表达方式、标点，并和学生充分讨论作文的思路和内容，帮助学生列提纲，给他们提供常用的关联词。在作文完成以后，及时给予反馈，帮助学生分析写作中的问题，针对每个学生的具体情况提出建议和要求，还应让学生根据老师的修改意见重新写一篇作文，确保反馈的效果。最后，教师应注意给学生提供反复练习的机会，对同类型的题目或题材进行多次练习，提高他们的语言流利度。

再次，对预科生的写作训练应注重以意义为主的输入和输出。充足的可理解输入会大幅度提高预科生对目标语的敏感度，可以采取一些对给定材料进行加工和处理的写作任务，例如：

（1）改写：要求学生把对话体改写成叙述体，有助于培养学生把握核心语意的能力，在改写过程中留意语句之间的衔接，能达到有效的语言沟通。

（2）连句成章：打乱一篇文章中的语句顺序，让学生将这些句子重新排列成原来的文章，帮助学生把握语句间有机的互动关系，理解语篇中的概念结构和各项词语在特定语境中的语意和功能。

（3）仿写：读写结合、指导学生进行仿写训练，通过模仿范文学习借鉴其中的语篇框架，帮助学生了解汉语表达中的连接词，熟悉汉语写作中不同的连贯手段和衔接手段。

（4）缩写：在不改变文章主题、思想内容、体裁和结构顺序的前提下，学生采用自己的语言对原作进行概括，使内容更为集中，表达更为精炼。这样可以提高学生的阅读理解、分析综合能力和把握关键信息的能力。

四、结语

本研究从来华留学预科结业考试中搜集看图作文的语料，从中观察到预科生在进行看图写作时的难点和局限。通过衔接理论分析，我们可以看到预科生在进行看图写作测试时，尝试运用所学的关联词和一些衔接技巧来串连句子，形成语篇，同时可以观察到预科生看图写作中出现的偏误类型。预科汉语教学若能针对这些问题进行改进，且进行更系统的语料搜集与分析，长期地实施于课堂练习中，相信可以帮助预科生提高写作能力。

参考文献

胡壮麟（1994）《语篇的衔接与连贯》，上海：上海外语教育出版社。

罗青松（2002）《对外汉语写作教学研究》，北京：中国社会科学出版社。

魏志诚（2010）《英汉比较导论》，上海：上海外语教育出版社。

Halliday, M. A. K. & Ruquiya Hasan (1976) *Cohension in English*. Longman.

作者简介

朱力，华中师范大学国际文化交流学院讲师。研究方向为对外汉语教学和预科汉语教学。

预科生写作课教学模式与实践 *

李燕辉

摘　要　本文基于教学过程中的不断摸索，提出预科生写作课教学模式：以预科结业考试中的写作题型——看图作文为训练内容，在分主题的前提下将看图作文分为写作前期、写作期、写作后期三个阶段，从题目、格式与内容三方面进行实践训练，为预科生写作教学提供参考。

关键词　预科生　写作课　教学模式与实践

一、引言

1.1　开设写作课的必要性

自 2005 年教育部和国家留学基金委参考国外预科教育经验，在南京大学、天津大学和山东大学三所高校进行预科教育试点工作起，迄今已 15 年，共有 17 所院校承担来华留学生预科教育任务。预科生多为来自欠发达国家和地区的高中毕业生，文化背景不同，母语背景复杂，而且各国教育水平不一，教育体系各异。如何充分利用一年的宝贵时间把汉语水平大多是零基础、差异性显著的预科生培养成听、说、读、写能力合格的准大学生，对院校、教师和学生都是巨大的挑战。

目前预科教育成效显著，但针对预科生写作教学的研究尚少。听说读写四类言语能力中写作能力最重要（宗世海等，2012），但汉语第二语言写作教学尚未找到有效方法，使得"写"成了预科教学的"瓶颈"和难题（宋璟瑶，

* 本文为北京第二外国语学院教改项目成果（项目编号：111010122107）。

2015）。罗青松（2011）梳理了 20 世纪 80 年代至 2011 年的对外汉语写作教学，在此基础上，笔者考察了近年语言学类的重要期刊，发现预科写作教学研究为数寥寥，且存在将其与其他汉语写作教学相融合的趋势。而培养目标的特定性、教育时限的短期性与教育对象的特殊性，使得预科生写作教学不同于一般的汉语写作教学。基于此，笔者认为有必要探索行之有效的写作课教学模式，以帮助预科生提高写作能力。

1.2 课程简介

祝秉耀（1984）提出提高学生书面表达能力必须加强写作课。杨建昌（1982）认为写作教学要充分考虑教学大纲和学生的实际需要。预科结业考试看图作文要求考生在有限时间内根据图片和词语写出不少于 60 字的作文，是必考内容。然而，预科生汉语基础尚不扎实，对已有知识的整合能力和新知识的吸收能力有待提高，对汉语写作模式不够熟悉，导致写作课教与学的难度都较大。为应对预科结业考试，提高写作教学质量，笔者所在院校不断探索，试图找到提升预科生写作能力的有效路径。为此在第二学期开设了写作课，以 16 周为训练时间，以结业考试的看图作文为训练内容，制订分阶段教学计划，取得了良好的教学效果。

本文研究对象为北京第二外国语学院 2017 届的 62 名来华预科留学生，其中，男生 37 名，女生 25 名，年龄在 16～31 岁，母语包括英语、法语、俄语、西班牙语、阿拉伯语等。通过课程开设初期与后期写作样本的统计，我们发现有针对性的写作训练不仅可以提高写作技能，对巩固语法与词汇知识也起到了重要作用。

二、写作前期训练的三个方面

通过一个学期的汉语强化学习，预科生基本掌握了考试大纲中的汉字、词汇与语法知识，为第二学期开设写作课提供了可能性。但写作是动态输出过程，不是基础知识的简单堆砌，从掌握知识到完成写作不是一条简单的生产线，各种基础知识只有经过流动、转化，并在有效的训练方法下进行整合才能完成写作。若缺乏系统训练，学生很难调动已有知识并有效输出。因此，需将预科生碎片化的知识系统化，将个人低效的写作过程转化为高效的集体行动。

吴剑（2012）认为在写作中，预科生最常使用写作时阶段策略，并建议侧重于写作前和修改时策略教学，即写作课要重视写作前期的训练和写作后期的修改。由于未经训练的写作是不可控的，因此我们首先预设问题，然后通过"试错写作"来确定将采取的训练方法。试错写作过程如下：学生在 20 分钟内按照要求写一篇看图作文，时间到立即上交作文供教师修改。在教师修改期间，学生自由讨论，讨论结束后，教师分别讲评好、中、差三份作文，指出写作中出现的问题，并引出三方面的训练内容。

试错写作旨在最大限度地暴露问题，然后纠错，并进行归纳。通过试错写作，我们发现预科生在写作中出现的问题与预设问题高度契合，从题目、内容、格式三方面进行训练较有针对性。此后的写作训练都是在试错写作的基础上往复实践，并根据反馈不断调整的过程。

2.1 题目训练

试错写作时绝大多数学生尚无写题目的意识，而对一篇作文来说，题目往往起到画龙点睛的作用，因而，首先进行题目训练尤为必要。为了直观、快速地训练学生学会为自己的作文取一个切题的、符合汉语习惯的、长短适中的题目，我们采取以下步骤：

第一，罗列试错写作时的题目，并分析讨论。

第二，用两个问题引导学生：什么题目好？几个字比较好？

第三，对教材中文章的题目进行分析。

第四，归纳适合预科生看图作文的题目。另外，提醒学生，鉴于看图作文只要求 60 字以上，故题目不宜太长，2～5 个汉字即可。

2.2 格式训练

格式方面的预设问题在试错写作时全部出现了，可见，预科生并不能通过学习课文自然习得汉语作文的格式，因而必须进行有针对性的训练。

此部分训练时，教师首先提四个问题：（1）题目写在什么位置？几个字合适？（2）作文从什么地方开始写？（3）汉字的位置：一字一格？一词一格？

（4）标点符号写在什么位置？

其次给出一个汉语写作格式的模板，让学生带着上述问题进行思考。

最后，通过共同讨论，总结出预科生看图作文的格式必须遵循的几个原则：（1）题目在中间，2～5个汉字；（2）开头空两格，写一段即可；（3）一个汉字占一格，切忌一个词写在一个格或一个字写在两个格；（4）标点符号占一格，另外，需注意，中文标点符号跟英文标点符号不同。此外，预科生也需掌握常用标点符号的用法，以便写作文时正确使用。

2.3　内容训练

对一篇作文而言，内容是最重要、最核心的部分。杜欣（2006）认为大部分留学生的写作都是在有限词汇的基础上费力拼凑、堆砌。写什么？怎么写？写多长？用什么句子和语法等？用这些问题引导学生思考，有助于调动其运用已有知识进行有效输出。张桂荣（2015）提出看图作文有"导、看、想、说、写、评"六个环节，并从"看、想、说"进行训练。宋刚、李耘达（2017）也认为预科生看图作文主要关注"看、想、写"三个环节，并以"约会"为例阐释了具体教学方法。下文将从过程出发，具体呈现怎么训练"看、想、写"。

2.3.1　看

"看"是最基本的，"图"是"作文"的基础。看不懂图，理解不了图片想要表达的内容，便难以准确阐述图片，导致出现啼笑皆非的句子。看图的过程，包括观察图片和词语，我们从以下三个方面层层训练"看"什么、怎么"看"。

第一，从整体入手，初步感知图片内容，包括"看图"和"看词"两个部分。"图"即提供的图片，"词"是给出的词语。教师带领学生迅速浏览图片和词语，做到心中大致有数。

第二，"看"有几幅图片、几个词语。一般而言，给出的图片和词语越少，学生越不容易出错。换言之，3幅图比4幅容易观察，3个词语比4个词语容易写作。

第三，"看"是什么图片、什么词。是不是都认识？是不是都会用？不认识、不知道怎么用怎么办？"看"的最后一步尤其重要，是决定写作好坏的关键。

看图、看词之后，教师引导学生迅速把图片归类，拟出合适的题目。对于不认识的词，进一步引导学生结合图片来猜词语的意思和词性，也可以借助构词法来帮助学生更好地理解、猜测词语的意思。

2.3.2 想

"想"是连接"看"和"写"的重要环节。"想"并非天马行空的"想象"，而是带着问题边看图片和词语边"想"，把每幅图"想"成一到两个句子，最后写出一个逻辑性较强的故事。

基于汉语写作的六要素，预科生写看图作文时只想简单的问题：什么时候？谁？在哪里？做什么？为什么？怎么做的？产生了什么结果？带着以上问题想，笔下的故事就基本成型了。"想"一定要立足于图片，看到什么就想什么，不要脱离图片想不存在的内容。

另外还涉及起名字的问题，由于图片多讲述中国人的故事，所以给人物取名字时，建议学生入乡随俗，遵守中国传统姓名的规范，最好不要取"玛丽、大卫"等外国人的音译名字。可借助课本中的名字：田芳、张东，亦可用同学的名字，还可按照中国人的习惯叫"小明、小红、小王"等，但起名一定要有原则，要简单、常见、易写。

2.3.3 写

"写"即对图片的呈现，就是把"看"和"想"的内容表达出来。宋刚、李耘达（2017）认为"写"是最困难的，我们则觉得处理好"看"和"想"这两个环节，会减少"写"的困难。通过"看"，学生已经对图片和词语了然于胸；经过"想"，学生已经可以说出故事：某人某天在某地发生了某件事。某种意义上，"看"和"想"是一种酝酿草稿的过程，"写"即把"看"和"想"的结果诉诸笔端。

第一个学期大量且长期的看图写句子训练使学生可以快速地根据图片和所给词语写出合适的句子，同时写作前期的针对性训练减少了看图作文的难度。学生在写看图作文时，需要按照图片的顺序，用合适的句子一幅一幅地进行描述，难免遇到想表达一个意思，但苦于找不到合适的词语或句子的情况，因此教师要有意识地引导他们养成快速用简单的词语替换的习惯，不要在不必要的地方过多纠结，浪费时间。

祝秉耀（1984）认为初中级阶段留学生词汇还不丰富，基本语法的运用还不熟练，还没养成用汉语进行思维的习惯。陈贤纯（2003）指出初中级阶段留学生写作时存在"词不达意、语法、搭配、衔接"等方面的问题。因此，训练学生用正确的词语和语法，写出符合中国人表达习惯、又能表达自己想法的句子极为重要。事实上，预科生汉语水平不一，对语言的处理和应用能力也因人而异。用最简单最合适的语法写最简单的句子是普遍标准，但是看图作文毕竟是较简单的写作形式，为了学生的长远发展，我们不限制水平较高的学生用复杂的语言和语法，但对水平欠缺的学生而言，可以分阶段、由易到难逐步训练。

总之，内容训练可从"看、想、写"三方面层层递进，步步引导，同时遵循以下原则：必须包括每一幅图和每一个词，规范用字，正确使用学过的语法讲述图片。

综上，写作前期要从题目、格式和内容三方面有针对性地训练看图作文，以帮助预科生在规定的时间内写出符合要求的作文，逐步提高其汉语写作能力。

三、预科生写作课教学的三个阶段

关于写作课教学，祝秉耀（1984）指出，写作过程应包括教师指导下的学生写作、教师批改、课堂讲评。张笑难（2004）根据任务型教学模式把写作课分为任务前期、任务执行期和反思巩固期三个阶段。张宝林（2009）提出了"写—评—写"的模式。总之，不少学者都注意到了写作教学训练的三个阶段，但在具体操作时有些学者会把某两个阶段融合起来，或者试图采用相同的方法进行不同阶段的训练。我们认为写作过程是一个动态演化的过程，可能会有跳跃，但总体分为写作前期、写作期、写作后期三个阶段，并且，每个阶段各有特点，训练重点和难点也各不相同，有必要采用不同的方法进行训练。

3.1 写作前期的思考

前文提到，在看图作文训练时我们提倡从题目、格式、内容三个方面进行训练，起什么题目、遵循什么格式及内容训练中的"看"与"想"的部分都应该在写作前期完成。其实，在预科汉语教学中，广义的写作前期并非仅指写作开始前的几分钟，而是从预科生第一节汉语课开始的。预科第一学期从词语造句、看图写句子、语法写句子、背诵课文等方面进行写作训练，且在单元测试中不断复现与强化，为第二学期的写作课打下了较好的基础。

看图作文，顾名思义，就是根据图片进行写作。看图作文不同于其他作文形式的地方就是多了图。"图"是写作的材料、依据和条件，写作不可离开图片、漏掉图片，也不可添加图片不存在的内容。预科生的看图作文与国内小学低年级的水平相当，但与后者相比，预科生的看图作文基本不需要想象，仅靠看图写出来。即看到什么写什么，不可离开图。如图1：

词语：跑、车站、朋友

图1 预科结业考试"看图作文"示例

学生看第一幅图，可写句子：今天星期一，小明快迟到了，所以跑到车站坐公共汽车。不需要自行补充信息写成：星期一小明7点起床，他先刷牙，再洗脸，然后吃早饭，吃完早饭以后他一看手表快迟到了，马上跑到车站坐公共汽车。再者，对图中事物或者人物辨识不清也难以写出符合要求的作文。比如上图中是公共汽车，学生却写成火车；人物是男生，学生看成女生等。"看"的过程不够认真，观察不够仔细，会导致作文错误百出，难以取得高分。

写作前期训练的是预科生的认知能力，语言、文化背景不同，汉语水平不一的预科生对同一图片的感知可能会存在差异。但看图作文涉及的都是最简单的生活场景，极少有难以理解、难以看懂的文化场景，因此只要认真观察，基本都可以领会图片意图。

3.2 有控制的写作期

预科结业考试看图作文是应试写作，时间短，强度大，为了减少考试时的不可控因素，写作期将从以下方面进行训练。

第一，分主题训练。图片、词语都可能是影响写作的因素。遇上熟悉的主题，写作者往往比较自信，文思泉涌。不熟悉的图片可能会导致学生头脑短路，无处下笔。看图作文是最简单的记叙文写作，为了更有针对性地训练，我们按主题将看图作文分为四大主题：一件事、一件好事、知错就改、生日/节日等，并按类别集中训练，培养学生正确审题的能力，力求看到图片迅速归类，拟合适的题目，完成从词到句再到篇章的写作过程。

第二，词语、语言点紧跟其他课程。祝秉耀（1984）提出写作课是一种字、词和语法综合运用的语言实践课。李清华（1986）认为写作课与其他课程有着密切的关系，在其他课程中学到的知识和技能，可以拿到写作课中来运用。宋刚、李耘达（2017）提出语言要素教学是写作教学的前提和铺垫。预科生已积累了一定的基础知识，然而多属于隐性知识，激活学生的隐性知识系统，并将其转化成显性知识才能完成写作过程。因此写作训练时要有意识地选择其他课程刚学过的词语和语言点，使其进入显性知识系统。比如，综合课学习了"称赞"，则该周写作课看图作文提供的词语要包含"称赞"，通过训练，强化输入，达到使学生掌握目标词语，并有效输出的目的。再比如，刚学过语言点"还没……就……"，写作训练中选择相关图片，学生就很容易写出"他还没到车站，公共汽车就开走了"这样地道的句子。

第三，独立完成，并培养猜词意识。所谓独立完成，即将每次习作都当成考试，要求学生不明白图片或者词语时，也不允许相互商量或查词典。看图作文提供的词语常是较简单的名词、动词、形容词，可也难免出现学生不知道怎么用的词语，因而，写作训练时，要有意识地培养学生根据图片、语素进行猜词的能力。比如，2017年模拟试题出现的"工具"一词，部分学生不知道怎么用。结合图片来看，女生拿了一个东西在修自行车，据此猜测它可能就是"工具"，并猜出"工具"是名词，进而顺利完成写作。

第四，严格控制字数和时间。陈贤纯（2003）提出在初中级阶段避免让学生写长篇大论。杜欣（2006）指出时间限制可以有效地激活学生的潜在能力，字数的限定会将学生涣散的思维集中起来。宗世海等（2012）提出了充分发挥学生能动性的"写长法"，但"写长法"不适合预科生应试写作。故我们在写作训练时严格要求学生在 20 分钟内独立完成一篇 60～80 字的看图作文，以应对结业考试。

第五，书写整洁，汉字正确。陈菲等（2011）认为正确书写是对汉字的最基本要求。写作训练时，不写错别字是写作的最低要求，例如，"小王"不能写成"小主"，"我"不能写成"找"等，对于把握不准的字词，可采取回避策略，尽量不犯低级错误。教师批改作文时，严格执行"错一个字扣一分"的标准，以引起学生的重视，帮助学生减少错别字。

3.3　写作后期的修改、评定与背诵

杨建昌（1982）指出衡量学生语言输出的尺度关系到教学设计整体的科学性。祝秉耀（1984）认为评改有利于学生写作水平的提高。许国萍、王一平（2002）提出对外汉语写作教学评改模式可分为书面评改、集体讲评与个体讲评。我们认为，看图作文写作时，"看"与"想"的过程、"写"的结果同样重要，为了呈现更好的"结果"，修改与讲评不可或缺。

有针对性地修改，多稿写作，即时反馈。评改时，对水平不同的学生采用不同的方法。水平高的学生，写作速度快，准确度和流利度都很高，当场修改后，指出个别问题，即完成写作任务。水平一般的学生，词语运用、语法使用或语言表达欠缺，可在保留原意的基础上修改，达到一错一纠、下次不错的目的。对学困生而言，时间往往不够，而且写不出完整的句子，语法错误也较多，需要教师有足够的耐心，多次修改。莫丹（2018）提出基于反馈的多稿写作是有效的写作教学模式，实践证明，基于反馈的多稿写作比没有反馈的多篇写作效果要好，因此在写作课中要严格贯彻这一写作模式。

关于成绩评定，许国萍、王一平（2002）建议成绩评定最好以班级为参照系，而且建议给写得较差、但非常努力的学生较高的成绩作为鼓励。这两条建议不适用于应对预科生结业考试的写作课教学，预科生写作课在成绩评定时，教师应参考《基础汉语考试作文评分标准》，以便学生了解自己的写作处于什么水平、分数处于哪个档次，激励他们更加努力地练习，以达到预科生结业考试对写作能力的高要求。

长期以来，在中小学语文、英语教学中，教师往往要求学生背诵课文。在二语习得时，背诵课文有助于帮助学习者克服母语负迁移，培养目的语语感，发展目的语思维能力（丁言仁、戚焱，2001）。我们发现背诵课文的学生在考试成绩、口语表达、语法知识的掌握上都优于未背诵的学生，因此，从第一学期起，背诵课文就是预科汉语教学的传统。同样，在写作课上，也要求学生先把教师修改后的作文誊写在作文本上，然后熟读直至背诵。虽然学界对死记硬背诟病颇多，但我们认为纵然新方法、新理论、新设备层出不穷，有效的传统方法也不应该被淘汰。

本文提出了预科生看图作文训练的三个阶段，但并不意味着这三个阶段对每一个学生都同样重要，有的学生必须不断地进行三个阶段的训练，有的学生只需要某两个阶段，而有的学生则会在某个阶段反复。在实际的写作过程中，不能按部就班，须按照具体情况对不同的学生有侧重地进行训练。杨建昌（1982）认为写作课的教学方法，应从具体教学对象出发，因材施教，不能固定不变和千篇一律。我们也在教学中不断地调整与改进，期望找到更适合预科生写作课的教学方法。

四、实践结果

经过 16 周有针对性的写作训练，预科生基本掌握了汉语写作对题目、格式与内容的要求。我们将 62 名预科生看图作文的训练前成绩、中期成绩、结业考试成绩进行对比，结果如表 1。

表 1　预科生看图作文训练前、中期、结业考试成绩对比

档位	分数	训练前	训练中期	结业考试
1 档	0～3 分	1 人	0 人	0 人
2 档	4～6 分	10 人	5 人	2 人
3 档	7～9 分	25 人	12 人	6 人
4 档	10～12 分	20 人	15 人	9 人
5 档	13～15 分	6 人	30 人	45 人

从表 1 可知，经过 16 周的训练，预科生写作存在的问题直线式减少，成绩稳步提升，高分人数逐步增加。另外，我们也将 2017 年 10 所院校预科结业考试的写作成绩做了对比，见表 2。

表 2   2017 年预科院校结业考试作文平均分比较

院校	北京第二外国语学院	对外经济贸易大学	天津大学	北京语言大学	东北师范大学	华中师范大学	南京师范大学	首都师范大学	同济大学	山东大学	总体平均成绩
作文成绩	12.73	11.43	11.16	11.09	10.74	10.55	10.55	10.46	9.99	8.48	10.72

表 2 显示，笔者所在院校作文成绩位列 10 所院校首位，比排名第二的院校高出 1.3 分，比 10 所院校的总体成绩高出 2.01 分。鉴于此，我们认为，从题目、格式、内容三方面，写作前期、写作期和写作后期三阶段把预科生看图作文分成四个主题进行训练的写作课教学模式有一定的实践价值。

此外，写作课训练是对已有基础知识与隐性知识进行激活与整合，将其转化为显性知识，并运用显性知识进行写作的过程。笔者统计了我校写作课开设初期与后期的学生写作样本，通过分析发现有针对性的写作训练不仅可以提高写作技能，对已有词汇与语法知识也起到了巩固作用，见图 2。

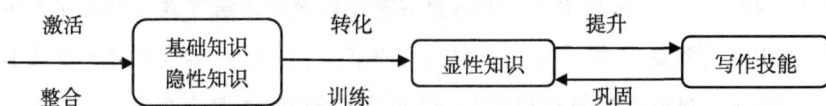

图 2   预科生写作课训练中知识与写作技能的关系

开设预科生写作课，进行有针对性的写作训练有助于提高学生的汉语水平，同时其汉语应用能力和书面表达能力也得到了提升。但是，看图作文毕竟只是写作教学中较小的模块，有一定的局限，而在写作实践中学生展现了很大的潜力，因此，本文的训练方式或许可以从目前的四个主题推广到更多主题，从看图作文跨越到命题作文，为预科生进入高校进行专业学习打下良好的基础。我们也需要进一步整合已有教学模式，并处理好与其他课程的衔接问题，挖掘、探索更多适合的教学模式。

参考文献

陈 菲、富 丽、张一清、孙曼均（2011）汉字应用水平测试书写题阅卷规则初探，《语言文字应用》第 1 期。

陈贤纯（2003）对外汉语教学写作课初探，《语言教学与研究》第 5 期。

丁言仁、戚 焱（2001）背诵课文在英语学习中的作用，《外语界》第 5 期。

杜 欣（2006）留学生写作教学中的控制性训练原则，《汉语学习》第 3 期。

李清华（1986）外国留学生中级阶段的写作课教学，《语言教学与研究》第 1 期。

罗青松（2011）对外汉语写作教学研究述评，《语言教学与研究》第 3 期。

莫 丹（2018）基于反馈的留学生汉语多稿写作教学行动研究，《语言教学与研究》第 5 期。

宋 刚、李耘达（2017）基础汉语写作教学方法的新探索——以预科生的看图作文教学为例，《来华留学生预科教育研究论丛》，北京：北京语言大学出版社。

宋璟瑶（2015）汉语议论文篇章习得研究，《华文教学与研究》第 3 期。

吴 剑（2012）来华预科留学生汉语写作策略探索，《华文教学与研究》第 2 期。

许国萍、王一平（2002）对外汉语写作教学中的重要一环——谈作文评改的现状和对策，《暨南大学华文学院学报》第 2 期。

杨建昌（1982）浅谈外国留学生汉语专业的写作课教学，《语言教学与研究》第 3 期。

张宝林（2009）"汉语写作入门"教学模式刍议，《语言教学与研究》第 3 期。

张桂荣（2015）看图作文教学模式，《课程教育研究》4 月上旬刊。

张笑难（2004）任务型教学模式在对外汉语写作课中的应用，《海外华文教育》第 2 期。

祝秉耀（1984）浅谈写作课教学，《语言教学与研究》第 1 期。

宗世海、祝晓宏、刘文辉（2012）"写长法"及其在汉语二语写作教学中的应用，《世界汉语教学》第 2 期。

作者简介

李燕辉，北京第二外国语学院。研究方向为对外汉语语法教学和留学生预科教育。

针对汉语预科外军留学生的军事汉语教材编写

汪景民

摘　要　为了使外军留学生更好地了解中国军队和军事文化，同时规范对外军留学生的军事汉语培训内容，上级机关决定制定外军留学生汉语预科阶段通用军事汉语课程标准，并依据该标准组织编写全军外训军事汉语教学通用教材。该教材以中国基本军情介绍为编写主线，共有20课内容，前10课为初级阶段外军留学生必修，后10课为扩展学习。教材的编写遵循四个原则：一是急用先学，二是由易到难、循序渐进，三是军事知识与军营文化兼顾，四是知识输入与语言输出并重。

关键词　外军留学生　　汉语预科　　军事汉语　　教材编写

一、前言

近些年来，随着综合国力的稳步增长，中国在国际上的地位也日益提升，学习汉语的外国人数量呈现稳定增长的态势，汉语热在全球持续升温。在国家"一带一路"发展倡议的大背景下，中外军事交流与合作也日益密切。作为国家总体外交和军事外交的重要组成部分，对外军事培训（外训）工作不仅担负着为受训国培养军事人才的重任，在对外塑造积极友好的国家形象，促进我国对外军事合作、培植对华友好资源和传播中华文化上都发挥着极其重要的作用（吴海燕、李宜善、孟磊，2016）。然而，我军外训工作所面临的最大困难始终是语言障碍（季压西、王升才、陈伟民，2010），在几个大国中，中国是唯一使用非母语对外国军事人员进行培训的国家。为了积极传播中华文化和思想，更好地宣传中国睦邻友好、和平发展的理念和防御性的国防政策，上级机关高度重视对外汉语教学在军队对外军事培训工作中的作用，并制定了一系列切实可行的政策、措施。作为突破语言障碍的一种尝试，自 2011 年起，上级机关启动了中外生长军官同班施训试点工作，并率先在全军 5 所院校的外训机构试行"1+4"的课程设置，对外军留学生实行一年专门的汉语预科培训，为对其开展全汉语授课打下基础（张小健，2014）。自此，汉语预科教育在军队对外培训工作中越来越受到重视。

二、军事汉语教材编写背景

为了规范培训内容，2013 年由上级机关牵头，成立全军外训通用教材编审委员会，协调十余所相关外训院校统一编写并审定面向外军留学生的《基础汉语》《中国国情军情》《法律常识》和《计算机与网络应用》等系列教材。其中，《中国国情军情》是为了向在全军所有外训院校进修培训的外国军事人员介绍中国国情和军事概况、回应有关中国热点问题而编写的必修教材，教材编写语言为汉语，教学时数设定为 20 学时。之后，该系列教材开始在全军承担对外军事培训任务的院校和单位试用。

然而，由于编写仓促，该系列教材的试用效果并不理想，从 2014 年组织的各外训院校外国军事人员与中方教员、译员的反馈意见来看，"法律常识"和"计算机与网络应用"课程开设的必要性并不大，外军留学生们普遍认为，各国法律在本质上差不太多，只要自己在中国学习进修期间不做非分之事，一般不会惹上涉及中国法律的麻烦事，因此没有必要深入学习中国法律，了解中国的法制思想；而关于计算机与网络应用，现在已经是网络时代，大家都会使用计算机上网，有的外军人员甚至还是这方面的专家。有鉴于此，2018 年该系列教材的修订工作启动时，决定不再将这两册教材纳入全军外训统编教材。

《中国国情军情》教材的试用情况同样不容乐观。以原解放军外国语学院外训系（现为信息工程大学外训大队）为例，按照总部机关的要求，我们于 2014—2015 学年第二学期开设国情军情课程共计 20 个学时，授课对象为在中国仅学习半年汉语的初级阶段 5 个班共 80 名外军留学生，授课方式为大班集中授课，限于师资力量，授课语言为英语，课程性质设定为选修。由于并不是所有外军留学生的英语水平都够高，纯英文的授课有些留学生听不懂，加上课程性质为选修课，对学习效果没有考查要求，所以慢慢开始出现学生不去上课的情况，后来不去上课的学生越来越多，据授课教师反映，坚持到最后听完课的只有 6 人，基本上都是那些来自英语国家的外军留学生，修课率还不到 10%，效果非常差。于是我们在 2015—2016 学年第二学期再次开设该门课程时做出了调整，将课程性质设定为必修，学生的到课率有了保障，但授课效果依然不尽如人意。在国情军情课程结束之后，我们按照惯例给初级阶段的外军留学生开设初级军事汉语课，发现绝大部分学生对中国基本军事常识完全没有概念，而这些知识是他们刚刚在国情军情课大班集中授课时"学"过的。经过两次试用之后，我们没有再使用《中国国情军情》教材开设国情军情课程，而是根据本校开发的军事特色系列教材开设初级军事汉语、中级军事汉语、中国军队和兵器知识等军事汉语课程，并单独开设中国国情和中国文化课程。

《中国国情军情》教材在原解放军外国语学院的试用情况只是一个缩影，其他外训院校的试用情况同样并不理想，排除教员授课水平因素，主要原因在于教材本身不适合学生使用。由于编写仓促，将近 300 页的教材语言版本仅为汉语，缺少多语种翻译，对于绝大部分学习指挥和技术的外军留学生来说，根本就看不懂，如同天书，即使专业学习汉语的外军留学生阅读起来也非常吃力，只适合教员、译员备课参考。此外，该教材更像是一册资料汇编，只适合开展相关知识讲座，既没有考虑语言因素，又没有设置相关练习题目，无法对授课效果进行有效考查，教学的效益无法体现。上级机关经调研后也意识到这一问题，没有再硬性规定必须以此教材开设国情军情课程，该教材最终也没获得正式出版。

而经过数年试点工作，在原来 5 所外训院校实施的一年汉语预科加四年专业技术学习的"1＋4"模式教学效果明显，得到了上级机关的认可，近年来试点院校的范围逐步扩大。为了使汉语预科学员对中国军事知识和军事文化能够更好地理解和掌握，中央军委训练管理部 2017 年 12 月责成原解放军外国语学院外训系承担制订外军留学生汉语预科阶段通用军事汉语课程标准，计划授课时数为 20 学时，以规范对外军留学生的军事汉语培训内容，提升对外军事培训的效果。之所以选择原解放军外国语学院外训系制订外军留学生汉语预科通用军事汉语课程标准，是因为该单位拥有 20 多年的专业对外汉语教学经历，在开展军事汉语特色教学方面经验丰富，已经编写、出版了一系列军事汉语特色教材，尤其是多语种《初级军事汉语》在全军外训系统具有很高的知名度。

三、新军事汉语教材编写内容

面向全军汉语预科学员的军事汉语课程只有 20 个学时，也就是 10 次授课内容，究竟应该怎么编写，教材编写组存在一定的分歧和争议。一方意见认为，教材内容应该体现差异化需求，因为陆军、海军和空军等外训院校军兵种特色鲜明，所以应该编写三本教材，分别满足在陆、海、空军外训院校培训的外军汉语预科学员的要求。但这样做的难度很大，仅由原解放军外国语学院外训系一家单位无法完成，必须协调海军和空军的其他外训单位参与，而这些外训单位基本上都是指挥、技术类院校，虽然有数十年的对外军事培训经历，但缺乏对外汉语教学经验和军事汉语教材编写经验。另一方意见则认为，既然上级机关要求制订全军外训预科教育通用的军事汉语课程标准，就是希望对外军留学生汉语预科学员的军事汉语培训内容能够规范、统一，以便外军留学生对中国军事基本情况从总体上进行学习和把握，而不应只偏重某一个军种，这样的话原解放军外国语学院一家外训单位就足以承担这样的教材编写任务；如果陆、海、空军外训院校各自编写属于自己的军事汉语教材，各自为政，制订的规范和标准就会形同虚设，也有违上级机关要求制订统一、规范的汉语预科学员通用军事汉语课程标准的初衷。经过充分讨论，大家统一了思想认识，以第二种意见为准。

参照外军留学生汉语预科阶段通用军事汉语课程标准，原解放军外国语学院外训系军事汉语教研室（现为信息工程大学洛阳校区外军训练教研室）组织编写了多语种《新初级军事汉语》教材。之所以命名为《新初级军事汉语》，是因为该教材是建立在原《初级军事汉语》教材的基础之上的。原多语种《初级军事汉语》2011—2014 年陆续正式出版发行以来深受外军学员欢迎，该套教材语言简单，内容实用，使外军留学生在了解中国军事基本常识的同时还可以学习汉语，知识输入与语言输出并重，不仅适合专门学习汉语的外军留学生使用，而且由于有拼音注释和多语种翻译版本，也适合在指挥和技术院校学习进修的外军留学生使用，一经推出便受到上级机关的充分肯定和其他外训院校的一致好评，填补了国内对外汉语教学领域军事汉语教材建设方面的一项空白，在对外军事培训领域具有一定的知名度。然而近些年来，随着中国国防和军队改革的全面深化，中国的国防体制和部队组织编制发生了很大变化，因此原《初级军事汉语》教材中的大部分内容已经不适合教学，亟待修订和重新编写。以此次编写外军留学生汉语预科阶段通用军事汉语教材为契机，我们依据新时代中国全面推进国防和军队现代化建设的改革内容，并针对外训院校实际教学、管理及训练场景，重新对该教材进行了大幅度改编，课文内容有 80% 换新，会话内容则有 90% 换新，因此新教材命名为《新初级军事汉语》，教学对象不仅是外军留学生汉语预科学员，而且在全军外训院校进修的所有外国军事人员均可以使用。

针对汉语预科阶段外军留学生的通用军事汉语教学，应当以中国基本军事情况介绍为主要学习内容，并非是汉语预科学员进入专业学习前的语言过渡培训，因为他们学习的专业各不相同，无法以一部教材覆盖所有专业，只能留待各外训院校根据自己学员的实际学习需求编写相应的专业性强的军事汉语教材，以满足为实现中外同班施训而需要解决的语言培训问题。《新初级军事汉语》教材共编写 20 课内容，如果依据上级机关设定的 20 个授课时数只能编写 10 课内容，而 10 课内容的体量是支撑不起一部教材的。为了体现教材对汉语预科学员的针对性，我们将前 10 课关于中国的国防体制和军队基本组织建设的内容设定为初级阶段外军留学生必修，后 10 课关于武器装备和火箭军、武警部队的内容设定为扩展学习部分，既可以用于学有余力的外军留学生课下自学，也可以用于初级阶段向中级阶段过渡的军事汉语教学。考虑到指挥、技术类军事院校语言教学课时不足，新教材保留了原《初级军事汉语》教材的编排模式，将全书的课文、对话、生词和练习题目均翻译成多个语种的外语，并标注汉语拼音，以方便汉语为零起点的外国军事人员学习、使用。

四、新军事汉语教材的编写原则

《新初级军事汉语》依据孔子学院总部 / 国家汉办 2014 年的《国际汉语教

学通用课程大纲》（修订版）和国务院新闻办公室 2019 年 7 月发布的《新时代的中国国防》白皮书编写。教材的编写继续秉承"放眼全军，面向世界，为所有来华学习、进修、工作、交流的外国军事人员服务"的理念（汪景民，2014），遵循如下四个编写原则。

4.1 急用先学

任何教学内容体现在教材里都需要依据一定的顺序进行编排，而语言培训教材一般都是将最基础的部分安排在教材前部先行学习。军事知识内容丰富，但授课时数却相对较少，要在有限的课时里把外军留学生最感兴趣的军事知识、最常用到的语言句式呈现给他们，教材编写必须遵循急用先学原则，对通用性强且与外军留学生日常训练、学习、生活情景密切相关的教学内容予以优先安排。比如，原《初级军事汉语》教材依据课文内容将"武官""证件""请假条"等词汇和相关句式依据会话情景安排在教材后半部学习，而这些词汇和句式是外军留学生们在日常学习、训练、生活等交际情景中最常用到的，但囿于教学时数，初级阶段的外军留学生往往还没有学习到这部分内容便结束学习回国了，尽管他们可以通过词汇索引查询到这些词汇，但没有在课堂上学习、操练，不能不说是一大遗憾。本次重新编写，就将这些常用词汇和相关话题安排在教材前部，使外军留学生们在学习的最初阶段就能习得到，并在课外口语交际中高频率使用，训练效果非常明显。而关于火箭军和武装警察部队的内容，由于绝大多数国家的军队没有战略导弹部队，也没有武装警察，外军留学生兴趣不大，对他们来说并不是急需学习的内容，因此安排在教材最后予以介绍。

4.2 由易到难、循序渐进

由易到难、循序渐进是一切知识学习都应该遵循的规律，也是教材编写应该遵循的基本原则。《新初级军事汉语》编写完成后征求军内一些专家学者的意见，其中一位专家提出，应该严格按照国防白皮书的顺序来安排教学内容。众所周知，国防白皮书由于有多语种译本支持，撰写时一般不考虑语言表达因素，如果作为教材编写顺序进行参照，就会导致教材难易度混杂，影响学习效果。而且国防白皮书本身也在积极求变，从 2000 年至 2010 年的《中国的国防》到 2013 年《中国武装力量的多样化运用》，再到 2015 年《中国的军事战略》和

2019 年的《新时代的中国国防》，可以看出国防白皮书已不再一成不变。如果单纯追求军事汉语教材与国防白皮书内容顺序一致，则属于教条做法，语言培训类教材在内容编写上必须注重语言习得规律，按照由易到难、循序渐进的原则编写，使老师易教、学生好学。

4.3　军事知识与军营文化兼顾

《新初级军事汉语》教材以简要介绍中国基本军事常识为主，使外军留学生对中国的国防体制、部队组织编制和部队建设有清晰的认识和了解，但军事常识的学习往往离不开军营文化，比如中国部队军营里对领导的称呼一般使用"姓＋职务"的形式，但外军人员一般使用"军衔＋姓名"的形式，称呼形式的不同反映了中外军营文化的不同，中国军人更重视职务的高低，而外国军人更重视军衔的高低，反映了外国军队军衔制主导的等级森严的军营文化氛围，而中国军队则是行政级别主导的责任与上下级关系。再比如，进领导办公室要喊"报告"，领导呼唤要答"到"，领导吩咐要答"是"等，这些看似无足轻重的军营文化对外军留学生来说特别实用，他们在日常训练、学习和生活中能够很快地学以致用，为尽快融入中国军营奠定了知识与语言基础。

4.4　知识输入与语言输出并重

《新初级军事汉语》既重视军事知识的介绍，也重视军营情景会话的操练，以破解军事术语"开口难"的问题。教材每课都编写有课文和会话，课文主要介绍中国军事基本常识，侧重知识输入；会话主要谈论相关军事话题，侧重语言输出。军营会话以留学生日常学习、训练、生活场景为主展开，句式一般比较简洁，比如谈论军衔时询问"你是什么军衔？""你的军衔是什么？"，询问对方工作时用"你在哪个部队工作？""你在部队里担任什么职务？"等，不同于一般部队里上级对下级使用的"命令式"语言，便于学生在口语中学以致用或者套用，非常适合外军留学生之间或者外军留学生与中国军人之间进行口语交流。这样的语言输出操练使得外军留学生学习军事汉语的实用性效果更好，改变了军事术语"上口难"的窘境。

五、结语

  《新初级军事汉语》实际上是参照外军留学生汉语预科阶段通用军事汉语课程标准，结合中央军委深化国防和军队改革的内容而编写的，它既针对汉语预科学员，同时又面向所有来华外国军事人员，具有广泛的适用性。该套教材目前计划在国内发行中英、中俄、中法、中阿和中西5个版本共5本书，基本上能够满足在全军外训院校学习进修的外国军事人员的学习需求，未来则计划适应"一带一路"建设需要，在"一带一路"沿线国家的军事院校推出相应语言的多语种版本，为更好地宣传、介绍中国军队，展现中国军队的良好形象，提升中国军事教育的魅力和影响力做出积极努力。

参考文献

季压西、王升才、陈伟民（2010）试论外训教学模式及语言障碍问题，《现代炮兵学报》第5期。

汪景民（2014）多语种《初级军事汉语》教材编写实践与理念，《国际汉语学报》第5卷第2辑。

吴海燕、李宜善、孟　磊（2016）对外军事培训翻译语料库建设的必要性研究和意义，《教育教学论坛》1月第4期。

张小健（2014）中国对外军事培训研究文献述评，《军事政治学研究》第3辑。

作者简介

  汪景民，信息工程大学洛阳校区。研究方向为对外汉语教学、军事汉语教学。

汉语写作教学中教师书面反馈调查

——以来华留学预科生作文为例

黄雯雯

摘　要　写作是全面输出的语言活动，对学生的语言能力要求很高，而在平时的汉语写作教学中，教师的书面反馈是教学的重要一环，有效的书面反馈不但能提高学生的写作能力，更对提高其书面表达的准确性具有重要意义。但在实际的汉语写作教学中，不同的教师在反馈次数、反馈方式、严格程度、反馈一致性等方面存在一些差异，教师之间没有形成统一的反馈标准模式。本文选取2017年北京语言大学预科学院春季读写教研组10名教师评改的121份来华留学预科生的看图作文（共12564字）进行书面反馈调查分析，并结合学生访谈，从教师的反馈方式、反馈焦点等方面进行分类总结，找出目前教师书面反馈中存在的问题，希望对预科汉语写作教学以及新教师培训有所启示。

关键词　来华留学　　预科生　　写作教学　　教师书面反馈

一、引言

留学生的汉语写作水平体现了其语言运用的综合能力。从零起点开始培养的来华留学预科生在汉语写作方面存在大量"不会写、写不长、不连贯、偏误多"的现象。"现阶段的写作教学基本是'写—评—写'的教学模式"（张宝林，2009），其中教师对学生作文的批改是提高学习者写作水平的重要一环。也就是说教师的书面反馈是教学的重要一环，有效的书面反馈不但能提高学生写作能力，更对提高其书面表达的准确性具有重要意义。但在实际的汉语写作教学中，不同的教师在反馈次数、反馈方式、严格程度、反馈一致性等方面存在一些差异，教师之间没有形成统一的反馈标准模式。

此外，写作作为主观考试的一部分，"基本依赖于评分员的主观印象，容易受到评分员的知识水平、综合能力、爱好、情绪、疲劳程度等主观因素影响。"（田清源，2006）看图作文是中国政府奖学金本科来华留学生预科教育结业考试汉语综合统一考试中书面表达的重要组成部分，分值为 15 分。目前，该考试作文的评分标准[①]较为笼统，没有更细致的标准，比如 3 档和 4 档中"有明显错误"和"有一些错误"的界定就非常不明确，这给评分员的评分工作和教师的日常教学带来了一些挑战。

预科教学的教学周期通常是每年 9 月开始到第二年的 6 月，在这不到一年的时间内，要使学生的写作水平从零起点达到预科结业考试的要求并不是一件容易的事情。这就对我们教师平时的教学提出了更高的要求，教师在书面反馈中，应该以这个标准为依据，逐渐细化评分标准、细化纠错类型、量化错误，尽量使主观题的评分工作更加公平客观。在实际教学中，教师也应该通过有效的书面反馈来帮助学生提高写作水平。

二、书面反馈的概念和研究现状

2.1　书面反馈的概念

韦晓保、施清波（2016）对二语书面反馈的类型进行了总结，认为书面反馈包括纠错性书面反馈和非纠错性书面反馈。纠错性反馈可以说是显性反馈或形式反馈，从反馈的明晰度看，包括了直接性书面反馈和间接性书面反馈；从反馈的焦点来看，可以分为全面反馈和选择性反馈。非纠错性反馈又可以称为

[①]　预科结业考试作文成绩评定分为 1 档（0～3 分）、2 档（4～6 分）、3 档（7～9 分）、4 档（10～12 分）、5 档（13～15 分），共计 5 个档位。每个档位在字数、理解度、准确度上的要求依次为：1 档，30 字以下，完全不知所云，无要求；2 档，30～60 字，词句不达意，无要求；3 档，60 字以上，词句基本达意，有明显错误；4 档，60 字以上，词句基本达意，有一些错误；5 档，60 字以上，词句达意，错误很少。

隐性反馈，按照反馈的立足点可以分为尽量保留作者原意和文本意义重构两个方面，按照反馈的侧重点可以分为形式为主与形式和内容并重两种。纠错性反馈是针对作文的显性错误，即汉字、词汇、语法、标点等语言错误，非纠错性反馈则针对作文篇章和结构方面的错误。（彭玉娜，2014）纠错性反馈曾经受到 Truscott（1996）的诟病，他认为应该完全摒弃纠错，这迫使后来的研究者不断深入研究教师纠错反馈，由片面向全面、由主观推测向客观实证不断发展。Ferris（2010）修改了书面纠错反馈研究的范式，提高了书面纠错反馈研究的信度与效度（张凯，2014）。

2.2　直接书面纠错反馈和间接书面纠错反馈对比研究综述

在过去几十年中，二语写作研究一直把纠错性书面反馈当作关注的焦点，但是大多集中在英语作为第二语言的教学中。争论的焦点往往在于直接性书面反馈和间接性书面反馈哪个效果更好。直接性书面反馈的优势是易于学生理解，节约反馈时间，在日常教学中深受师生青睐，在二语写作起步阶段往往效果显著。而随着教学时间的推移，间接性书面反馈的效果达到甚至超越了直接书面反馈，而且也有助于学生自我纠错能力的提高。（刘雨田，2014；熊艳玲，2011）

三、研究方法和过程

本研究采用的作文语料是 2017 年北京语言大学预科学院春季读写教研组 10 名教师评改后的 121 份学生看图作文（共 12564 字），该作文以"公园野餐"为主题。10 名教师中 6 人有作文评分经验，4 人无。评分标准参照预科结业考试作文评分标准。

学生访谈：5 男，5 女，分别来自不同的读写班级，国家背景不同，汉语水平均为零起点。

研究过程：对受试教师做出的书面反馈进行分析整理，从反馈类型和纠错焦点两个方面入手，统计出教师偏好的反馈类型、反馈焦点等。结合学生访谈，分析目前存在的问题。

四、研究结果与分析

4.1 反馈类型分析

按照反馈的明晰度划分为：以直接纠正、增删、重写等手段对作文进行改动（直接纠错反馈），代码提示反馈或错误画线反馈（间接纠错反馈），零反馈，正面反馈。

表1　教师书面反馈的类型

直接纠错反馈	间接纠错反馈	零反馈	正面反馈
教师以直接纠正、增删、重写等手段对学生作文进行改动，有些会改变学生作文原本的内容。	教师用特殊符号或横线画出学生作文中错误的地方（对汉字、语法、词汇、语义、风格和标点符号等问题做出具体提醒，但不做出改动）。	只评分不加任何标注和评语。	教师在书面反馈中使用象征符号或评语针对学生的作文做出积极评价和鼓励。

根据统计，绝大部分教师采用了纠错性反馈，包括直接性和间接性的纠错方式，共占总语料数的85%以上，其中间接性反馈略多于直接性反馈，还有部分语料同时使用了几种反馈方式。零反馈占总比例的近20%，正面反馈（非纠错性反馈）最少，只有不到5%。见图1。

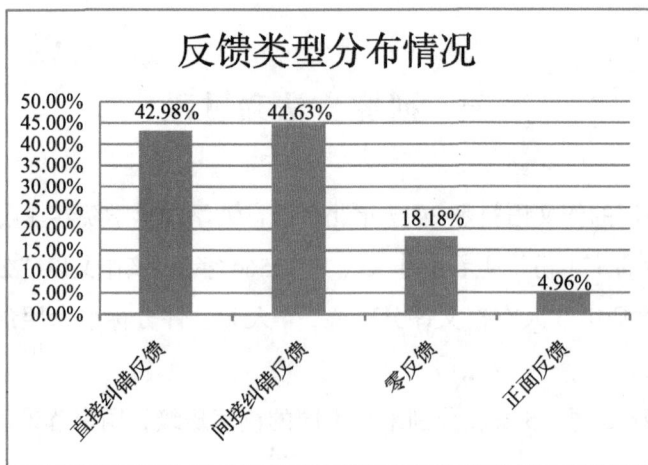

图1　反馈类型分布情况

这说明教师在反馈时，多数是以启发学生为初衷，希望学生通过符号暗示或者明示的方式进行纠错。

　　值得注意的是，零反馈接近20%，这可能是评分教师疲劳造成的，但在后期的学生访谈中我们得知，有一部分零反馈的试卷，是教师有意为之的，目的是通过与学生面谈作文，当面批改错误，让学生对自己的错误有更加直观的印象。

　　根据统计，各分数档位的作文均有直接纠错性反馈方式。由于本文分析的作文语料不是学生首次练习写作的语料，因此未出现0～3分档位的作文，这说明经过一段时间的写作教学，学生在写作范式和技巧方面有一些进步，但值得注意的是，不同档位的作文，教师采用直接纠错反馈的频率明显不同。分数越低，教师使用直接纠错反馈方式的次数越多。见图2。

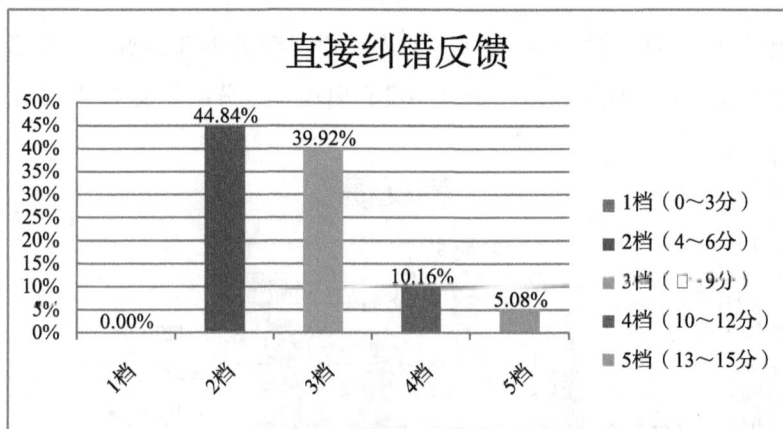

图2　不同分数档位直接纠错反馈的使用比例

　　这说明教师根据学生的语言水平选择了不同策略的反馈方式。对于语言水平较高的学生尽量采取符号提示的反馈方式，希望他们实现自我纠错；而对于语言水平较低、学习能力弱的学生，教师则倾向于采取直接纠错的方式，以免学生在自我纠错时重复出错。

　　各分数档位的作文均出现了间接纠错性反馈方式（语料中没有出现0～3分的作文），不同档位的作文，教师采用间接纠错性反馈的频率基本相近，见图3。大致分为以下4种具体类型：所有类型全部圈出的纠错；符号与画线结合，但是只标出了部分错误；只改了汉字错误，未改语法错误；只改语法错误，未改汉字错误。

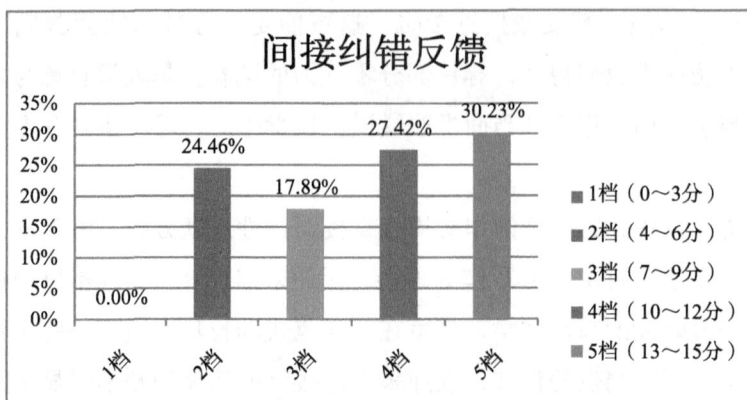

图 3 不同分数档位间接纠错反馈的使用比例

零反馈在语料中总体不算很多，只占总语料数的不到 20%，各分数档位均有零反馈现象，并且比例相近（语料中没有出现 0~3 分的作文）。见图 4。

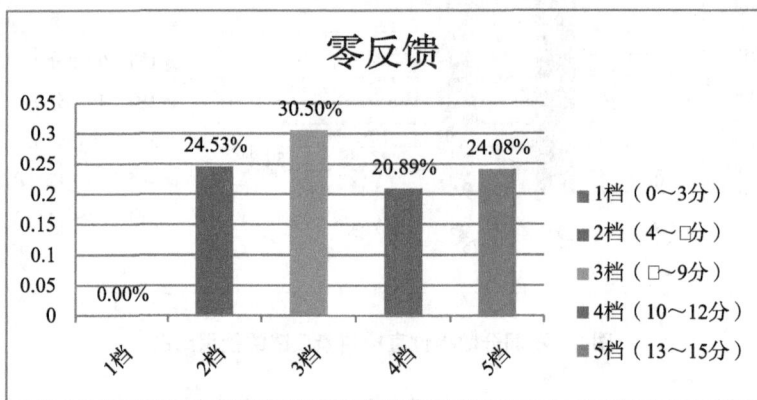

图 4 不同分数档位零反馈的使用比例

正面反馈属于非纠错性反馈类型的一种，在语料中比例非常少，只占了总语料数的不到 5%，每个分数档位均有正面反馈，大多数是标注出好句子，未给具体评语，其中最高分数段的作文正面反馈比例略高于其他档位（语料中没有出现 0 ～ 3 分的作文）。见图 5。

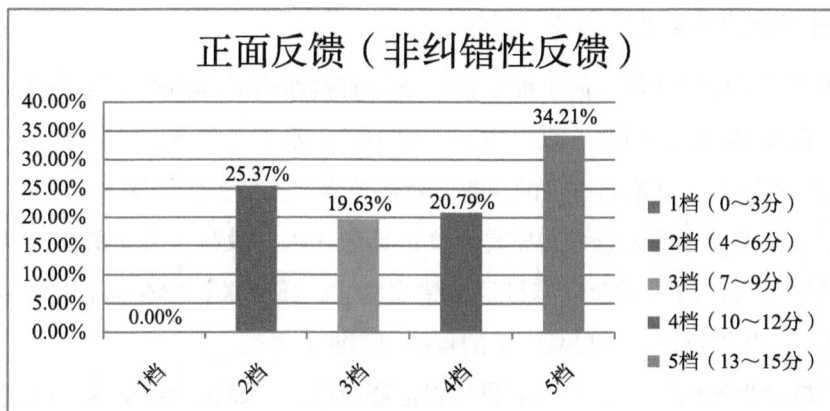

图5　不同分数档位正面反馈的使用比例

4.2　反馈焦点分析

　　按照反馈的焦点划分为：语法、汉字、词汇、标点和格式、语段结构，见图6，说明教师的语法反馈明显较多。语法反馈的焦点主要在补语用法、介词短语位置、"了、着"的用法、句子结构、句子冗余等。词汇反馈的焦点在词性误用方面。汉字错误反馈明显较多。所有评改的作文均没有对文章整体语段结构做任何评改。另外，教师反馈与评改者的个人习惯有关系。

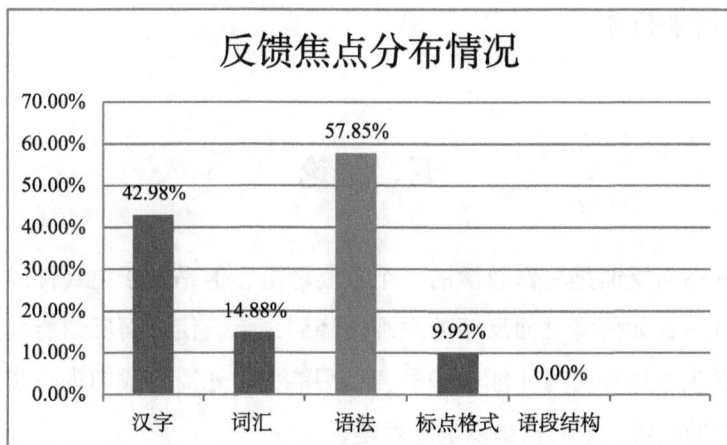

图6　反馈焦点分布情况

4.3 目前教师书面反馈存在的问题

教师对学生写作做出的书面反馈主要是直接纠错或者间接纠错型的，纠正的焦点也大多集中在语法、汉字方面。由于学生水平的限制，教师批改的注意力也就集中于对语言错误本身的纠正，对语篇水平上的整体结构内容重视不够。各种错误必然会影响评分人对整篇作文的印象，因此教师很关注语法、汉字和词汇错误，写作纠错反馈以修订语法错误为主，重点关注学生写作的准确性，希望通过间接性反馈方式提高学生的自我纠错能力。

从教师批改的形式上看，未明确规范修改范式。通过学生访谈，我们也从侧面了解到，由于在平时的写作教学中，教师与学生未约定统一、规范的纠错手段和模式，很多学生在拿到教师评改后的作文时，不知道这些符号代表的意思，也不知道如何修改横线画出的错误，有时对教师直接纠错的笔迹辨认不清。接受访谈的学生更倾向于教师以面谈的方式进行作文修改。

教师评阅主观随意性强，易受个人情绪、疲劳度影响。如何在主观题中尽量避免教师主观因素的影响，公平客观地评改反馈，是我们应该进一步研究的问题。目前的作文评定分数档位、标准过于笼统，建议在具体分数段内，针对具体汉字、词汇、语法错误个数制定评分标准，对错误表现进行量化，使错误数与分数直接挂钩。例如：2个汉字错误扣一分，一个语法错误扣2分，3个语法错误降一个档位等。

五、结论

教师的书面反馈是写作教学的一个重要环节，但是由于主观性较强，很难做到标准统一，如何将书面反馈的主观性降到最低，使书面反馈能真正发挥作用，帮助学生逐步提高写作能力和语言运用能力，还需要我们进一步思考。针对目前存在的问题，我们提出以下几点建议。

首先，强调复写的重要性，提高教师反馈频率。我们认为作文教学应引入反复修改的模式，教师多次反馈，学生就一篇作文进行多次修改、复写，若能做到师生一对一面谈，就能避免理解错位。这样，学生才能逐渐强化正确的语言形式意识，同时提高写作的语感，养成汉语写作的习惯。

其次，师生约定统一的修改范式。在写作教学的初期，教师就应该针对反馈的标记和形式为学生提供准确、一致的范式，并在之后的反馈中加以贯彻。这样有助于增强学生的学习动机并端正其学习态度。建议采用教师培训等方式来加强书面反馈的规范性和统一性，在写作前与学生约定修改规范，使学生明确教师评改中画线或者打问号的用意。同时，也希望教师在书面反馈时能克服自身疲劳等因素，尽量对每份作文中的错误都用统一的标识进行标注或修改。

最后，根据学生水平、学习阶段的不同采取不同的反馈方式。至于采取直接性反馈还是间接性反馈，哪种反馈形式对学生更有利，这个问题一直有争论。本文认为采取什么样的反馈形式取决于学生的写作水平以及性格特点，也可以采取不同反馈形式相结合的方式（李奕华，2015）。如果学生的学习动机较强，善于思考和质疑，那么建议教师多采用间接性反馈方式，这样可以激发学生的自我修订能力，而对于学习动机较弱或者语言水平有限的学生，在学习的初期可以多采用直接性反馈方式，这样可以有针对性地对学生进行纠错，在学生的语言水平达到一定程度后，可以逐渐过渡到间接性反馈方式，以培养其自我纠错能力。

参考文献

李奕华（2015）基于动态评估理论的英语写作反馈方式比较研究，《外语界》第3期。

刘雨田（2014）国外书面纠错反馈研究进展，《大学英语教学与研究》第3期。

彭玉娜（2014）国内近十年二语写作书面反馈研究之述评，《齐齐哈尔师范高等专科学校学报》第2期。

田清源（2006）主观评分中多面 Rasch 模型的应用，《心理学探新》第1期。

王佶旻（2015）建立来华留学生预科教育标准体系的构想，《国际汉语教学研究》第1期。

王佶旻（2018a）汉语作为第二语言的标准与大纲研究十年回顾，《国际汉语教育》（中英文）第 3 卷第 2 期。

王佶旻（2018b）评分员对不同体裁作文评分的多面 Rasch 模型分析，《考试研究》第 1 期。

王佶旻、黄理兵、郭树军（2016）来华留学预科教育"汉语综合统一考试"的总体设计与质量分析，《语言教学与研究》第 2 期。

王俊菊（2006）总体态度、反馈类型和纠错种类——对大学英语教师作文书面反馈的探讨，《国外外语教学》第 3 期。

韦晓保、施清波（2016）国内外二语书面反馈研究的路径、问题及展望——兼论二语写作与二语习得的接口研究，《外语届》第 5 期。

熊燕玲（2011）二语习得中的作文纠错性反馈研究，《淮海工学院学报》（社会科学版）第 10 期。

张宝林（2009）"汉语写作入门"教学模式刍议，《语言教学与研究》第 3 期。

张　凯（2014）《二语习得书面纠错反馈与写作》新著述评，《考试研究》第 5 期。

作者简介

黄雯雯，北京语言大学预科教育学院讲师。研究方向为对外汉语教学。

来华留学预科生汉字书写偏误及教学策略研究

符敏敏

摘　要　本文分析了北京第二外国语学院 43 名来华留学预科生平时的 5 次
汉字测试试卷，总结了在汉字书写中的三种主要偏误类型，即笔
画、部件、整字三方面，分析了可能的原因，通过采访教师并结
合自身教学经验为预科汉字教学提供一些可行的建议。

关键词　预科　　汉字偏误　　教学策略

一、引言

1.1　汉字教学的严峻性

汉字不同于拼音文字，它具有庞大的体系、多样的形体结构、复杂的读音
和意义，对于留学生尤其是非汉字文化圈的学生来说，汉字是汉语学习中的一
大难题。汉字教学主要面临两方面的压力，一方面是学生难学，另一方面是教
师难教。

"汉字太难学""汉字学习太枯燥"，是留学生在汉字学习中普遍反映的问题。
由于汉字的复杂的笔画及多样的结构，许多学生在汉字学习中出现畏难情绪，
不愿意去学。另外，学习汉字的方法只是死记硬背，单一枯燥，导致学生汉字
学习兴趣不高。

"汉字教学难开展""汉字教学效果差"等情况也出现在教师教学过程中。
对于学生对汉字的畏难情绪，教师没有采用合适多样的手段加以引导，且没有
将汉字教学放在重要的位置，这导致汉字教学难以开展且效果不佳。

1.2 汉字教学的重要性

汉字是汉语极其重要的要素之一，是汉语学习的基础。别红樱（2015）曾写道："全面掌握一门语言，对其文字书写系统的学习是不可缺少的。"同时，汉字书写也是书面表达的基础，是反映学习者学习水平的重要指标，所以我们必须高度重视汉字的教学。赵金铭先生（2011）曾写道："我们必须认识到，汉字教学是汉语作为第二语言教学不同于其他语言教学的最大区别之一，只有突破汉字教学的瓶颈，创建具有特色的汉语作为第二语言教学法，才能全面提高综合运用汉语的能力。"因此，找到行之有效的汉字教学方法就显得尤为重要。

二、对外汉字教学模式及教学方法

2.1 汉字教学模式

目前在对外汉字教学中，一般采用"语文并进""先语后文""语文穿插"等几种主要的教学模式。

"语文并进"就是随文识字的教学方式。在汉语学习中强调汉字的重要性。汉字不单单是一个汉字，而应融合在生词、词组、句子的语境中去用，这样有利于学生同时掌握汉字的形、音、义。但是，汉字出现的顺序是随课文而定的，随意性较大，无法兼顾汉字本身的特点以及遵循汉字由易到难的规律，如"谢"字，结构复杂，笔画繁多，在初级汉语的阶段就要学习，但这并不符合汉字学习规律。

"先语后文"是指在汉语教学的初始阶段，只利用拼音来教授口语，并不使用汉字。在汉语语音教学结束，学生具有汉语口语基础以后再学习汉字。这种模式适合非汉字文化圈学生，减轻了学生同时学习口语和汉字的压力，但需要把汉字的形与音、义分离开，然后再组合，多次重复学习。这种模式不太适合预科教学时间短、任务重的教学实际。

"语文穿插"是指在汉语学习过程中，为了实现汉字出现随机性和汉字认知规律的平衡，课文中如果出现了笔画、结构复杂的汉字，可用拼音来代替此汉字。但是这种模式在实施起来有一定困难。我们很难判断哪些汉字应该出现，哪些汉字不应该出现。因此这种模式很难推广。

2.2 "词本位"与"字本位"教学法

在对外汉语教学界，一直存在着关于"词本位"与"字本位"教学法的不同观点。

"词本位"教学法是把词看作语言教学的基本单位。教学设计是先教词，然后教用词造句，最后教用句子组成的课文。我们的对外汉语教学从教材编写的角度说，一直使用的都是"词本位"这种方法（张朋朋，1992）。这种教学方法的核心就是教用词造句。但是汉语的语素和短语的重要性不亚于词（吕叔湘，1979）。"词本位"教学法不是最简便的一种方法。

"字本位"教学法是从汉字入手教汉语，把字看作语言教学的基本单位。在教学时，教每个汉字的形、音、义，然后再教由字组成的词。这种教学方法，可以使学生掌握大量的汉字，并用有限的汉字去组合成词，扩大词汇量。这样也可以使学生根据汉字去推测词的意思，可实现生词不学自会的效果。

三、我校汉字教学情况

3.1 学生情况

北京第二外国语学院来华留学预科生多来自亚洲、非洲、大洋洲及太平洋的岛屿国家，多数为非汉字文化圈的学生。这些学生母语为拼音文字，他们对汉字非常陌生，对汉字笔画、笔顺、结构等概念很模糊，学习较为吃力；并且多数人年龄较小，缺少成熟系统的学习方法和策略，在学习中易产生畏难情绪。由于上述原因，他们习得汉字效果欠佳。

3.2 课程设置

"语文并进"，并设置单独的汉字课。这样让学生对汉字有系统性的认识，从笔画、部件到汉字有完整的把握。在综合课以及阅读课中，同样强调汉字的书写以及生词的记忆，对生字或生词进行听写练习，以起到对汉字学习进行巩固加强的作用，并且在教学中创造了汉字使用的情景，使得汉字学习的趣味性得到增强。

在汉字课中，按照笔画、部件、整字的顺序，并且结合由易至难的规律进行教学。从每个汉字的形、音、义入手，再扩展至词汇。

四、学生汉字书写偏误及规律

发现学生汉字书写的偏误，测试是非常重要的一个途径。阶段性地进行测试是对学生学习情况检查的一个重要的过程，检验学生对所学知识的掌握程度，也可发现学生在学习中存在的问题，为教师调整教学方法提供帮助。

笔者对来华留学预科生汉字书写偏误的研究主要基于汉字课中的 5 次汉字测试。我们在每学习完 5 课后，便进行一次汉字测试，一学期共进行了 5 次汉字测试。

4.1 汉字测试题型设置

在汉字测试试卷中，涉及汉字书写的题型主要有以下几种。

第一种，看拼音写汉字。给出一个词组的拼音，让学生进行书写。之所以给出一个词组的拼音，是因为在汉语中，同音字太多，若只给一个汉字，就会造成答案不唯一的问题。给出一个词组的拼音，可以让学生在一个词组中去识记汉字。例如：

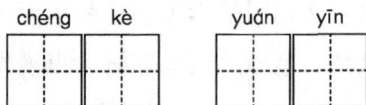

chéng	kè	yuán	yīn

第二种，给部件加偏旁组成新字并组词。同部件的汉字很多，只因偏旁不同，意思便不同，其实这也是汉字中形声字众多的缘故。这种练习可以加强学生对同部件汉字的成组学习记忆，减轻学生学习汉字的压力，并且给学生学习汉字带来一定的趣味性。例如：

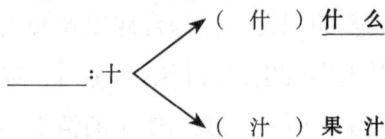

```
                      （ 什 ）什 么
                    ↗
    _____ : 十
                    ↘
                      （ 汁 ）果 汁
```

第三种，写出同偏旁的汉字。汉字的偏旁多为表示意义的形旁，如"氵"多与水有关系，"疒"多与疾病有关。这个练习可以加强学生们对汉字的归纳意识，帮助他们理解汉字偏旁所代表的意义，使他们在遇到陌生汉字的时候，也可以根据汉字的偏旁进行猜测。例如：

女：<u>妈　姐　妹</u>

第四种，部件组成汉字。绝大多数汉字都是合体字，由不同的部件组成。这个练习要求对拆分后的汉字部件进行再组合，这样可以加强学生对汉字构造的正确认识。如下面的例子中可以写出"句、打、息"等汉字。

A					B			
勹	扌	户	宀		子	口	丁	方
口	穴	辶	雨		元	与	兑	大
冖	广	心			工	令	自	

第五种，写出汉字的正确笔顺。汉字的笔顺在汉字书写中非常重要，但学生往往不能按照正确的笔顺去书写，因此在写汉字时多一笔少一划的现象十分常见。这个练习可以强化学生按照正确的笔顺去书写汉字的意识，从而减少汉字书写丢笔少划的错误。例如：

木　<u>一 十 术 木　　　　　</u>

第六种，加或减一笔形成新的汉字。一些独体字加或减一笔就可以形成新的汉字。如"日"字加一笔，可以变成"目""田""甲""由""旧""旦"。这种练习会充分调动起学生的学习积极性，但只可以在汉字教学初期的独体字中使用，随着合体字的出现以及结构的复杂化，这种练习就不适合再出现。例如：

人：<u>太、天、火</u>　上：<u>卡</u>　土：<u>生、去</u>

整体而言，这些测试题主要从笔画、部件、整字三个大方面对学生的汉字学习效果进行了考查。

4.2　汉字书写偏误类型

4.2.1　偏误分析

偏误分析是对学习者在第二语言习得过程中所产生的偏误进行系统的分析，从而了解第二语言习得的过程和规律。它作为语言教学理论研究的重要方法，已经被广泛应用在语音、词汇、语法及语用等方面。同样，在汉字分析中，我们也可以运用这个方法来发现学生们的汉字书写规律，并为汉字的教学提供有效的教学策略。

4.2.2　样本情况

本研究的被试是在我校连续学习半学年汉字课程的来华留学预科生。他们来自不同的国家。样本是预科班 43 名学生的 5 次测试试卷。

4.2.3　偏误种类

笔画方面

朱志平（2016）的研究表明，学习者汉字书写出现的错误绝大多数是由教学或学习时关于笔画、笔顺的练习不足所导致的。经分析，笔画方面的偏误主要体现在三个方面。

一是笔画增减。笔画增减是指在汉字书写时，或加几笔，或少几笔，导致出现错误的情况。比如，学生会把"大"写成"太"，"问"写成"间"，"画"多一点，"试"多加一撇；"其"写成"共"，"钱"少一点，"息"少了上面的一撇，等等。错误多出现在"点""撇""横"等笔画上。统计发现，在 5 次测试中，这方面的偏误逐渐增多，由 27.9% 增加到 83.7%。笔者认为，这主要是由于学习的汉字数量逐渐增多，笔画也逐渐繁多，出现了很多形近字，所以笔画增减类偏误的比率也增多了。

二是笔画错用。笔画错用是指在汉字书写时，错用了笔画，"提"写成"横"，"点"写成"竖弯钩"等。比如，"贝"写成"见"，"究"写成"穷"，"人"写成"人"，"换"写成"挽"等。学生经常混淆"点"和"竖弯勾"，"横折弯钩"和"竖折勾"等。随着学习时长的增加，笔画错用的比例有所下降。

三是笔顺错误。由于涉及这个练习的测试只有前三次，故我们只统计了这三次。我们发现，在这三次的测试中，笔顺的错误一直居高不下，三次都达到了 60% 以上。在"我""方""楼"等很多字中，学生们的笔顺多数是错的。可见，笔顺错误一直存在，笔者认为这在一定程度上也会造成其他偏误的出现。

表1　笔画方面三种偏误所占比例

	笔画增减		笔画错用		笔顺错误	
第1次	12	27.9%	23	53.5%	33	76.7%
第2次	13	30.2%	22	51.2%	26	60.5%
第3次	27	62.8%	15	34.9%	29	67.4%
第4次	29	67.4%	16	37.2%		
第5次	36	83.7%	15	34.9%		

部件方面

部件是笔画或由笔画组成的具有组配汉字实用功能的汉字构字单位。在部件方面，学生们的偏误也是极多的。由于合体字数量的逐渐增多，学生们在部件方面出现的偏误也逐渐增多。

部件方面的主要偏误也有三种类型。

一是部件增减。汉字中的合体字多是由两个及以上的部件构成的，在书写时，学生就会出现增减部件的情况。比如"局"右边加了"夂"，"景"写成"憬"，"其"写成"期"，"旅"加了一个"氵"；也有"记"写成"己"，"谢"右边的"寸"没有了，"树"写成"村"，"寄"写成"奇"等。

二是部件错用。比如"阴"写成"阳"，"室"的下边写成"里"，"变"写成"弯"，"这"写成"边"，等等。另外，偏旁的错用在学生们书写的错误中占很大的比例。如"注"常常写成"住"，"错"的偏旁写成"纟"，"财"的偏旁写成"王"，"格"的偏旁写成"禾"，"厅"的偏旁写成"广"，"谁"写成"准"，"刮"写成"敌"等。

三是部件位置不当。汉字都是按照一定的结构构成的，一个汉字的部件位置是固定的。但学生在书写的过程中，总会出现位置颠倒等错误。比如"邮""数""孩"等字把左右两个部件的位置互换，"零""星"等字由上下结构写成左右结构。

表2　部件方面三种偏误所占比例

	部件增减		部件错用		部件位置不当	
第1次	6	14.0%	16	37.2%	1	2.3%
第2次	7	16.3%	18	41.9%	5	11.6%

续表

	部件增减		部件错用		部件位置不当	
第 3 次	10	23.3%	20	46.5%	5	11.6%
第 4 次	15	34.9%	23	53.5%	12	27.9%
第 5 次	18	41.9%	30	69.8%	11	25.6%

整字方面

整字的书写偏误主要有以下三个方面。

一是同音、近音字误用。这在整字的偏误中所占的比例最大。尤其是在学习的初期，存在大量的同音字、近音字，学生区分不开，在书写汉字时出现了很多的错误。但是随着汉字的储备多了，偏误的比例也就慢慢减少了。比如"一共"写成"一工"，"下雨"写成"下午"或"下语"，"长城"写成"常常"，"或者"写成"火车"，"欢迎"写成"环境"，等等。

二是形近字。汉字中除了有大量的同音、近音字，还有大量的形近字，这就不可避免地给学生们带来了一些困惑，导致他们出现一些错误。比如"广场"写成"广物"，"或"写成"咸"，"困"写成"因"，"休"写成"体"，等等。

三是其他问题的字。除了上述两个问题，还有一些其他问题的字，因为所占比例较小，就统一进行统计。比如"表演"写成"表影"，"门票"写成"门演"，"换钱"写成"元钱"等。

表 3　整字方面三种偏误所占比例

	同音、近音字		形近字		其他问题	
第 1 次	21	48.8%	16	37.2%	1	2.3%
第 2 次	11	25.6%	18	41.9%	5	11.6%
第 3 次	21	48.8%	20	46.5%	5	11.6%
第 4 次	15	34.9%	23	53.5%	12	27.9%
第 5 次	13	30.2%	30	69.8%	11	25.6%

4.3　汉字书写偏误的成因

汉字书写偏误的成因是多方面的，不仅有汉字特点方面的客观原因，也有学生自身的一些主观问题。

4.3.1 汉字方面

汉字与拼音文字有着很大的区别。汉字笔画繁多，有 6 种基本笔画和 20 多种派生笔画，而且很多笔画存在着很多相似之处，极易造成混淆，且汉字书写方向四面八方，规则复杂。汉字的结构布局众多，且部件所在位置多变，有一点的区别就会写成不同的汉字。另外，汉字中有大量的同音字、近音字、形近字、多音字等，这也给留学生的学习增加了很多困难。这些都是汉字的特点造成学生汉字书写偏误的一个重要原因。

4.3.2 学生方面

学生自身有很多原因都会导致汉字书写偏误的出现。如学习兴趣不足，对汉字存在畏难情绪；学习态度及学习方法欠缺，只是去死记硬背，没有用心分析汉字的特点及书写规律；书写习惯不佳，在平时的作业及练习中，书写不规范，到考试时就很难改正过来。

从江新、赵果（2001、2002）的研究中，我们就可以看出，学生们学习汉字的方法存在问题。研究中发现，学生们喜欢使用的学习方法是整体字形策略（即注重汉字整体形状和简单重复），而这种方法与汉字书写成绩呈负相关。也就是说，"长时期地、过多地依赖机械练习会有负作用"。

五、汉字教学策略

汉字教学在汉语教学中发挥着无法替代的作用。因此找到行之有效的汉字教学策略就尤为重要。笔者根据对其他汉字老师的采访及对自己教学经验的总结，认为在汉字教学中应该采用以下几种策略。希望能为预科的汉字教学提供一些帮助。

5.1 汉字教学前策略——提高兴趣

兴趣是最好的老师。想让学生喜欢上汉字，最重要的是提高他们的兴趣。

教师在准备汉字教学时应配合多媒体，展示汉字的文化内涵。汉字的历史悠久，每个字都有一定的历史和文化内涵。所以教师在教学时，一定要将汉字与中国文化相结合，增加理据性。教师可通过图片或者视频，对汉字的起源及历史演变进行直观的教学，这可以增加学生们学习的兴趣。

学生要强化学习动机，化压力为兴趣。要想顺利进入本科专业学习，必须要通过预科结业考试，在考试中，识字写字是基本的要求。所以教师要经常鼓励学生，让学生强化学习动机，把压力化作兴趣，更好地学习汉字。

5.2　汉字教学中策略——讲解与展示

5.2.1　汉字讲解策略

首先要循序渐进，从笔画到部件再到整字。汉字本身有一定的特点并遵循一定的规律，所以在教学时一定要遵循这个规律，循序渐进。从笔画开始教，然后是部件，再到整字。

关于笔画教学，要辨笔画，重笔顺。在笔画教学时，对于笔画增减，可以采用拆合的方法，把笔画先拆分开，然后再组合起来，这样可以使学生对每一个笔画有清楚的认识；也可以采用数笔画的方法，让学生记住汉字的笔画数，减少这方面的错误。对于学生们错用的笔画加以辨析，加深其记忆。重视笔顺教学，可采用分解汉字的方法，依照笔顺规则逐笔写出整字，对于学生的错误要及时纠正。

关于部件教学，要注重偏旁，进行联想教学和类比教学，形声字要将声旁和形旁放在同等地位。部件教学时，注重偏旁，将偏旁所代表的意义形象地讲解给学生，引导学生在遇到一个不认识的汉字时根据偏旁去猜测字义，也可引导学生进行联想，同偏旁的汉字还可以想到哪些汉字。对不同偏旁但是具有相同部件的汉字进行归类并辨析，比如"请、情、清、晴"等。在讲解形声字时，同样要重视声旁，引导学生猜测汉字的读音。

整字教学，要形、音、义三者相结合，辨析形近字。在整字教学时，要将汉字的字形、字音、字义三者结合起来，让学生对汉字有一个全面的认识，且要对汉字进行扩展，让学生在生词和语句中学习汉字，增加汉字的使用频率。对于形近字，也要进行辨析。另外，在其他课程中，应同样强调汉字的重要性，要时常进行汉字的听写，这样可以起到汉字和汉语互相巩固的作用。

5.2.2　汉字展示策略

教师在展示汉字时应注意几点。一是在汉字书写时，要有良好的书写习惯，汉字书写要规范，清楚。不应使用连笔，书写不应潦草，应采用标准的楷体字体书写。二是笔顺书写一定要正确，切勿出现倒插笔或其他笔顺错误的现象。三是在教学课件中，汉字的展示应该采用与手写体相似的楷体或宋体，避免使学生感到困惑。

5.3　汉字教学后策略——注重练习与作业

作业布置要形式多样，给出多种练习形式。课上的学习至关重要，课下的作业也不可缺少。教师应该给出多样的练习，而不应只是一味让学生抄写，生硬地去记忆。可以让学生提前预习，自己去查阅一些资料，比如不同的偏旁所代表的意思、汉字的造字方法等，课上来分享。也可根据教学内容，在课后给学生们出一些小的测试题，让学生在学习之后加深对这些汉字的认识。

教师应定期将作业收上来进行检查。这样可以及时发现学生书写中的问题，并在下次课上再进行强调，对于问题及时纠正。学生自己也应该有端正的学习态度，应认真对待作业。

在教学结束后，可在班级或者年级举行一些汉字书写比赛等，以赛促学，增加趣味性。不同阶段有不同的侧重性，比如前期书写独体字，随后可以书写合体字，继而可以书写一段语段或者一首诗等。

六、结语

在一学期的汉字教学之后，我校曾针对预科学生汉字学习情况进行过问卷调查。结果发现，学生的汉字偏误减少了很多，且学生掌握了大量的汉字，其中包括预科结业考试中的 600 个汉字及 HSK4 级中的大量汉字。另外，学生对教师采用的汉字教学方法较为满意。

虽然本文的结论及建议都是以测试的语料为基础的，但是来源比较单一，并且样本数量不是太多，所以可能不能涵盖所有学生的情况。另外，所提出的建议未能进行充分的实践检验，所以今后还需做更多的考察和研究。

参考文献

别红樱（2015）《汉字教学方法与技巧》，北京：北京语言大学出版社。

江　新、赵　果（2001）初级阶段外国留学生汉字学习策略的调查研究，《语言教学与研究》第 4 期。

吕叔湘（1979）《汉语语法分析问题》，北京：商务印书馆。

赵　果、江　新（2002）什么样的汉字学习策略最有效？——对基础阶段留学生的一次调查研究，《语言文字应用》第 2 期。

赵金铭（2011）初级汉语教学的有效途径——"先语后文"辩证，《世界汉语教学》第 3 期。

朱志平（2016）汉语第二语言教学用字表的研制，《民俗典籍文字研究》第 11 期。

张朋朋（1992）词本位教学法和字本位教学法的比较，《世界汉语教学》第 3 期。

作者简介

　　符敏敏，北京第二外国语学院教师。研究方向为语言测试、对外汉语教学。

来华留学预科生数学学习策略使用情况的对比研究 *

高娜

摘　要　本研究结合来华留学生预科学习的特点，使用问卷法对来华留学生预科数学学习策略的使用进行调查研究。在分析来华留学预科生数学学习策略使用总体特征的基础上，我们比较了高、中、低三个分数组学生在认知策略、元认知策略及资源管理策略三个宏观维度上数学学习策略应用水平的差异，并对 11 个子维度学习策略与数学成绩的相关性进行考察与分析。结合定量研究数据，我们试图确定对学业成绩提高有预测作用的学习策略，并据此提出相关教学建议，以实现帮助来华预科生进行有效学习及提升成绩的目标。

关键词　来华预科生　　数学学习　　学习策略　　有效学习

一、引言

近年来，越来越多的国际学生来华接受学历教育，他们中的大部分人需要接受为期一年的预科教育。其中，经贸类预科生要在预科教育阶段实现汉语言水平以及数学专业知识达到可进入我国高等专业学校专业阶段学习的标准。在一年内实现这样的学习和教学目标，对学生及预科教育院校都是一个不小的挑战。

因此，如何在短时间内实现学生学习效率的最大化成为预科教学中亟待解决的现实问题。研究表明，学生学会学习并掌握有效的学习策略，是提高学习效率及学习质量的有效方法（刘电芝，2001；沈德立、白学军，2006）。在汉语

---

*　本研究受北京语言大学校级项目资助（中央高校基本科研业务费专项资金：18YBB07）。翟艳教授从研究设计构想到论文完成提出了大量宝贵的建设性意见及建议，谨致谢意！

作为第二语言教学领域，语言学习相关策略的使用对语言能力的获得也有显著的正向预测作用。

基于来华预科生在接受一年的汉语及专业课培训后要在中国接受高等教育的目的，使用目的语教授学科知识具有现实性与必要性。来华预科生在目的语环境中进行专业课学习。此时，作为目的语的汉语不仅仅是学生需要习得的语言技能的学习对象，并且成为获得学科知识的一种学习工具。这就要求任课教师在教学中不但要考虑语言教学的一般规律，还要考虑到二语教学的语言输入问题。也就是说，与汉语作为第二语言的语言学习相比，以预科数学为例的来华留学生预科专业课学习更为特殊。与纯粹的数学学科教学和汉语语言学习不同，预科数学的授课需要"用汉语教"，也涉及"教汉语"。

我们还注意到，在数学成绩不好的预科生中，有一部分汉语成绩尚可的学生。这使得我们不能将学习效率及学习质量不高完全归咎于学习者能力等因素，更为根本的原因可能是我们尚未探查到来华留学生在目的语环境中进行学科知识学习的学习规律与特征。而学习者是学习的主体，教学设计中的环节与活动都是为了使学习者的学习更有效率。因此，了解学习者特征有助于教师更好、更有针对性地进行教学活动、内容的安排与设计。这促使我们将研究眼光转向学习者角度，对作用于学生学习质量、学业成绩的因素进行研究。

既有研究表明，学习策略的使用是促成高效学习以及良好学习效果的主要内在因素。但先前研究对于留学生学习心理特征的研究多侧重于语言教学，尚未发现从专业学科教学角度针对来华留学生学习策略进行的研究。

基于此，本文试图探查留学生在目的语环境中接受学科知识教育时所呈现的学习规律与策略，确定并帮助学生学会恰当使用与成绩提升相关的学习策略，以提高其学习效率，引导来华预科生有意识地成为自主、高效的学习者。这样也有助于教师根据学习者特征及学科特点动态调整教学方法，传授并强化与学业成绩相关的学习策略，进行效果最佳、更有针对性的教学。

二、文献综述

学习策略指学习者为实现有效的信息处理或学习目的，有意识地利用相应的方法、规则、程序、技巧及调控方式的行为。（邵瑞珍，1990；刘电芝、黄希庭，2002；陈琦、刘儒德，2007）具体到数学学习策略，指在数学学习活动中，学习者为实现某种学习目标所采用的相对系统的学习方法和措施。即一切有助于数学学习，包括对概念、公式的理解、记忆、运用及数学问题解决的学习策略（项清，2007；刘电芝，2007）。

近年来，围绕着留学生汉语作为第二语言学习策略的研究成果渐丰，其中主要涉及综合性描述来华留学生汉语学习策略的使用特征。例如，徐子亮（1999）从认知心理学角度揭示了不同母语背景的汉语作为第二语言学习者普遍高比例地使用复习、预习等有效记忆手段以及利用学习环境以促成有效学习。江新（2000）研究表明，留学生学习策略的使用对汉语水平有显著的预测作用；在学习汉语的过程中，留学生最常使用向外界求助、积极发问等社交策略，以及元认知策略和补偿策略。张晓路（2006）基于访谈、观察等质的研究方法发现在第二语言沉浸教学模式中，学习者呈现较高水平的社交/情感策略、补偿策略的使用。

同时，对于来华留学生语言学习策略的研究范围也被扩展到策略使用水平对学业成绩的预测作用。吴勇毅（2007）研究显示，不同汉语水平的学习者在元认知、认知、补偿、社交策略层面的使用上呈现显著差异；成功的汉语学习者较汉语能力一般的学习者更加频繁地使用认知策略与补偿策略。张晶等（2012）基于学生 HSK 成绩，考察了来华预科生汉语学习策略的使用特征，以及学习策略与 HSK 成绩的相关关系。此外，通过问卷调查的方式，刘颂浩（2002）、钱玉莲（2006）等研究者以学习策略为载体在听、说、读、写等语言单项技能教学中对学习者特征（学习策略）与学业成绩的相关性进行了考察。

另一方面，实证研究表明，在数学学科的学习中，学习策略的恰当使用也是实现数学学科本身高效率学习、影响学生学业成绩的重要因素之一（沈德立、白学军，2006）。以在母语环境中学习数学的初中生为例，刘志华等（1993）和周国韬等（2001）的研究发现诸如自我调节、监控等元认知策略的应用水平与学习成绩呈现正相关关系。类似的现象在高中生以及大学生学习数学的过程中也被观察到（潘颖秋等，2000；梁好翠，2000），即在数学学习和数学问题解决的过程中，学业成绩优异且能做到高效学习的学生普遍呈现高水平的元认知能力以及相关学习策略的应用能力。在掌握了一定的基础知识的前提下，多维度学习策略的使用是中国学生学习数学时实现理想学习质量和效果的关键，对学业成绩的提升有积极的影响。

综上，在目的语环境中对于汉语学习者语言学习策略的研究包括定性研究，也包括定量研究，为构建来华留学生汉语学习心理特征提供了丰富的理论参照，也引发了更多思考。有利于我们理解来华留学生汉语语言学习的学习特征、个体差异，进行有针对性的教学调整，以减少课堂教学的盲目性和随意性。但是，关于来华留学生（包括来华预科生）的学习特征研究，先前研究更多集中在语言技能、语言要素方面，对留学生在目的语沉浸环境中进行学科知识学习的学习者特征的描述还很鲜见，针对数理化等专业学科的研究则尚未出现。

因此，本研究试图填写来华预科生专业学习学习特点及认知规律的研究空白，以目的语环境下预科数学学习为例，对在华接受了一年预科教育的留学生进行问卷调查。拟从学习策略视角描述来华预科生的心理特征，锚定有助于提高数学成绩的策略，并探讨如何利用与成绩相关的学习策略提高学生的学习效率。以期为预科数学教学提供有参考价值的教学建议，提升教师教学的科学性与有效性，以帮助来华预科生在数学学习中实现更好的学业表现，为其日后本科阶段的学习打下较好的基础。本研究具体回答下述问题：（1）来华预科生在数学学习策略的使用上有哪些特征？学业成绩不同的学生在学习策略使用方面存在哪些异同？（2）来华预科生学习策略使用水平与 CSC 数学考试成绩的相关性如何？

三、研究设计

3.1　研究对象

本研究对在北京语言大学接受预科教育、分布在 7 个经贸班级中（每班人数 15～20 人）的 2018 级来华留学生进行了问卷调查。共发放问卷 90 份，回收有效问卷 72 份，其中有学生为零起点学习数学，有学生自我报告在本国学了 3～7 年数学。这些学生在北京语言大学经过近一年的集中强化汉语学习以及半年的数学学习后，统一参加了 CSC 汉语及数学考试。同时，共计 15 名在北京语言大学本科就读的中国学生也填写了问卷调查。作为来华预科被试组的对照控制组，这些中国学生的高考数学分数在 120 分以上。

3.2 研究方法

本研究所用量表基于迈克卡对于学习策略的分类，参照《数学学习策略心理特征调查问卷》（王光明等，2015）修订而成，采用李克特五分计分制（5-point Likert Scale），即让被试评价每一项符合自己的程度，在每题后面的方框中选择 1、2、3、4、5。例如，对于学生在认知策略中精细加工的使用包括五个测试题目的考察。被试个人在精细加工层面的得分为五项相加并求平均数。标有"逆向"的测试项为逆向题，在分析数据前要对分数进行转换。例如在常规正向题中，一个被试选择了 1（完全是），那么得 5 分；如果被试在逆向题中选择了 1，那么得 1 分。本研究中报告的数据依据转换后的分数进行统计分析。

本研究所采用量表由 60 个测试项目组成，分为三个大部分：数学学习策略（48 题）、情感相关策略（10 题）、主观题（2 题）。其中，数学学习策略部分是本研究的研究重点，内容包括学生认知策略使用（19 项）、元认知策略使用（15 项）、资源管理策略（12 项）及 2 项用于保证测试量表效度的测谎题。涉及认知策略、元认知策略以及资源管理策略三个宏观层面策略的 11 个数学学习策略子类如表 1 所示。

表 1 数学学习策略分类及操作性定义 [①]

宏观维度	子维度	定义
认知策略	复述	使用及时复习、反复练习、排除干扰等方法重现学习材料或刺激，以保证相关知识、概念、解题方法等进入长时记忆的策略
	精细加工	通过再编码、翻译、类比、比较等方法，将新旧知识有效地连接起来，构建、生成有意义学习的策略
	组织	运用整合、组块等方法对数学知识、学习材料进行再加工，按照知识或材料的特征或类别进行系统有效的归类或编码，形成清晰的知识网络结构的策略
	反馈	学习者通过其所接收的外在评估与诊断（比如练习的正误、教师的评价），对其学习或认知行为做出调整的策略

----

① 内容源自王光明等（2015）及陈琦、刘儒德（2007）的概念界定及分类。问卷调查中的具体测试项目结合来华预科生汉语水平及数学学科教学水平进行简化、修改或删略处理。

续表

宏观维度	子维度	定义
元认知策略	计划	学习者根据学习目标、在数学学习活动之前的整体规划，对学习内容、时间分配、方式方法等进行计划与安排的策略
	监视	学习者对自己的知识水平、学习状态、学习能力、学习效果等处于警觉状态，进行及时的评价和反馈以及时发现异常情况，并加以修改。如意识到自己因读不懂题而影响做题正确率、考试时监控自己的速度和时间
	反思调节	学习者对学习过程中成功与失败经验的总结与概括。在学习状态或学习环境发生改变时，为取得良好的学习效果，学习者在学习行为、学习方法等方面做出的改变
资源管理策略	时间管理	学习者合理安排学习时间、高效利用最佳学习时间、灵活利用碎片时间的策略
	环境管理	学习者善于选择安静、干扰较小的地点学习，营造良好的学习氛围；有意识地对学习资料保存、学习物品摆放等策略的使用
	心境管理	如归因与努力、调整心境、树立学习信心、自我谈话、坚持不懈、自我强化与激励等策略
	外界求助	寻求教师、同伴的帮助，或合理利用互联网资源等对学习进行辅助的策略

另外，在探查成绩与学习策略相关性层面，成绩指标参照 CSC 数学考试成绩,90 分为高分组（23 人）,65～75 分为中分组（25 人）,60 分以下为低分组（24人）。本量表也对研究对象的基本情况进行了调查，其中包括个人信息（姓名、国籍、年龄、性别、母语）、数学学习的年限等。同时，为使被试更好地理解题目及避免误解，调查问卷采用中英文对照方式设计。本研究于 2018 年 7 月进行施测。数据收集后，所有数据通过 SPSS 统计软件（21.0 版）进行处理与分析。计算问卷得分的均值，进入 SPSS 进行三个成绩组三个宏观维度学习策略的单因素方差分析，以及考试成绩与 11 个子维度学习策略使用水平的相关性分析。

四、研究结果与分析

4.1 来华预科生数学学习策略总体使用特征

如图 1 所示，高、中、低三个分数组学生在数学学习或解题过程中在不同程度上都有意识地利用了相应的方法或者规则。但是三个组别学生在不同子维度数学学习策略的使用上存在直观的差异。具体而言，低分组学生计划、精细加工、组织三个子类策略的使用水平明显低于其他组别学生，也明显低于其自身对于其他策略的使用。他们在反馈层面的策略水平最高。这说明，低分学生至少在主观上重视师生互动反馈，并愿意服从教师指导。中分组学生的数学学习策略水平相对稳定，11 个子维度策略的应用皆在 3.5/5 的使用水平上下，策略水平最低值出现在计划策略上，应用水平最高的策略为精细加工策略。而高分组学生普遍高水平应用各个维度的数学学习策略，他们的最高值出现在心境管理策略上，最低值出现在复述策略上。

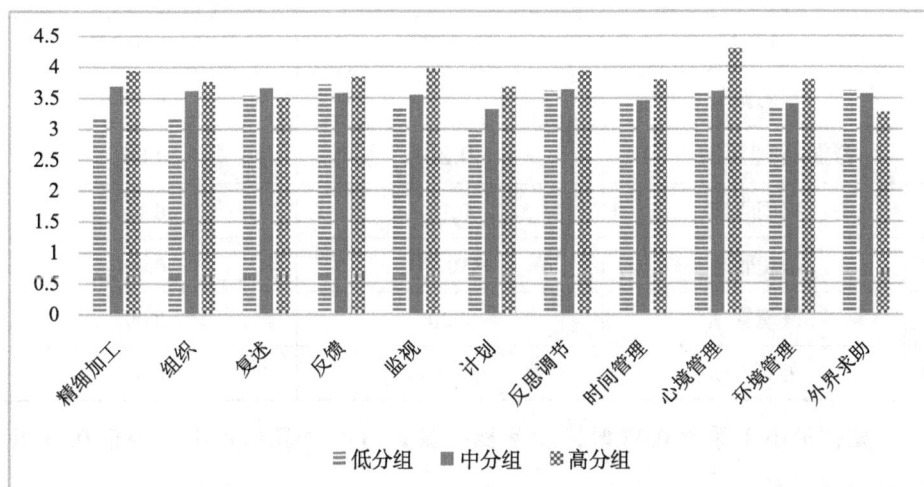

图 1　来华预科生数学学习策略总体使用特征

4.2　学业成绩与策略使用水平的相关性分析

为考察数学学习策略使用水平对学业成绩的预测作用，我们采用皮尔森相关分析方法探查这两者之间的相关性。分析结果表明，除了外界求助策略，其他 10 个子维度数学学习策略的使用水平与考试成绩显现正相关（参见表 2）。

表2 学习策略使用水平与学业成绩相关性分析

数学学习策略维度		皮尔森相关性系数	显著性 p 值（双侧）
认知策略		*0.30	0.01
1	精细加工	**0.48	0.00
2	组织	*0.30	0.01
3	复述	0.02	0.87
4	反馈	0.04	0.76
元认知策略		**0.45	0.00
1	监视	**0.42	0.00
2	计划	**0.33	0.01
3	反思调节	0.15	0.20
资源管理策略		0.20	0.09
1	时间管理	0.18	0.12
2	心境管理	**0.44	0.00
3	环境管理	0.20	0.09
4	外界求助	**−0.30	0.01

*置信度小于等于0.05时，相关性是显著的；**置信度小于等于0.01时，相关性是显著的。

从三个宏观维度看，认知策略和元认知策略的使用对数学成绩具有统计学意义上的显著影响，其中元认知策略的使用水平对于成绩的影响尤其明显。这意味着来华预科生在数学学习的过程中，依据学习任务有意识地实施计划、监控、调节等行为，有助于学习效果及学业成绩的提高。而元认知策略对于有效学习的预测作用，在第二语言学习以及中国中学生数学学习中，都已在先前的研究中得到验证（江新，2000；黄文峰等，2005；高雪松等，2018）。

从11个子维度策略的使用上看，精细加工、组织、监视、计划、心境管理等策略对数学成绩有显著的影响。也就是说，在数学学习过程中，灵活、恰当地运用如类比、总结、集中注意、设置目标、调整心情、坚持不懈这样的技巧或措施，会在一定程度上帮助来华预科生取得更好的学业成绩。同时，我们也看到，对于来华预科生而言，外界求助策略与成绩高低呈现显著的负相关关系。这可能与预科数学的难度有关。预科数学对应中国高中一年级下水平[①]，所以在掌握了相关知识点的基础上，成绩属于中上游的学生自身一般都具有解决考试或者练习题目的能力。而低分学生通常是被鼓励寻求帮助且非常容易得到任课老师的关注及个别指导。

4.3　来华预科生数学学习策略使用水平的对比分析

表 3 列出了三个分数组预科生三种宏观策略水平的使用情况。如表所示，学习成绩高、中、低的三组来华预科生在数学学习策略三个宏观维度上的使用水平存在显著差异：高分组学生的学习策略水平显著高于中分组学生，而中分组学生学习策略水平又显著高于低分组学生。尤其在元认知策略层面，组间差异非常显著。

表 3　三组学生不同维度学习策略使用水平的描述性分析

	组别	被试数量	均值	标准差	F 值	显著性 p 值
认知策略	低分组	23	3.41	0.61	3.43	*0.038
	中分组	25	3.64	0.36		
	高分组	24	3.75	0.33		
	总计	72	3.6	0.47	/	/
元认知策略	低分组	23	3.32	0.38	19.46	**0.001
	中分组	25	3.5	0.28		
	高分组	24	3.85	0.22		
	总计	72	3.56	0.37	/	/
资源管理策略	低分组	23	3.49	0.3	6.03	*0.04
	中分组	25	3.51	0.33		
	高分组	24	3.78	0.31		
	总计	72	3.59	0.34	/	/

* 差异在 0.05 水平上达到显著，** 差异在 0.01 水平上达到显著。

结合单因素方差分析和事后多重比较分析，低、中、高三个组别呈现策略使用水平渐高的趋势。即分数越高的学生，对于学习策略的使用越积极。另

---

① 参见《中国政府奖学金本科来华留学生预科教育考核内容与教学大纲（数学、物理、化学）》（2016 版）。

外，预科高分组学生在三个层面策略的使用上与中国学生接近，策略使用水平均值甚至略高于中国学生。这可能与数学学科特征有关。与汉语作为第二语言学习不同，解决一个数学问题涉及两个重要层面的认知处理：问题的表征和解决计划的执行。问题表征的解决即对由汉语描述的题目进行数学语言翻译的过程（林日福，2018）。而对于在目的语环境中进行数学学习的学生而言，这一翻译过程可能还包括其母语与汉语之间的语言转换。这一过程无法依靠本能或者知识的自动化，所以对非语言的执行功能提出了更高要求，因此需要更多的有意识关注及监控以对相关问题进行处理（Burgess & Simons, 2005；Diamond, 2012）。这也与调查问卷中实验组被试高水平应用"我学习数学的时候，一定要翻译成我国家的语言，然后才能学习数学"一项相一致。[1]

五、针对来华留学预科生数学学习特点的教学建议及启示

5.1 研究结果讨论

本研究对来华预科经贸生数学学习策略进行了考察分析。一方面，我们对三个分数组来华预科生在数学学习策略的使用上是否存在差异进行了探查与分析，得出了高、中、低三个分数组学生数学学习策略的使用水平存在显著差异，高分组预科生与中国学生策略水平相近等结论。另一方面，我们对 11 类数学学习策略的应用与数学学业成绩的相关性进行了分析。数据分析结果表明，恰当使用认知策略、元认知策略会帮助学生取得更佳的学业成绩，其中精细加工、组织、监视、计划、心境管理等具体策略对成绩的影响非常显著。以高分组学生为例，他们高水平应用与学业成绩相关的各维度数学学习策略，可根据不同的学习情境和任务，灵活地、有意识地选择适当的学习方法达到理想的学习结果，实现了有效、甚至高效率的学习（黄旭，1990；魏声汉，1992；沈德立、白学军，2006）。因而高分学生对不同层面学习策略的使用可作为中、低分学生学习模仿的正面参照。

同时，在教师教学层面，即在来华预科生数学专业课的教学过程中，也存

---

① 在 72 名参与调查的来华预科生中，60 人在此项目上选择"非常符合"或"符合"。

在值得反思、需要改进的现实问题。例如，课时的紧张使得教师被迫减少数学课程中演绎推理的过程，仅直接告知学生推论结果并要求背诵。即存在机械灌输知识的情况，远不能达到在学生主动获得新知的前提下、促进能力形成的启发式教学状态。其次，除了少数关键练习的反馈，大部分的操练都留在课堂之外。这要求学生在课下的时间具备较强的自律能力，而学困生在汉语、数学等课程普遍无法做到有效学习的情况下，出现了"学习"时间过长，学习的结果却不让人满意的局面。再次，对于成绩尚可、有主动学习意愿与能力的学生而言，由于没有设计合理、上手容易的预习材料，仅依靠难度、章节设置与教师教授内容不完全一致的数学教材，也难以达到较好的、有利于后续学习的预习效果。即没有足量的预习和练习为学生的自主学习搭建"脚手架"，未能为学生提供施展诸如精细加工、复述等简单策略的机会。

基于本文的研究结果和现实存在的问题，我们试从预科生学习心理特征出发，从元认知策略、认知策略和资源管理策略的训练强化角度，对预科数学提出若干具体的教学建议。

5.2 教学启示与建议

5.2.1 认知策略应用的强化与升级

教师需要在开课伊始为学生示范如何正确记笔记、及时复习、做章节总结等具体工作，让易于培养的复述、精细加工等策略在学生开始接触专业学科学习时就成为他们的习惯，为他们以后养成良好的学习习惯创造可能。对于有能力独立做笔记的学生，教师为他们展示做笔记的线索，例如提供提纲或者表格等结构性辅助手段，以提升其做笔记的速度和有效性。而对于学能较差的学生，则为他们提供教师讲义或者学案材料。

与此同时，利用复述策略进行基础知识的强化也非常重要。我们在教学过程中观察到，来华预科生在基本知识点或基础运算等方面"自动化"的不成功，使其无法运用相应的策略实现正确解题或提升效率的目的。例如，在"异分母相加"频繁出现的练习中，诸多学生即便在诸如精细加工、复述等策略层面实现了策略的使用，但是基础运算的失败会导致整个题目的错误。这与先前的研究发现一致：造成学生学业成绩低的原因不单单是学习策略的低水平应用，数学相关基础知识的掌握水平影响更大；而学习策略本身也无法脱离专业知识、孤立地发挥作用（刘电芝，1998；陈琦、刘儒德，2007）。在学生相关基础知识或能力缺乏的前提下，对他们仅仅施以学习策略上的训练，教学是不会取得良好的效果的。因此，加强对学生基础知识的训练，实现基础知识的掌握及真正意义上的应用自动化（非常简单、可通过大量"刺激—反馈"的重复练习实现自动化的知识点），是达成较好学业表现的基础中的基础，重点中的重点，而自动化的实现需要通过足够多的操练和练习来获得。

再者，教师在教学中（包括对于学习策略应用的训练），应尽可能采用启发式教学，让学生体会到"学会如何学习"所带来的乐趣与益处。以需要将新旧知识做有效连接的精细加工策略为例，教师在传授知识点或讲解例题时，可适时地将课程讲授中包含的学习策略外显化。例如，在讲授"集合"章节的相关知识点时，教师可通过将班中学生比作集合中的元素，而班级本身就是集合的类比策略来帮助学生更好地理解并掌握集合和元素这些关键的概念。再以需要对材料进行再加工、归类及编码的组织策略为例，预科数学对于函数定义域的相关考察涉及五类函数（自变量出现在分母、根号、对数函数等位置），教师可带领学生通过题目做出五类函数定义域的归纳总结，制作表格。学生亲身参与的"解码—编码—重复使用"这一组织过程，可将知识点系统有序地投射到学生头脑中，让相关知识的"召之即来"成为可能。

5.2.2　元认知策略应用的教授与开发

教师的作用可体现在下述几个方面，以达成"引导学生知道做什么，知道何时、如何做什么"的目标。第一，针对计划策略的强化，教师可要求学生对完成作业的时间进行预测、在考试或课堂小测之前对笔记进行复习，鼓励学生组织学习小组进行学习。第二，对于监控策略的训练则包括在适当的时间"唤起学生对学习的兴趣"。例如，在上课前，告诉学生需要重点关注的知识要点或解题步骤；或者鼓励学生对测试中会出现的问题进行猜想预测。另外，示范并鼓励学生针对某一个知识点进行自我提问并训练其对练习题目中考查的知识点及对应的解题方法做出正确判断及快速反应。例如，参照美国数学家波利亚提出的解决数学问题四阶段（参见刘电芝，2001），结合元认知理论以及学生语言水平，教师可给学生提供进行自我提问的问题单。例如在审题时，问自己题目中的已知数是什么，未知数是什么；在拟定解题计划时，问自己之前是否见过类似的题目，有否公式或定理可直接套用，等等。再如，让学生从开课伊始就养成对学习材料或内容进行快速浏览的学习习惯，尝试寻找章节内容的标题与子标题的关系；试着根据内容对自己进行提问，并尝试记住关键词或者定理、公式等。

总之，在元认知策略能力的训练培养方面，教师可在教授和示范认知策略知识的前提下，进一步引导学生对这些认知策略有意识地进行监控和指导，学会如何对自己的学习状态进行判断与评估。带领学生设立具体的、可操作性强的阶段性学习目标，并在日常教学中阶段性地检查他们的目标实现情况。引导学生多关注自己学习的动态发展与需要，学会依据现实变化对自己的学习计划或者短期目标做及时调整。适时地激发其学习动机，鼓励他们有意识地监控调整自己的学习行为和活动，以达成策略高水平应用与相对高效学习的良性循环。

5.2.3　资源管理策略应用的引导与加强

时间密集、空间密集的预科教学特点为学生获得有助于成绩提高的资源管理策略提供了有利条件。在此前提下，由教师引导学生在不同学习阶段设置目标并制作时间分配合理的目标完成时间表，尽量在事前规定的时间节点、相对固定的地点对于每个目标的实现程度进行检测，则可能打破一些学生"长时间却无效学习"的僵局，更可能让学生的学习行为实现一定程度的"有效自动化"。例如，引导示范如何记录自己一周内的学习时间。写下每个学习时间段的学习小计划，然后记录下在此时间段学习目标的实际完成情况，并在每个周末分析自己的学习时间表。然后据此对于学习地点、时间或者学习伙伴进行更改或调整。逐渐打磨出一个最适合自己的、相对稳定的学习计划。

另外，在保证基础知识掌握的前提下，教师明确告知学生诸如将数学知识与现实生活连接起来，在固定的时间地点、与固定的同学一起学习就是有助于成绩提升的学习策略，鼓励他们思考并说出他们认为可使用类似策略的例子。使学生知其然，并知其所以然。让学生察觉到自己已具备却习而不察的学习能力或技巧，可能会提升他们的学习兴趣与自信心，降低其对数学学习的畏难情绪。同时，在心境管理层面，可鼓励学生进行正确的归因，避免盲目自信或者不自信；提醒学生对学习内容进行预习、复习，在需要跟着教师学习时专注，准时完成作业以减少不必要的焦虑，以此实现恰当使用相关知识或者策略成功解决数学问题的目的。总之，通过引导学生学会对于时间、学习空间以及自我因素的有效管理，可以为实现有效学习提供强有力的保障。

六、结语

本文基于实证调查数据的分析，从数学学习策略的角度，为描述来华预科生学习心理特征提供了依据。第一，来华预科生与中国学生控制组在数学学习策略使用水平存在差异。同时，高、中、低三个分数组预科生在三个宏观学习策略水平上皆呈现差异，存在成绩越好，学习策略应用水平越高的趋势。第二，针对来华预科生群体，与数学成绩呈现相关关系的数学学习策略被详细描述。针对调查统计结果，本文试从三个宏观策略水平提出了若干具体的教学建议，以期为学生达成从"学—学会"到"学会—会学"的学习效果献出绵薄之力。

最后，本研究还存在一些不足。例如被试样本数量的限制使得数据可能只代表一部分来华预科生学习策略的使用水平及相关的学习心理特征。再者，如果本研究能包括结构性访谈或学生口头报告，可能会使相关结论更有说服力。另外，本研究只关注了影响有效学习诸多因素中的其中一个，即学习策略，而其他诸如对非智力因素等因素的探查值得未来的研究进行扩展探索。

参考文献

陈　琦、刘儒德（2007）《当代教育心理学》，北京：北京师范大学出版社。

程晓堂、郑　敏（2002）《英语学习策略》，北京：外语教学与研究出版社。

高雪松、欧阳亚亚、黄思祺（2018）高中学生非智力因素及数学学习策略的特征分析，《北京市教育学会 2018 学术年会优秀论文集》，北京：北京市教育学会。

黄文峰、徐富明、安连义（2005）天津中学生认知和学习策略现状的调查研究，

《天津市教科院学报》第 1 期。

黄　旭（1990）学习策略的性质、结构与特点，《华东师范大学学报》（教育科学版）第 4 期。

江　新（2000）汉语作为第二语言学习策略初探，《语言研究与教学》第 1 期。

梁好翠（2000）优差生数学解题认知活动特征的比较研究，《广西教育学院学报》第 1 期。

林日福（2018）《基于数学核心素养的教学研究》，重庆：西南师范大学出版社。

刘电芝（1998）《学习策略研究》，北京：人民教育出版社。

刘电芝（2001）《小学数学学与教的策略》，重庆：西南师范大学出版社。

刘电芝（2007）学习策略的获得与发展特点，《第十一届全国心理学学术会议论文摘要集》，中国心理学会编，开封：河南大学。

刘电芝、黄希庭（2002）学习策略研究概述，《教育研究》第 2 期。

刘儒德（1996）温斯坦标准化学习策略量表简介，《心理发展与教育》第 2 期。

刘颂浩（2002）汉语学习者阅读中的理解监控行为考察，《暨南大学华文学院学报》第 3 期。

潘颖秋、刘善循、龚志宇（2000）北京地区中学生学习策略水平的调查研究，《心理科学》第 6 期。

钱玉莲（2006）韩国学生中文阅读学习策略调查研究，《世界汉语教学》第 4 期。

邵瑞珍（1990）《学与教的心理学》，上海：华东师范大学出版社。

沈德立、白学军（2006）高效率学习的心理机制研究，《心理科学》第 1 期。

王光明、廖　晶、黄　倩、王兆云、McDougall（2015）高中生数学学习策略调查问卷的编制，《数学教育学报》第 5 期。

魏声汉（1992）学习策略初探，《教育研究》第 7 期。

吴勇毅（2007）不同环境下的外国人汉语学习策略研究，上海师范大学博士学位论文。

项　清（2007）优化高一学生数学学习策略探讨，《浙江教育科学》第 3 期。

徐子亮（1999）外国学生汉语学习策略的认知心理分析，《世界汉语教学》第 4 期。

徐子亮（2003）中外学生二语学习策略的相异性研究，《暨南大学华文学院学报》第 3 期。

杨　翼（1998）高级汉语学习者的学习策略与学习效果的关系,《世界汉语教学》第 1 期。

张　晶、王尧美（2012）来华预科留学生阅读策略调查研究,《语言教学与研究》第 2 期。

周国韬、张　林、付桂芳（2001）初中生自我调节学习策略的运用与学业成就关系的研究,《心理科学》第 5 期。

Burgess, P. W. & Simons, J. S. (2005) Theories of frontal lobe executive function: Clinical applications. *The Effectiveness of Rehabilitation for Cognitive Deficits*, 211.

Diamond, A. (2012) Executive functions. *Annual Review of Psychology*, 64, 135-168.

作者简介

　　高娜，北京语言大学预科教育学院讲师。研究方向为语言习得。

预科生汉语学习的情感策略与引导研究[*]

王斯璐

摘　要　由于来华预科教育的特殊性，预科生的汉语学习始终处于"高压"状态，使得许多预科生在学习的过程中或多或少地出现了一些负面情绪，比如，焦虑、抑制、回避等。在这种情况下，要想使他们保持预科阶段乃至本科阶段的持续性学习，减少负面情绪的干扰，需要情感策略保驾护航。笔者通过研究发现，预科生情感策略的使用频率很高，且差异性小，情感策略的使用具有必要性。教师应激发预科生的正向学习情感，强化其学习动机，培养其情感监控、调节能力。教师的引导策略分别是：（1）引导预科生创造真实的汉语学习情境。（2）引导预科生建立自我评价，激发正向情感。（3）加强情感警觉，及时调节情绪。（4）磨砺意志，为之计深远。（5）引导预科生进行合作学习。

关键词　来华预科生　汉语学习　情感策略　情境认知学习策略情感引导

一、关于情感策略

从语言学习理论的角度来看，"情感策略"属于语言学习策略中的一个。语言学习策略的使用主体是学习者，并非教师。目前被学者们所公认的第二语言学习策略研究的代表是 Oxford，她的研究方向主要是英语作为第二语言的学习

* 本论文属于吉林省教育科学规划课题／普通规划课题"来华留学生汉语间接学习策略及其有效性研究"（GH19019）。本论文属于东北师范大学校内青年基金一般项目"来华预科留学生运用汉语速成学习策略的有效性研究"（19XQ006）的项目成果。

策略理论研究。她将语言学习策略分为两部分（即直接策略和间接策略），分别包括三项。直接策略分为"记忆策略""认知策略""补偿策略"，间接策略分为"元认知策略""社交策略""情感策略"。其中，"情感策略"主要提到了三个子项目：克服焦虑，鼓励自己，控制情绪。

在第二语言学习过程中，"情感"是指学习者在学习过程中产生的并影响其行为的感情、感觉、情绪、态度等。由此，我们认为，第二语言学习过程中的"情感策略"是学习者在习得第二语言过程中所使用的一种语言学习策略，该策略能够根据语言习得的实际情况，控制和调整学习者的心情、态度、动机、自尊等，配合其他学习策略，参与到整个第二语言学习的过程之中。

二、来华预科生使用情感策略的必要性

2.1 理论基础

美国著名语言教育学家 Krashen 的"情感过滤假说"强调"情感"在语言习得中的重要地位。他认为，个体的动机、自信、焦虑是影响学习者进行学习的"情感因素"，而"情感因素"具有一定的干扰作用。学习者的学习动机越强，越有自信，那么他的焦虑感则越低，情感因素在语言输入过程中产生的阻碍作用就越小。也就是说，在正面的、积极的情感支撑下，"可理解性输入"越多，学习者的第二语言水平越高。反之，学习者产生的负面情感会阻碍语言知识的输入效果，不利于第二语言习得。美国情感研究专家 Douglas Brown 在研究中提出，"情感因素在二语学习中具有决定性的作用，凡是不成功的外语学习都可归咎于各种各样的情感障碍"。国内研究语言学习策略的著名学者文秋芳（2003）也曾提出，"情感活动应该与认知活动同步而行"。可见情感策略在二语习得中的重要地位。

2.2 来华预科教育的背景及实证对比结果

来华预科教育属于来华本科教育的预备阶段。接受预科教育的来华预科生在预科培训期间（一年内）要求汉语达到 HSK4 级水平，具备自主学习能力和跨文化交际能力，并且还要具备一定的专业汉语基础知识。所以说，预科学习具有"时间短""任务重"的特点。这些预科生要想在短期内完成学习任务并达标，就需要强大的情感支撑。那么，情感策略的监控与调节就显得尤为重要。总而言之，在汉语学习过程中，学习者要想保持热情、积极的学习态度，且不受挫败、焦虑等负面情绪的干扰需要情感策略保驾护航。

笔者的实证对比研究也证明了这一点（王斯璐，2016）。笔者选取了两个对比组，他们的汉语水平相当，均为零起点汉语学习者，接受汉语学习的时长相近（均不到一年）。样本数量充足，均超过了100名。研究结果表明，预科生与一般来华留学生（接受汉语短期培训的来华留学生）在汉语学习策略的使用情况上明显不同。前者对情感策略的使用更为频繁，且甚至高于其他汉语学习策略。同时，从标准差的统计结果来看，预科生情感策略的使用差异性最小。相反，非预科生情感策略的使用频率则没有那么突显。对比后，我们不难发现，预科生更善于使用情感策略。对比统计结果见图1、图2。

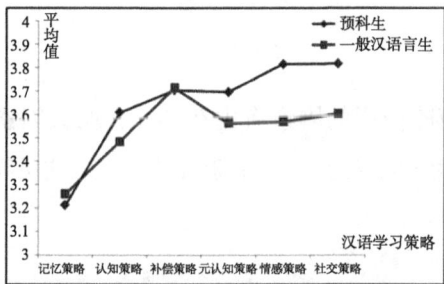

图1 汉语学习策略平均值对比折线图　　图2 汉语学习策略标准差对比折线图

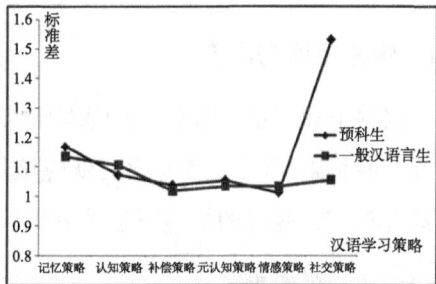

结果可见，情感策略在预科学习中十分必要。

三、情感策略的影响因素

笔者认为，影响情感策略使用的两大因素为内在因素和外在因素。

策略使用的主体为学习者，必然会受到学习者内在因素的影响。比如，学习者的个性、对中国及中国文化的态度、汉语学习态度、汉语学习动机、自我评价（包括汉语学习能力的评价、考试能力的评价、口语表达能力的评价等）、信心、成就感、兴趣、压力、焦虑、心智成熟度等等。

情感策略的使用同样也受到外界客观因素的影响。比如，汉语教师的状态与反馈、同学的互动与反馈、考试的难易度和成败、汉语教材的趣味性和实用性、中国的学习环境等。许多研究者认为，影响学习者情感因素的主要是教师的反馈。笔者认为，教师在学习者完善自我评价的过程中起到了一定的引导的作用。但学习者的"情感因素"主要还是在真实、客观的环境中产生的。比如，考试的成绩、交际过程中的顺利程度、周围人的评价（包括教师、同学、中国人等）等等。而不能完全归因于教师的反馈。值得一提的是，教师作为评价的个体也有很多不稳定的因素和差异。要想更全面、更客观地完善学习者的自我评价，应该给予他们更多接触客观汉语环境的机会。

四、情感策略的激发与引导

4.1 情感策略的激发

根据上述讨论，我们认为影响情感策略使用的因素有内在和外在两大因素。那么，我们对情感策略的激发就应该从两方面入手，一是激发内因，二是尽可能地在真实、客观的情境下创造外因。

4.1.1 内因的激发

从心理学的视角出发，情感属于非智力因素（即"情感因素"），具体指学习者的动机、兴趣、情感、意志、性格等心理因素。也就是说，我们可以通过激发学习者的情感诱因来带动其情感策略的使用。情感诱因主要包括：学习兴趣、学习动机、自信心和成就感等。而这些诱因又是可以相互转化的。比如，学习动机可以逐渐转化为对学习的兴趣，而兴趣反过来又可以增强学习动机。

汉语学习的成就感可以提高汉语学习者的自信心，可以有效地激发他们的情感策略。心理学家马斯洛认为，人类有两个高层次需要：自尊需要和自我实现的需要。"他把人的自尊需要分为两种。一种指人在他人面前需要自信，另一种指人有受人尊重、提高自己声誉的需要。不相信自己有能力学好外语的学生，绝不会有学习的热情，也不会采取行动努力学习"（王初明，1991）。可见，自信心与成就感是付之行动和采取策略的必备情感条件。自信心与成就感往往来自于个体对自己学习所处水平的主观评价与判断。学习者在学习过程中产生的自信心与成就感即个体的自我效能感，自我效能感的提高可以有效地促进学习效果。简而言之，学习者掌握的知识或技能越多，主观上就会倾向于相信自己有能力继续学习或完成学习任务。反之，将阻碍学习的进步。预科生在入学以后，每天接受大量的汉语知识输入，并配合大量的强化练习，与一般来华留学生比，他们在同等时间内掌握的汉语知识与技能更多，也更为熟练。笔者在采访一个来自格林纳达的预科生时，他说："老师，我学了不到一个月的汉语。我打车，一个师傅说话，我差不多都（能）听懂。那时候，我觉得我的汉语很好。"这说明个体的自我效能感受外界评价的影响很大。由于预科教育具有"时间短""进度快""知识多"的特点，所以得到的正面反馈也更快、更多。这使他们更自信、更有成就感。而且在学习中遇到困难时，也能鼓励自己、相信自己，这都是克服和避免产生焦虑的有效策略，是维持学习的必要情感保障。

还有一个情感诱因就是汉语学习动机。对于预科生来说，他们的汉语学习动机既具有多样性，也具有独特性。多样性表现在他们的汉语学习动机有很多，且各有不同。有的是"融入型动机"，如对汉语的兴趣、对中国文化的兴趣、对中国历史的兴趣、对中国的山川美景的兴趣等等。有的是"工具型动机"，如为了通过预科结业考试，顺利拿到毕业证；为了在中国大学学习理想的专业；为了找到好工作；为了可以赚更多的钱；等等。独特性表现在预科生的汉语学习动机与一般来华留学生不同，他们的融入型动机和工具型动机并重，个别学生工具型动机所占的比例更大，这是由他们特殊的学习背景所决定的。前人的研究表明，融入型动机可以更好地激发汉语学习者对汉语本身的兴趣，使之制订更长远的汉语学习计划，更有益于汉语学习。"融合型动机是最主要的语言学习动机，与语言成绩关系最为密切"。（王建勤，2009）但基于预科学习的客观条件，预科生既要有汉语学习兴趣，也要有学习的紧迫感，而这种压力来自于通过预科结业考试、攻读专业、就业等相对功利的愿望和目标。那么，融入型动机和工具型动机就都不可缺少。不可否认，工具型动机有益于学生产生一定的学习压力与紧迫感，俗话说"没有压力就没有动力"。笔者认为，汉语速成学习需要一定的工具型动机，它在汉语速成学习中起到了强化剂的作用。既然激发学习者的汉语学习动机是激发内因的突破口之一，那么，激发预科生的汉语学习动机应该是对融入型动机和工具型动机的共同刺激。

4.1.2　外因的创造

从情境认知学习理论的视角出发，真实的语言环境可以从客观上完善学习者的自我评价。情境认知学习理论的代表学者斯楚昂（Schon）1987年提出学习者应该"在行动中求知""在行动中反省"。这一理论强调情境能够激发学习者和他人的认知观念上的冲突，激发学习者与社会认知观的冲突，从而促进学习者更正学习中的错误、完善知识的建构，形成正确的知识概念。学习者应该参与社会文化实践，在参与的过程中学习不断反思，加强互动与合作，以实现快速地融入社会"共同体"并高效获得知识的目标。笔者认为，这一观点对激发情感策略来说，也同样受用。对语言学习来说，情境认知的学习方式可以使学习者在真实的话语环境中得到自信，而这种自信的情感体验又可以反作用于学习者的语言学习，对其起到促进作用。因此，应该为预科生提供和创造更多真实的汉语环境，在真实的语境中促进情感策略的使用，从而助其提高汉语水平。

预科汉语教学属于汉语短期强化教学，具有独特性。但"短期强化"不能简单地理解为"时间上的缩短""速度上的加快"，而应该是预科生自主学习能力的提高、情感的充分融入、学习策略的高效运用与配合。

4.2　情感策略的引导

第一，引导预科生创造真实的汉语学习情境。要想更好地激发学生的汉语学习动机，就应该鼓励学生到真实的汉语情境中学习。预科教育绝不是题海战术、应试教育。预科教育应该注重激发预科生的汉语融入型动机。引导学生自主地创造真实的汉语环境。

具体的引导策略如下：（1）鼓励学生利用课余时间更多地观看中文电影、网络新闻、中国文化风俗类节目或收听广播，参与汉语交流活动，欣赏中国音乐或汉语文学（儿童故事书、杂志、报纸）等。在教学过程中也可以适当穿插一些与文化相关的教学内容，以此激发融入型动机。（2）用生存、发展、就业、专业需求，还有自尊、自我实现需求等引导预科生制订短期目标和长期目标，从而激发工具型动机。（3）明确告知他们如果想真正地掌握汉语，提高口语交际能力，一定要到真实的语境中学习和实践，而并非局限于教材上的知识。

第二，引导预科生建立自我评价机制，激发正向情感。建立自我评价机制有益于汉语学习者及时发现自身的优势和劣势，从而完善学习计划，确定未来学习方向。汉语学习者应该通过多种手段建立更为客观的自我评价机制，比如，平时的课堂表现、平时学习任务的完成情况（作业和听写）、考试情况、与他人的交际顺利度、教师的评价与反馈、同学的评价、中国朋友的评价等等。

成功的体验能激励学习者取得进一步的成功，而失败会挫败学习者的自信心，导致恶性循环。所以，恰当的成败归因可以帮助学生获得胜任感、成就感和满足感，促进学习的良性循环。值得一提的是，笔者强调的是"恰当的"成败归因，而非完全准确的。有些内心比较脆弱的学习者，在考试失利以后，往往会失去自信。他们更需要的是建立自信，激发正向的学习情感，并不只是客观评价自己的学习能力，吸取考试教训。笔者曾通过谈话的方式，对一名考试经常失利的预科生做过类似的情感引导。这是一名19岁的来自蒙古国的预科生，该生性格比较内向，课堂上不愿主动回答问题。被老师提问时，总是要先清清嗓子，才能回答问题。汉语考试成绩几次都在及格与不及格之间浮动。考试时常表现出紧张情绪和动作，考试后不愿让他人知道她的考试成绩。课下也经常回避汉语交际，这些都明显地反映出该生对汉语学习缺乏自信。临近全国预科结业考试，该生状态愈加低迷，出现失眠、情绪低落现象，有轻微抑郁的倾向。笔者与她谈话时，选择了一个相对轻松的环境，避开了教师的办公室。引导她尽量放松心情，缓解低迷情绪，给予她一些减轻压力的方法，比如，建议她在完成当天的基本学习任务的基础上，看一些轻松的电视节目（中文搞笑电影或电视剧等），还可以适当地做一些运动。让她意识到失眠是由学习和考试压力造成的，是一个正常且十分普遍的现象。通过自身的经历来解释失眠问题，让她接受并不再恐惧失眠。在谈及考试成绩时，笔者给予了她更多的鼓励，让她认识到在减轻焦虑的情况下，成绩一定会有所改善。同时，笔者用一些正向的评价手段做正向心理暗示，激发她积极向上的情感。比如，"我觉得你的性格不是很内向，你有一些谈得来的朋友"，"你很聪明，如果你放松的话，学习效果会更好"，"你可能是最近太累了，适当地休息，状态会有明显的改善"，"你以前的成绩很好，坚持下去的话，一定能通过考试"，"学知识很重要，学习结果不是我们能控制的，所以只要努力就好，不要过于担心考试成绩"，等等。慢慢地她的紧张情绪逐渐缓和了，直至放松地露出了笑容。谈话过后的几天，该生上课回答问题时明显轻松了，不再清嗓子，脸上的笑容明显增加，考试成绩也有逐渐提高的趋势。由此可见，对该生来说，这样的情感引导是比较必要的。教师在情感引导的过程中应关注学生的性格特征，鼓励他们建立信心，甚至可以给予一些正面的暗示，尽量让他们忽略一些负面情绪和状态产生的危害，如考试失败的后果、失眠的危害、劣势被他人得知的担忧等。弱化负面危害，让他们逐渐接受负面的现状，使他们明白这不过是偶然发生的且比较普遍的情况，这样可以减少他们的焦虑、抑制和恐惧心理。再者，还可引导他们发掘自身优势，建立正向的自我评价，激发汉语学习的自信心与成就感。

第三，加强情感警觉，及时调节情绪。文秋芳（2004）曾在她的研究中提出情感策略应该是在元情感策略的监控下完成的。"元情感"主要指的是学习者在学习过程中产生的各种情感判断与监控，是对"情感"的警觉与判断。我们说，加强学习者的情感警觉性和提高其准确判断的能力能够更有效地监控情感策略的使用。

加强情感警觉不但取决于客观条件（比如，教师的及时反馈，周围同学、朋友的反馈等），还取决于学习者作为行为主体的情感知觉，而这一点往往因人而异。笔者在与预科生谈话的过程中发现，有些预科生的情感警觉度比较高，有些则不然。警觉度高的预科生在学习疲惫时，能够及时地意识到自身的疲倦与压力，并采取放松和调整策略。他们会通过睡觉、听音乐、看电影、运动等方式来调整情绪和状态。警觉度低的学生往往意识不到自己的负面情绪和疲惫状态，仍旧持续学习，学习效果当然不佳，更多时候是没有进行思考的重复性行为。因此，对于预科生来说，要保证获得高效的学习效果，情感警觉不可缺少。实时监控并及时调整，才能最大限度地提升学习效果，减少重复性和无效性学习行为。所以，预科教师可以通过及时发现、及时提醒来帮助学生提高情感警觉能力。

第四，磨砺意志，为之计深远。预科教师应该引导预科生保持长久学习的热情，甚至可以将这种热情延续到他们未来的大学学习中。教师在激发预科生内在学习动机的基础上，还需磨炼其意志，使他们在面对困难和压力时有顽强的自制力和坚强的毅力。预科生在教师的引导下可以通过一些汉语学习策略来促进持续性学习，比如，制订较长周期的汉语学习计划，制订较长远的汉语学习目标，制订当天的或周期性的学习任务，养成持续性学习的习惯，养成学后反思、考后反思的习惯，特别要反对考前突击复习的习惯。

情感策略不是唯一的汉语学习策略，但是它有着至关重要的作用。情感策略贯穿于整个学习过程中，情感的优化作用（即激发情感的正向影响，克服情感的负面伤害）是一个日积月累的过程。因此，情感引导不能急于求成，它应该是一个循序渐进、循循善诱的过程。教师在做情感引导时，需要做到及时反馈、言传身教、因材施教、感同身受、认同、肯定、鼓励等等。让学生逐渐建立正向积极的情感，保障持续性学习。

第五，引导预科生进行合作学习。合作性学习不但能够让学生在互相沟通、讨论的过程中取长补短，还能让他们建立情感上的纽带。情境认知学习理论认为，合作学习有益于让学习者形成情感共同体，不仅可以增强学习者的参与度，还可以使学习变得更有趣。学习者在共同完成学习任务时的心理压力小于个人独立完成学习任务时的心理压力。通过沟通和参与，客观上增进了组员之间的情感交流，促进了他们的互助与支持，便于他们克服焦虑，输出情感，彼此安慰，彼此鼓励。

具体引导策略：教师分配学习小组，布置小组学习任务，择优选拔组长，建立小组之间的竞争机制。利用各个小组的竞争心理，促进他们的交流与合作，增强他们之间的凝聚力。教师布置任务时，要把主动权让给学生，教师不是管理者，只做辅助性的指导和监督即可。小组组长负责安排当天的学习任务、学习内容和时间，在完成之后生成学习情况表交给教师。小组合作学习可以培养预科生的自主学习能力和管理能力，发挥其主观能动性，让每个组员都参与进来，成为学习的主人，为共同的目标而努力。

五、结语

情感策略虽然不是直接作用于汉语学习的直接学习策略，但其作用不可忽视。虽然情感策略的影响因素很多，表面上似乎很难掌控，甚至不易察觉，但教师可以通过恰当的情感引导来激发预科生的正向情感，避免负面情绪的干扰。

　　笔者在本文列举了五种情感引导策略，能够解决一些实际问题，但值得一提的是，由于情感源于不同的学习个体，它必然具有多样化和个性化的特点，由此，情感引导不能一刀切，更应该是因人而异、因材施教的，在这方面仍有很多未解决的问题待今后继续探讨和研究。

参考文献

王初明（1991）外语学习中的认知和情感需要，《外语界》第4期。

王建勤（2009）《第二语言习得研究》，北京：商务印书馆。

王斯璐（2016）本科来华留学生汉语学习动机与学习策略的相关性研究，《华中学术》第2期。

文秋芳（2004）《英语学习策略理论研究》，西安：陕西师范大学出版社。

文秋芳、王立非（2003）《英语学习策略实证研究》，西安：陕西师范大学出版社。

作者简介

　　王斯璐，东北师范大学国际汉学院来华留学生预科部讲师。研究方向为汉语学习理论研究和对外汉语教学研究。

医科留学生汉语需求分析

潘浩

摘 要 目前国内医科院校留学生的汉语教学模式形式各异，所用教材、课程体系、评价手段各不相同，缺乏统一的标准。本文在总结国内医科留学生汉语教学情况的基础上，借鉴专门用途英语研究中的需求分析理论，进行了针对于医科留学生的汉语需求分析。通过个人访谈和问卷调查，将定量研究与定性研究相结合，从学习者特征、学习目标情景、学习需求等几个方面分析了医科留学生的汉语学习需求，细化了在基础教学和临床教学阶段的汉语知识与技能目标，为医科留学生汉语教学的开展、能力标准的制定提供了有益的信息和参考。

关键词 医学汉语　　需求分析　　汉语学习

一、引言

我国的来华医学学历教育已有二十余年的历史。据教育部官方数据显示，截至 2016 年，西医专业留学生人数在学历留学生人数中占比居于首位。然而，针对医科留学生的汉语教学研究尚在起步阶段。"研究材料不充实，研究方法单一，研究内容不全面，研究对象局限于个别国家"是目前西医专业留学生汉语教学研究的不足之处。（肖强等，2014）这其中包括留学生自身的因素，也包括师资方面的欠缺以及课程设置的制约等因素。（杨春耘、严宏伟，2018）

汉语教学可以分为通用汉语教学和专门用途汉语教学。专门用途汉语这一概念来源于英语教学界的专门用途英语（ESP，English for Specific Purposes），也就是指与某种特定职业或学科相关的英语。专门用途英语教学是根据学习者特定的目的和需要而开设的英语课程，其目的是培养学生在一定的工作或学习环境中运用英语开展工作或学习的交际能力。（Hutchinson & Waters，1987）李泉（2011）把专门用途汉语分为专业汉语和业务汉语两大类。医科留学生的汉语教学服务于其日常生活及专业学习活动，需要融合医学专业的教学内容，并非单纯的语言教学。因此，医科留学生汉语教学内容应分为两个部分，即满足其日常交际需求的通用汉语和满足其专业学习与交际的专业汉语。

目前，通用汉语教学已有较统一的范式，而专业汉语的教学研究仍比较薄弱。专业汉语教学大纲如何修订？专业汉语水平考试大纲如何制定？专用汉语教材如何编写？要解决这些问题，固然需要相关科学理论的指导，但更需要相关基础性研究成果的有力支撑。（董杰、韩志刚，2014）实施专门用途语言教学的前提与基础是需求分析。（张黎，2006）能否满足专门用途语言教学学习者的需求是衡量专门用途语言教学质量的重要指标之一。专门用途语言教学的需求分析包括了目标情景分析和学习者学习需求分析。（Hutchinson & Waters，1987）作为专门服务于医学专业留学生的汉语，医学汉语课程体系和教学内容的设置，需要建立在对该群体汉语学习的需求分析之上。

因此，我们基于这两个维度，针对锦州医科大学485名高年级医科留学生进行了问卷调查，并进行了3人的个人访谈，将定量和定性分析相结合，对其汉语学习的需求进行深入分析。

二、研究方法

2.1　总体设计

本次调查包括个人访谈和问卷调查两个部分。访谈先于问卷调查展开，其目的在于详细了解医科留学生在整个本科学习过程中需要使用汉语的具体语境，以及在汉语学习过程中的需求及其面临的问题，并以此作为问卷调查问题设计的参考。访谈和问卷调查均包含目标情景分析和学习需求分析问题，访谈以开放式问题为主，由受访者自由发挥，采访者根据其回答情况可进行追问。问卷调查以封闭式多项选择题为主，设置一道开放式问题。

访谈主要侧重引导受访者对使用汉语的情境进行描述，如：你平时经常用

汉语吗？一般在哪些情况下需要用汉语？在上实践课、实习的时候，你在什么
情况下需要使用汉语？同时关注学生的汉语学习对其学习、生活的益处，如：
在中国学习的这几年，你觉得学好汉语在哪个方面对你最有用？在学习汉语的
过程中，你对哪些内容最感兴趣？你觉得哪些内容最有用？此外，还针对学生
的汉语学习经历进行了探讨和评价，如：你觉得汉语难学吗？哪些方面对你来
说比较难？你觉得现在我们的汉语课程设置怎么样？你觉得现在我们的汉语教
学存在哪些问题？

　　问卷调查部分主要侧重对学习者学习兴趣和学习具体需求的信息收集，详
见文后附录。

2.2　研究对象

　　访谈部分选择了三位受访者，分别为大学四年级（实验教学阶段）、大学六
年级（临床实习阶段）和已本科毕业留校的一年级硕士。三人分处医学教育的
三个不同阶段，能较全面地反映出其汉语学习需求和其中存在的问题。

表1　受访者背景信息

受访者代码	A	B	C
性别	男	女	男
洲别	非洲	亚洲	非洲
年级	四年级（实验教学）	六年级（临床实习）	硕士一年级
汉语水平及特点	表达流利，词汇量丰富，学习热情高。HSK3级281分	前期汉语较差，进入临床实习后口语突飞猛进。HSK4级230分	汉语口语较好，在校外居住，中国朋友很多。HSK3级265分

　　调查问卷的参与者为锦州医科大学四、五、六年级的在校留学生，共485
人，其中四年级79人，五年级180人，六年级226人，分别处于实验教学阶段
和临床实习阶段。参与者年龄在20～30岁之间，其中95%以上在20～25岁
之间，其国籍、母语、学习汉语时长情况见表2。

表2　调查问卷参与者背景信息

类别	国籍		母语				汉语水平		
	亚洲	非洲	英语	非洲语言	亚洲语言	其他	HSK3级	HSK4级	未考级
比例（%）	76.92	23.08	12.82	43.59	13.38	28.21	61.54	20.51	17.95

由表2可以看出，学生主要来自亚洲和非洲地区，多数学生通过了 HSK3 级以上考试，具有一定的汉语水平和汉语学习经验。

三、结果与讨论

3.1 访谈结果

受访者 A 目前处于大学四年级下学期，在学课程以临床课程为主，临床见习和实验在教学中占比较大，该生刚刚结束基础汉语和医学汉语学习半年左右。访谈结果显示，A 认为医科留学生学习汉语很有必要，其日常汉语使用率较高，学习汉语能够帮助他更好地与中国人以及老师进行沟通。在谈到医学汉语时，他特别指出医学汉语能够帮助他们复习一定的专业知识，有助于理解老师的讲解以及阅读病例和书写实验报告。他认为应当丰富实践教学及多媒体教学，多教词汇、句式的实际用法，通过医学电视剧等方式使学习者建立所学汉语知识与实际应用之间的联系，以此来增加学习兴趣。

受访者 B 来自大学六年级，正处在临床实习阶段。该生在基础汉语教学阶段汉语成绩较差，进入临床实习后汉语水平提高较快，并且一次性通过了 HSK4 级。访谈结果显示，B 的汉语使用频率较高，主要使用方式为日常生活交际和临床上与病人的交流，她认为汉语学习对于其专业学习有较大帮助，是与病人沟通的纽带。她认为汉语发音较难掌握，建议在教学中注意强调纠音，并且增设考试以督促学习者。

受访者 C 为刚本科毕业留校的一年级硕士，有较丰富的在华生活经验。他认为学习汉语的效果主要体现在日常生活上，在学习医学专业上体现不足，在向老师请教及通过研究病例学习的过程中发挥的作用不够。他详细列举了在临床实习阶段需要使用汉语的场景，包括对医院环境、指示牌的认读，与病人进行交谈，与中国医护人员及实习生沟通，阅读病例，操作仪器设备等。他在汉语学习中的主要兴趣集中在医学词汇和日常词汇上，认为医学汉语课程应由医学专业教师承担，以此来增强语言与其专业之间的联系，更好地发挥教学的作用。

总结三位受访者的访谈，我们发现学习者均认为学习汉语很有必要，他们对汉语学习的需求主要体现在日常交际和临床实习中的交际上，主要的语言技能需求为听和说。普遍认为发音和汉字为学习的难点，但是对于这两点他们采取了不同的策略，他们对发音和口语的学习意愿比较强烈，即使有困难也想学习，而对汉字的学习意愿较弱，主要因为汉字的认读和书写使用频率不高。同时，对于医学词汇和日常词汇的兴趣和对于汉语教学的建议也反映出在其汉语学习过程中，词汇量不足或词汇教学内容不能很好地贴合其生活、学习的使用需求，尤其是汉语学习与临床实习的实际应用不能很好地匹配。

3.2 问卷调查结果

本次问卷调查共发放问卷 485 份，回收 480 份，有效问卷 468 份。调查结果显示，84.62% 的学习者学习汉语的目的是为了毕业或学习、实习，这说明大部分的留学生比较重视学习，将汉语学习作为其学习的辅助手段之一。关于学习兴趣和需求的调查结果如图 1 ～ 3 所示。

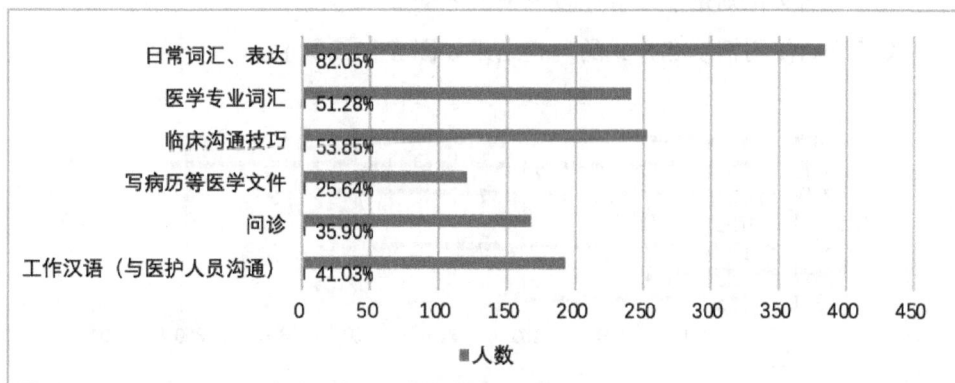

图 1　最感兴趣的学习内容分布图

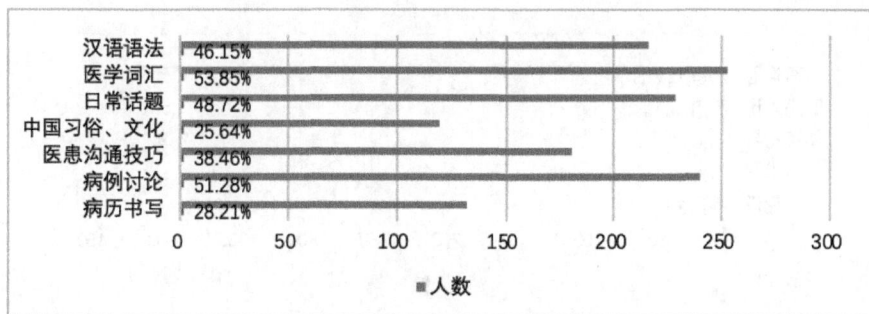

图 2　最想学习的知识分布图

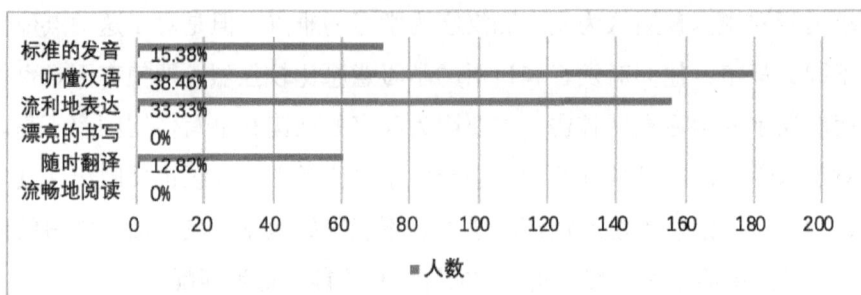

图 3　最想掌握的技能分布图

我们发现，学习者对日常词汇和医学词汇的兴趣最高，这与访谈结果是一致的。同时，对病例讨论和临床沟通的学习意愿比较高，说明留学生在专业学习过程中对汉语是有一定需求的，希望汉语能够帮助他们减轻与医生和病患沟通时的障碍。"听"和"说"的技能是他们最想掌握的技能，相比之下，阅读、写作以及中国文化则是学习者比较忽视的方面。

关于汉语使用情境和方式的调查结果如图 4 ～ 6 所示。

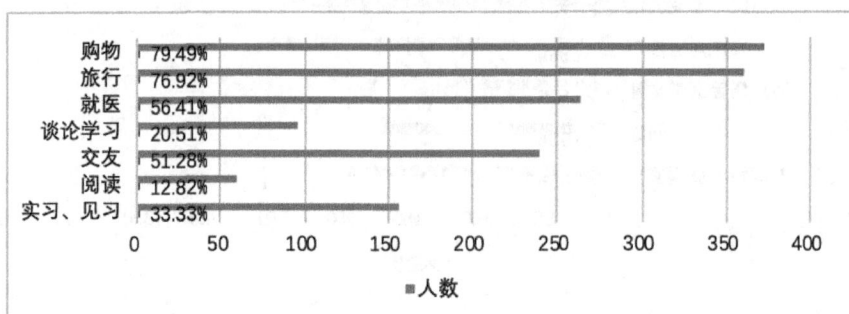

图 4　使用汉语情境分布图

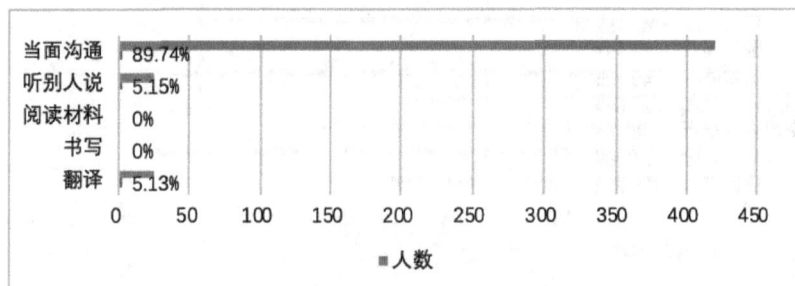

图 5　使用汉语方式分布图

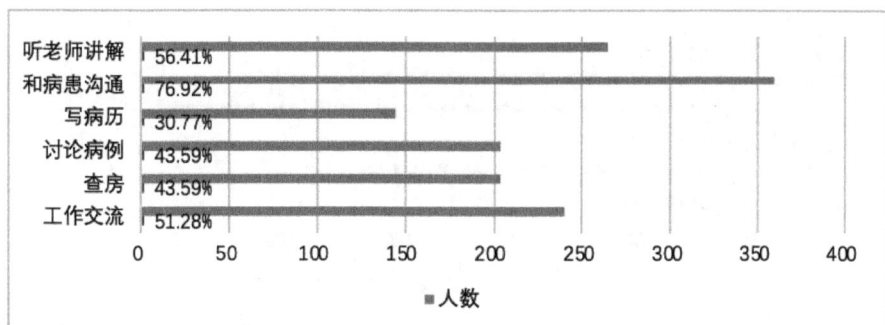

图 6　见习、实习中使用汉语情境分布图

可以看出，学习者使用汉语的情境主要集中在日常交际中，实习、见习中使用汉语的频率相对不高。在实习、见习过程中，使用汉语的主要情境是与病患、医护人员以及教师进行交际。这两个问题的结果与对其使用方式的调查相吻合，即留学生对汉语学习和使用的需求主要集中在听说为形式的交际中。

关于学习者对汉语学习情况的反馈和要求的调查结果见图 7～9。

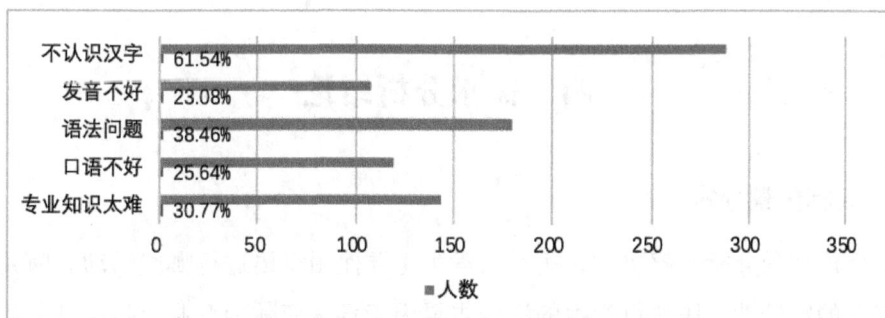

图 7　学习医学汉语中面临的困难分布图

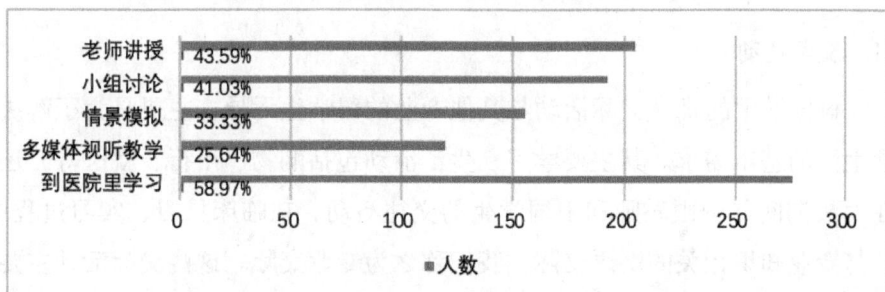

图 8　最喜欢的学习形式分布图

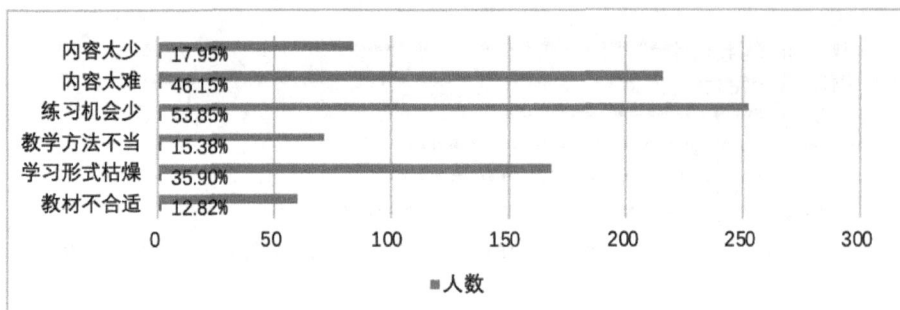

图 9　汉语教学中存在的问题分布图

可以看出，汉语难学，尤其是汉字的困难是困扰学习者的主要因素。多数学习者偏爱在真实语境中学习，也愿意接受老师的讲授，而目前其汉语课程的设置导致的形式枯燥、脱离实际以及缺乏练习等状况是学习者面临的主要问题。

在调查问卷关于教材、教师方面的问题中，学习者普遍对教材和教师比较满意。

四、需求分析结论

4.1　目标情景分析

目标情景分析要解决的是医科留学生主要使用汉语进行哪些活动。因其学习专业的特殊性，医科留学生的汉语主要用于日常交际和专业交际两种交际活动中，两者所占比重相当，应用于临床见习、实习的汉语交际是无法忽视的一部分。

4.1.1　交际活动

医科留学生的日常交际活动与其他专业的留学生无异，主要是为了解决其日常生活的基本需求。其主要学习、生活活动包括购物、出行、就医等，还包括在学校期间与中国教师和中国学生的交往活动。在临床见习、实习过程中，涉及与专业知识相关的汉语交际，我们称之为专业交际。这些交际活动主要包括对身体部位、疾病、症状的指称，用于问诊、查房、病例讨论、病历阅读与书写等活动中，还包括对专业名词、科室、药品等的指称，用于导诊、检查、出于工作目的的交际等。

4.1.2 语言技能

在以上交际活动场景中，医科留学生需要掌握相应的语言技能，主要有以下几类。

良好的听力理解技能。医科留学生需要经常与中国人进行接触，尤其是在其临床实习阶段，需要聆听病人讲述病情，或者老师及同行讲解病例，这就离不开良好的听力理解能力。

熟练的口语表达技能。在日常交际和专业交际中，都需要大量的沟通、交流，医科留学生需要掌握清晰的汉语发音和一定的口语表达技巧，以确保与他人进行有效沟通。

一定的阅读理解技能。网络时代日新月异，人们大量的社交和生活活动都在网络上进行，微信、淘宝、电子支付等广泛流行，要顺利进行交友、聊天儿、购物、出行等活动，需要一定的阅读理解能力。同时，在临床实习中，也需要对病历、医学文件进行阅读。

4.2 学习需求分析

医科留学生在华学习医学专业，其汉语学习的主要动机为满足其学习、生活的基本交际需求，为其专业学习做好辅助。学习模式基本为基础汉语与专业汉语相配合的模式，汉语学习贯穿其专业的基础教学阶段，并向临床教学阶段延伸，一般超过三年。学习方式比较分散，汉语多作为公共必修课均匀分布于各个学期，这与语言类留学生或预科留学生的汉语学习是有一定区别的。从教学形式上看，主要采用综合式，听、说、读、写在一门课程之内完成，一般不采用分技能课型教学。根据调查结果，我们从以下几个方面详细阐述其学习需求。

从学习内容来看，主要包括语音和词汇、基础语法。语音训练能够保证学习者有清晰的发音，在汉语交际中更容易听懂以及表达清楚自己的意思。词汇的学习，包括日常生活词汇以及医学词汇，用于丰富学习者的语言形式，使交际中的表义更为准确。基础语法用于汉语交际活动中，保证其表达的正确性，避免引起歧义。

从学习模式来看，可以分为基础汉语学习和专业汉语学习两个阶段。基础汉语学习主要解决语音、日常生活词汇和基础语法的问题，保证学习者能够完成日常交际。在基础汉语阶段可以增设发音及口语专项课程，以强化学习者的实际应用能力。专业汉语学习主要解决与专业相关的医学词汇及医学常用表达方式的问题，保证学习者在临床见习、实习过程中顺利进行专业交际。

从学习方式来看，主要包括教师讲授的传统学习方式和以交际活动为主的实践学习方式。实践学习的比例应该加大，包括课堂练习活动、情景模拟，以及到医院的实地学习活动。实践学习的目的是为了增强课堂学习知识与实际应用的关联。总的来看，实践学习的需求比较大，需要引起注意。

从需要培养的技能来看，包括综合语言技能和分项语言技能。分项语言技能指听、说、读、写等单项技能，综合语言技能指这些技能的综合体现。在分项语言技能中，听和说这两项技能的需求是最强烈的。

以上是根据调查结果对医科留学生的汉语学习进行的需求分析，主要是立足于学习者的角度，对其汉语学习目标情景和学习需求进行了大致分析。在具体教学实践中，还应该根据学习内容、学习群体的特征进一步细化。同时，今后的研究范围应该继续扩大，开展面向全英文授课的其他医科相关专业以及医科中文授课留学生的需求分析，调查对象可以包括教师以及医护人员、患者等交际对象，使其更加全面地反映教与学的需求，为教学体系和评价标准的构建提供依据。

参考文献

董　杰、韩志刚（2014）试论面向来华留学生预科教育的专用汉语研究，《语言教学与研究》第 4 期。

李　泉（2011）论专门用途汉语教学，《语言文字应用》第 3 期。

肖　强、李文奇、周红霞（2014）西医专业留学生汉语教学研究综述，《黑龙江教育》（高教研究与评估）第 9 期。

杨春耘、严宏伟（2018）临床医学留学生对外汉语教学的反思，《云南师范大学学报》（对外汉语教学与研究版）第 4 期。

张　黎（2006）商务汉语教学需求分析，《语言教学与研究》第 3 期。

Hutchinson, Tom & Waters, Alan (1987) *English for Specific Purposes: A Learning-Centered Approach*. Cambridge: Cambridge University Press.

作者简介

潘浩，锦州医科大学讲师。研究方向为汉语口语教学及语言测试。

附录1 个人访谈问题

1. 你觉得作为一个医学生，学习汉语有必要吗？

2. 你平时经常用汉语吗？一般在哪些情况下需要用汉语？

3. 你主要用什么方式使用汉语（听、说、读、写）？

4. 学习汉语对你学医有帮助吗（比如和老师交流或者去医院上实践课、实习）？

5. 在上实践课、实习的时候，你在什么情况下需要使用汉语？

6. 在中国学习的这几年，你觉得学好汉语在哪个方面对你最有用？

7. 你觉得汉语难学吗？哪些方面对你来说比较难？

8. 你最希望掌握哪项汉语技能（听、说、读、写、译）？

9. 你觉得现在我们的汉语课程设置怎么样？（基础汉语＋医学汉语，配合文化课程和口语，课时安排）

10. 在学习汉语的过程中，你对哪些内容最感兴趣？你觉得哪些内容最有用？

11. 你最希望老师讲授哪些知识，培养你的哪些汉语技能？

12. 你觉得现在我们的汉语教学存在哪些问题？（内容、方法、老师、课时、形式）

13. 你觉得我们的汉语教材怎么样？存在什么问题？

14. 你对学汉语还有哪些需求？对教学有哪些建议？

附录 2　调查问卷

请根据你的真实经历和感受如实完成以下问卷。你的回答将对汉语教学有所助益。

1. 你的年龄多大？

    A. 20 岁以下　　　　　B. 20～25 岁　　　　　C. 25 岁以上

2. 你来自哪个洲？

    A. 亚洲　　　　　　　B. 非洲　　　　　　　C. 欧洲

    D. 大洋洲　　　　　　E. 美洲

3. 你的母语是什么？

    A. 英语　　　　　B. 亚洲国家语言　　　C. 非洲国家语言　　　D. 其他

4. 你现在几年级？

    A. 三年级及以下　　B. 四年级　　　　　C. 五年级　　　　　D. 六年级

5. 你的汉语水平是什么？

    A. HSK3 级　　　　　B. HSK4 级　　　　　C. 未考级

6. 你学习汉语的目的是什么？

    A. 顺利毕业、通过考试　　　　　B. 日常会话

    C. 学习、实习

7. 你理想的汉语课程设置是什么？

    A. 基础汉语＋医学汉语　　　　　B. 只有基础汉语

    C. 只有医学汉语

8. 你理想的汉语教学内容是什么？（可以多选）

    A. 日常词汇、表达　　　　　B. 医学专业词汇

    C. 临床沟通技巧　　　　　D. 写病历等医学文件

    E. 问诊　　　　　F. 工作汉语（与医护人员沟通）

9. 你对哪些内容最感兴趣？（可以多选）

    A. 日常词汇、表达　　　　　B. 医学专业词汇

    C. 临床沟通技巧　　　　　D. 写病历等医学文件

    E. 问诊　　　　　F. 工作汉语（与医护人员沟通）

10. 你最想掌握哪项汉语技能？

    A. 标准的发音   B. 听懂汉语   C. 流利的表达

    D. 漂亮的书写   E. 随时翻译   F. 流畅阅读

11. 你最想掌握哪项交际技能？

    A. 日常生活交际   B. 临床问诊

    C. 与老师交流探讨   D. 与医护人员谈论病例

12. 你认为汉语难学吗？

    A. 很难   B. 有点难   C. 还可以

    D. 比较容易   E. 很容易

13. 你喜欢哪种课堂形式？（可以多选）

    A. 老师讲授   B. 小组讨论   C. 情景模拟

    D. 多媒体视听教学   E. 到医院里学习

14. 你希望学习哪些知识？（可以多选）

    A. 汉语语法   B. 医学词汇

    C. 日常话题   D. 中国习俗、文化

    E. 医患沟通 / 问诊技巧   F. 案例讨论

    G. 病历书写

15. 你希望汉语课每周多少学时？

    A. 2～4 学时   B. 6～8 学时   C. 10 学时

16. 你学习医学汉语面临的困难是什么？

    A. 汉字不认识   B. 发音不好   C. 语法问题

    D. 口语不好   E. 专业知识太难

17. 目前的汉语课堂教学存在什么问题？（可以多选）

    A. 内容太少   B. 内容太难   C. 练习机会少

    D. 教学方法不适当   E. 学习形式枯燥   F. 教材不合适

18. 你对目前的汉语教材是否满意？

    A. 非常满意   B. 比较满意   C. 还可以

    D. 不太满意   E. 非常不满意

19. 你认为教材中哪部分内容对你最有用？

    A. 生词   B. 课文   C. 练习

    D. 注释   E. 专业知识   F. 光盘

20. 你对汉语课有什么建议？

21. 你一般在什么情况下使用汉语？（可以多选）

    A. 购物   B. 出行   C. 就医   D. 交流学习

    E. 交友、聊天儿   F. 阅读   G. 实习、见习

22. 你使用汉语的主要方式是什么？

    A. 当面沟通   B. 听别人说   C. 阅读材料

    D. 书写   E. 翻译

23. 你使用汉语的频率是怎样的？

    A. 几乎不用   B. 偶尔用   C. 经常用   D. 总是使用

24. 你认为学习汉语对你生活的哪个方面有帮助？（可以多选）

    A. 日常生活交际   B. 交朋友

    C. 学习、和老师沟通   D. 实习、掌握专业技能

25. 在临床见习、实习时，你在什么情况下使用汉语？

    A. 听老师讲解   B. 问诊   C. 和病患沟通   D. 写病历

    E. 讨论病例   F. 查房   G. 工作交流

"一带一路"背景下理工类高等院校学历留学生对汉语教师的评价研究

——以北京理工大学为例

熊玉倩　彭美琴

摘　要　近年来，我国来华留学工作取得突破性进展。来华留学生的学习动机从单纯期望了解中国的语言和历史文化知识逐渐转向对中国社会的经济、文化、科技、历史等方面尤其是我国先进的科学技术的多元化探索。因而，近年来我国理工类高等院校的来华留学学历生人数呈增长趋势。国内汉语教学形势正在发生变化，对汉语教师的评价标准也要与时俱进。目前国内理工类高等院校的评价标准几乎都还在沿用传统教师评价体系，较少甚至几乎没有考量留学生的专业背景和学习需求。本文试图通过调查访谈、数据分析等方式，探索适合理工类高校的汉语教师评价标准，促进理工类高等院校对外汉语教学的快速发展。

关键词　"一带一路"　教师评价　理工类院校　来华留学

一、研究背景与意义

"一带一路"倡议的提出吸引了越来越多渴望懂中国技术的外国学生来华留学，为我们的留学生教育培养事业带来了空前的机遇，同时也带来了巨大的挑战。在学生数量迅速增长的同时，学生的来源国别和学习需求也越来越多样化。目前，我国绝大多数高校，包括北京理工大学，针对留学生采用的是中文授课和英文授课两种培养方式。对于大多数"一带一路"沿线国家的学生来说，语言是他们学习的主要障碍之一，却不是他们学习的主要需求。以北京理工大学为例，学历留学生在入学第一年都必修一学年的汉语课程，本科生共修 192 课时，硕博研究生共修 128 课时，如何在有限的时间内最大限度地解决学生的语言障碍并推动语言课程服务于专业课程成为目前亟待解决的问题。

2016 年，全国来华留学管理工作会议明确提出，各高校要明确来华留学定位，坚持服务国家外交大局，服务"一带一路"发展需要，服务我国高校"双一流"建设和教育对外开放新需求。2018 年，第十三届全球孔子学院大会中，孙春兰副总理指出"孔子学院要实施'汉语 +'项目，因地制宜开设技能、商务、中医等特色课程"。[①] 目前，无论是国外孔子学院还是国内高校，都要求创新"汉语 +"培养模式，从过去单一的汉语教学发展到涉及文、史、哲、理各个领域多层面的教学形式，因此对该培养模式中汉语教师所起的作用也提出了更高的要求。本文将从教师评价标准的角度来探讨"汉语 +"时代理工类高校学历留学生对汉语教师的需求。

理工类高等院校留学生对汉语教师的评价有助于使广大教师及时了解当前来华留学生对汉语课堂教学的意见，以便有针对性地改进教学，并为调整教学模式使其符合"一带一路"发展建设提供客观依据。然而国内高校现行的汉语教师评价标准逐渐无法适应日益变化的学生需求，大部分汉语教师在教学中比较强调学生的语言技能，对学生的专业背景、相关专业术语了解不够，造成学生课堂学习内容与课外实际需求难以结合。

理工类高等院校汉语教师评价体系的科学化、系统化以及规范化对于提升汉语教师教学效能、促进汉语教师专业发展，进而保障留学生学历教育教学质量、推动我国高等院校国际化事业的更快进步都具有显著的价值与意义。在"一带一路"背景下，如何在理工类高等院校构建新型的、科学合理的汉语教师评价体系，成为当前来华留学学历教育教学改革的重大课题。

---

① http://conference.hanban.org/pc/news_details.html?main_lan=cn&_id=12.

二、近十年相关研究成果概述

2.1 国内高校教师评价研究

近十年国内有关高校教师评价方面的研究比较有代表性的观点是将学生的多元化需求与教师的专业标准相结合，教师的教学取向、采用的教学方法和其学生采用的学习方法之间有着重要的关联关系（普洛瑟、特里格维尔，2007）。因此，许多专家学者致力于从学生的角度出发，探讨如何构建合理的国内高校教师评价体系。例如卢芳等（2015）在《闭环的高校教师教学评价体系研究》一文中指出，学生作为整个教学活动的直接参与者和受益者，其评价最具有代表性，但是为了避免教师为获得好评而讨好学生，学生评价只能作为非常重要的参考项，与从专业角度出发制定的评价目标、评价指标等构成科学的闭环评价体系。周湘林（2017）和熊英（2018）则从教师评价指标和教师专业素养两个方面分别指出当今国内高校教师评价标准的制定缺乏对学生的学习效果和学习需求的考量。

2.2 国内对外汉语教师评价研究

国内对外汉语教学界对汉语教师的研究主要涉及主体性研究，与评价相关的研究比较少，从学生的角度对汉语教师进行教学评价的研究则更少。教学效率和学习者的身心发展是教学评价行为和研究的根本出发点，而教学效率则主要体现在学习者的学习效率或习得效率上，因此，学习者应是教师教学评价的主体和主要依据。（黄启庆、刘薇，2017）

自2008年，国内专家学者们开始关注从学生的视角探讨汉语教师应具备的职业素养，例如王学松（2008）通过对参与PiB项目的美国留学生进行调查发现学习者对教师跨文化的意识和沟通能力、教师的个性魅力、丰富有效的课堂教学方法、职业精神和基本功等较为关注；再如曹贤文和王智（2010）在Brown调查结果的基础上以问卷调查的方式对比了对外汉语教师和欧美留学生对7类24项"有效教师行为"的评价，从而得出师生对不同教学行为的认知差异。知名学者崔希亮分别于2010年和2016年在相关学术论文中探讨了对外汉语教学领域热议的"三教"问题中教师素质方面的问题，他指出，教师是"三教"问题的关键，并从需求的角度分析了什么样的汉语教师是被需要的。

三、研究理论依据

3.1 建构主义理论

建构主义理论认为，学习是学习者在一定的环境中，利用一定的学习资源，通过与他人的交流与合作，进行意义建构的过程。离开了学习者的建构过程就不可能产生知识。学习，是学生通过自己的动力主动建构知识的过程。留学生学习汉语课程或专业课程，决不是教师给学生灌输知识和技能，而是学生通过教师的课堂讲授，形成主观认识，主动构建相关知识框架并应用于实践。

3.2 后现代主义理论

后现代主义理论提倡全面参与、价值多元和共同建构。20世纪70年代后期，教育评价领域开始引入定性研究方法，关注评价过程中评价双方的互动作用及动态分析。该理论启示我们在研究留学生对汉语教师的评价特点时，不仅要关注学生需求，也要考虑教师自我专业发展的需要。评价中应采纳学生、教师、专家等各方面的意见，协调不同意见间的差距，最终形成一致的评价标准。

3.3 需求分析理论

需求分析理论认为学生学习的发展过程和学生的情感态度、价值观念、学习策略等方面的发展和变化应该在评价中得到关注。因此综合学生的课堂参与度、情感体验、合作能力、学习方式、学习效果等因素制定留学生对汉语教师的评价标准是非常有必要的。

3.4 教学效能感理论

教学效能感理论认为，有效教学指的是"符合教学规律、有效果、有效益、有效率的教学"，它主要研究教师教学行为的有效性。（姚利民，2005）留学生对汉语教师评价的最终目的是促使教师更好地为学生服务，教师作为被评价对象在评价过程中处于主体地位。因此，判断师生对同一教学行为有效性的看法是否一致，对制定科学合理的教师评价标准意义重大。

学生是教学过程的主体，这一群体对教师的评价在一定程度上最能反映客观情况。因此，从学生的角度出发，基于上述理论，探讨如何构建适用于国内理工类高等院校的汉语教师评价体系具有一定的科学性和实用性。

四、北京理工大学留学生主要生源国教师标准对比

2012年至2018年，北京理工大学的留学生数量由798增长到2471，国别数量由69增长到147。2018年，在校学历留学生有1273名，"一带一路"合作共建国家的学生数量占76.9%，主要生源国有俄罗斯、老挝、印度尼西亚、马来西亚等，笔者通过文献研究法及访谈法，搜集整理了以上四个国家对本土教师的评价标准。

表1　北京理工大学留学生主要生源国教师标准对比

俄罗斯	（1）合格的专业知识 （2）灵活多样的教学方法 （3）基本的职业道德和法律知识
老挝	（1）教师的专业背景 （2）教师的教龄及教学方式 （3）从事教育职业的理由 （4）利用教学辅助工具展示教学 （5）教师使用的课堂形式
印度尼西亚	（1）语言知识和技能 （2）文化与交际 （3）第二语言习得与学习策略 （4）教学方法 （5）综合素质
马来西亚	（1）教师职业价值观标准 （2）知识和理解标准 （3）教与学的技能标准

通过对主要生源国的教师标准进行对比分析，可以发现不同生源国在教师评价中的主要关注点多集中于教师的专业素养、教学方法与技巧，不同之处在于俄罗斯和马来西亚的教师评价标准比较模块化，而老挝在评价教师的过程中

加入了很多细节化的标准，印度尼西亚已经有了比较完善的对本土汉语教师的评价标准。

五、北京理工大学留学生对汉语教师的评价调查

5.1 调查对象分析

2018 年 9—10 月我们对北京理工大学在读留学生进行了问卷调查，参与调查的留学生来自 19 个不同的院系，覆盖了本、硕、博三种学生类型。共发放问卷 268 份，回收有效问卷 263 份，有效率为 98.13%。

参与本次调查的留学生中，只有 1 名来自人文与社会科学学院，2 名来自教育研究院，2 名来自设计与艺术学院，2 名来自外国语学院，共计 7 名学生学习文史类专业，占总调查人数的 2.6%。调查对象的专业背景情况基本符合理工类高等院校的特点。

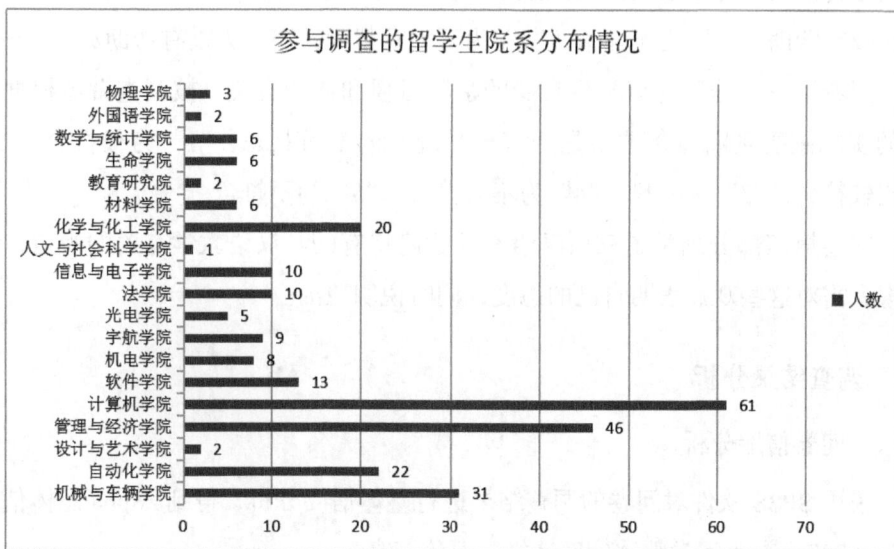

图 1　调查对象院系情况

参与本次调查的留学生来自 63 个国家，55 个为"一带一路"共建国家，占比 87.3%。其中来自巴基斯坦的留学生人数最多，占总调查人数的 31%；来

自孟加拉国、印度尼西亚、哈萨克斯坦的留学生人数均超过了10名，分别占比5%。

5.2 调查问卷内容分析

本次调查问卷语言为中英双语，是为了方便汉语基础为零或入门级水平的留学生正确理解问卷内容。问卷题目的设计综合当前国内对外汉语教师评价标准以及高校教师评价标准进行考量，同时将上文所提理论依据及主要生源国教师标准融入题目的设计。问卷第一部分首先收集了被调查者的背景信息，包括他们对目前正在开设的汉语课程的看法。参与调查的263名留学生中，有241人认为汉语课程非常有必要，占总人数的91.6%；有153人认为目前学校开设的汉语课程课时量正好，占比58.2%，有69人认为课时量不够，占比26.2%。由此可见，不同专业背景的留学生对目前学校开设的汉语课程课时数总体持满意的态度，甚至有一部分学生希望增加汉语课程课时数，学习更多的语言知识。

问卷第二部分涉及汉语教师的教学情况，包括课堂和课下时间，被调查者需根据自己的实际看法判断每条选项对其学业有何影响，"1"为很有帮助，"2"为比较有帮助，"3"为不知道，"4"为不太有帮助，"5"为没有帮助。

问卷第三部分则与留学生自身的学习习惯和认知有关，被调查者需根据自己的实际感受判断每条选项是否符合其现在的学习状态，"1"为很符合，"2"为比较符合，"3"为一般，"4"为不太符合，"5"为不符合。

问卷第四部分列举了三项汉语教师普遍持有的与汉语教学有关的观点，被调查者需对这些观点表明自己的态度，同时说明原因。

5.3 调查结果分析

5.3.1 问卷信度分析

采用SPSS软件对问卷的调查结果进行整体信度分析，得到Alpha总体信度值为0.837，表明问卷整体信度良好，可信度高。

5.3.2 问卷题目质量分析

为了检测问卷的题目质量，笔者将调查结果的总分进行由低到高排序，取27%的低分组和27%的高分组，分别将两组数据赋值"1"和"2"。然后运用

SPSS 软件进行独立样本 T 检验。如果某一题目的 P 值（即 Sig 值）小于 0.05，说明该题目区分度良好，反之则说明该题目区分度较差，质量不好。

从检验结果可以看出以下两个题目的 P 值大于 0.05，区分度较差。

表 2　问卷题目独立样本 T 检验结果

						95% Confidence Interval of the Difference	
		Sig.	Sig. (2-tailed)	Mean Difference	Std. Error Difference	Lower	Upper
Q12_R1	Equal variances assumed	0.001	0.033	−0.3693	0.1716	−0.7086	−0.0301
	Equal variances not assumed		0.033	−0.3693	0.1712	−0.7081	−0.0306
Q12_R17	Equal variances assumed	0.789	0.112	−0.3467	0.2167	−0.7751	0.0816
	Equal variances not assumed		0.112	−0.3467	0.2167	−0.7750	0.0816

以上两组数据对应的题目内容为：

Q12_R1 即使老师不监督我，我也能按时完成作业。

Q12_R17 我一点儿也不喜欢写汉字。

通过对学生和老师的进一步访谈可知，这两项内容均为学生个人强烈意愿支配的，对教师行为依赖程度低，不会对教师评价产生明显影响，因此这两项内容将不再做后续分析。

除了 Q12_R1 和 Q12_R17 两个题目以外，其余题目 P 值均小于 0.05，差异性显著，说明高分组和低分组在这些题目上有明显差异，换句话说就是这些题目能够有效区分调查对象，题目质量良好。

5.3.3 问卷第二部分调查结果数据分析

表 3 调查问卷平均值及标准差

Descriptive Statistics			Descriptive Statistics		
	Mean	Std. Deviation		Mean	Std. Deviation
Q11_R1	1.728	0.9182	Q12_R3	2.063	1.0912
Q11_R2	2.175	1.2343	Q12_R4	1.873	0.8734
Q11_R3	1.586	0.8590	Q12_R5	2.545	1.2277
Q11_R4	1.575	0.7778	Q12_R6	2.078	1.2076
Q11_R5	1.552	0.7748	Q12_R7	3.541	1.2001
Q11_R6	2.257	1.0551	Q12_R8	2.660	1.2662
Q11_R7	1.657	0.8621	Q12_R9	2.131	1.2398
Q11_R8	1.765	0.8788	Q12_R10	3.504	1.1977
Q11_R9	2.336	1.1380	Q12_R11	2.769	1.2861
Q11_R10	1.634	0.9484	Q12_R12	2.795	1.2657
Q11_R11	2.377	1.2315	Q12_R13	2.198	1.2874
Q11_R12	3.004	1.2377	Q12_R14	3.493	1.1724
Q11_R13	2.134	1.2135	Q12_R15	3.082	1.2334
Q11_R14	2.119	0.9757	Q12_R16	2.041	1.1360
Q11_R15	1.817	0.8742	Q12_R17	3.597	1.2931
Q11_R16	1.537	0.8087	Q12_R18	1.280	0.5741
Q11_R17	1.884	0.9781	Q12_R19	1.780	0.9715
Q11_R18	1.881	1.0425	Q12_R20	1.433	0.7026
Q11_R19	1.769	0.9315	Q12_R21	1.612	0.8560
Q11_R20	1.515	0.7214	Q12_R22	3.369	1.4642
Q12_R1	1.873	1.0380	Q12_R23	3.582	1.3508
Q12_R2	2.164	1.1029	Q12_R24	2.567	1.2479

　　从表3中可以看出，本调查结果的标准差在0.5741和1.4642之间，离散程度良好，说明数据稳定。此外，本调查结果的平均数在1.280和3.597之间。平

均数越小，说明调查对象对该题目的倾向性越高；平均数越大，说明调查对象对该题目的倾向性越低；平均数在 2.5 ~ 3.5 之间的，说明调查对象对该题目没有明显倾向性，不太适合用来对教师进行评价。我们将平均数在 1 ~ 2 之间的题目划入第一层级，认为是对教师评价影响最大的题目；将平均数在 2 ~ 2.5 之间的题目划入第二层级，认为是对教师评价影响第二大的题目。分别整理如下：

表 4　处于调查结果第一层级的题目

题目序号	平均数	题目内容
Q12_R18	1.280	我认为汉语口语非常重要
Q12_R20	1.433	我愿意接受老师或同学指出我的缺点或需要改进的建议
Q11_R20	1.515	定期关心我的学习情况和学习需求，并给予适当的一对一的帮助
Q11_R16	1.537	在课堂上表扬我的进步，鼓励我
Q11_R5	1.552	每次上课都先讲明本节课的重点、难点
Q11_R4	1.575	能在很短时间内记住我的名字且经常叫我回答问题
Q11_R3	1.586	讲课时声音大而清楚，语速跟中国人平时说话的速度差不多
Q12_R21	1.612	老师提问更有助于我记忆
Q11_R10	1.634	在课堂上指出我的不足或直接纠正我的错误
Q11_R7	1.657	经常考试（包括听写、单元测验）
Q11_R1	1.728	每天都笑容满面，很少或从不发脾气，讲课时照搬教材内容
Q11_R8	1.765	汉语教学经验丰富，教龄长
Q11_R19	1.769	分组讨论的学习任务比单人完成的任务更多
Q12_R19	1.780	我经常在宿舍里自习
Q11_R15	1.817	每次课都布置大量的汉语作业，且每次作业后我都会得到教师的评价与指导
Q12_R4	1.873	我非常了解自己在学习方面的不足
Q11_R18	1.881	设计各种各样的游戏，组织我们在课堂上玩儿，有一部分或者少部分与学习内容有关
Q11_R17	1.884	要求我在课外多跟中国人交流，并以此为标准布置课后作业，如拍摄视频、编写对话等等

表5　处于调查结果第二层级的题目

题目序号	平均数	题目内容
Q12_R16	2.041	我总是在网上查询上课时没有听懂的知识
Q12_R3	2.063	我有定期复习的习惯，比如每周复习一次
Q12_R6	2.078	我对通过 HSK 考试非常感兴趣
Q11_R14	2.119	汉语教学经验比较少，但是了解很多与专业相关的知识
Q11_R13	2.134	严格约束我在课堂上的行为，例如不准迟到、吃东西、聊天儿、睡觉以及去洗手间等
Q12_R2	2.164	在学习专业课时，遇到不懂的地方，我常常询问老师或同学
Q11_R2	2.175	板书清楚工整，很少或不用多媒体，例如 PPT
Q11_R6	2.257	在课堂上讲解中国社会、文化的时间比讲解语言知识的时间长
Q11_R9	2.336	讲课时总是使用多媒体，很少或不写板书
Q11_R11	2.377	每天都表情严肃，学生不听话时会生气，讲课时随时调整教学内容，会教一些与课本内容无关的专业知识，比如增加专业汉语词汇

通过以上统计数据，我们可以看出留学生对以下几个方面比较重视，这对教师的教学行为有较强的指导意义，可以优先作为教师评价的参考。

题目 Q12_R18 的平均值最小，说明虽然调查对象为理工类的学历留学生，但是他们仍然对汉语口语学习有强烈需求，那么教师在教学中就应该考虑将口语教学作为重点，合理安排口语教学和练习的比重。

题目 Q12_R20、Q11_R20、Q11_R16、Q11_R10 的平均值均较小，说明留学生重视教师的态度，希望老师对他们严格要求，及时指出自己的不足和问题；此外，也希望得到老师的鼓励和关怀。因此，汉语教师应该掌握好对待学生的态度，既做到对学生严格要求，又能够让学生感受到关怀。

从 Q11_R5 的统计结果可以看出，学生希望老师一上课就说明本课的重点、难点，这样他们在上课的时候可以心中有数，更加注意重点、难点的学习。

从 Q12_R21、Q11_R7、Q11_R17 的统计结果可以看出，学生希望获得更多练习和测试的机会，虽然这样会让他们感到紧张，但是练习和测试能够有效促进他们汉语水平的提高。因此，教师应合理安排课堂提问、小测验和小组练习，尽量给学生更多练习的机会。

从 Q11_R3 的统计结果可以看出，留学生希望老师讲课声音洪亮，没有必要刻意放慢语速。

从 Q11_R1 和 Q11_R11 的平均数对比中可以看出，学生更倾向于接受态度温和的老师，教师应该注意自己对待学生的态度。

从 Q11_R8 和 Q11_R14 的平均数对比中可以看出，教学经验丰富的老师更受欢迎，新手教师在初次教学时应表现出足够的自信，教师应该注重积累教学经验。

从 Q12_R6 的统计结果可以看出，学历留学生依然希望参加 HSK 考试，教师应适当补充 HSK 知识。

从 Q11_R2 和 Q11_R9 的统计结果可以看出，学生对老师是否使用多媒体教学没有特别的期望，甚至更倾向于接受工整的板书。

5.3.4 问卷第三部分调查结果分析

问卷第三部分针对汉语教师都非常关注的教学点，询问了被调查者的意见。如果被调查者认同该观点，选择"1"；如果持有不同观点，选择"2"，并说明自己的看法。

表 6 留学生对汉语教师教学观点的看法

问卷题目	1	2
中国大部分街道、商场等公共场所的标识只有汉字，因此读写汉字非常重要	88.2%	11.8%
老师会根据教学情况删减部分课堂活动甚至是课本的内容	53.9%	46.1%
学生应该有自己的学习方法，并且学会互相帮助，不能什么问题都找老师	72.6%	27.4%

面对大部分汉语教师都比较认可的观点，被调查的留学生也有自己的看法。其中关于"读写汉字"和"自主学习"两个方面的情况，师生观点基本一致，大部分留学生比较认可汉语教师的看法。被问到为什么认为读写汉字重要时，留学生给出的观点是"Important to communicate""To bargain in Chinese""For survival""学会日常用语非常有必要""多读多写之后能明白汉字的意思"等诸如此类的回答。在谈到"自主学习"时，大部分留学生表达的想法是"Teachers are to lead us, not to feed us! We have to catch what teachers teach!""We're adults and if it's simple, we can learn at home from the book or we can ask friends.""Even though the teacher is always willing to help, the student should learn some independence and try to figure stuff out by themself first." "有必要当然要问老师，但是如果可以自己解决最好就不麻烦老师了。" "每个人都有自己的特点，可以利用这特点来学习。"等等。

比较值得注意的是，关于"老师会根据教学情况删减部分课堂活动甚至是课本的内容"这一点，将近一半的留学生持否定态度，他们认为，如果老师删减了部分课本内容或者减少了课堂活动次数，会使他们不能学到更多的知识，他们认为课本中的每个部分都有必要学习。

六、理工类高校汉语教师评价标准设计

为了保证设计的评价标准既符合学生需求，又不违背教学规律，针对本次调查主题，笔者随机访谈了3位专业汉语教师和4名留学生。

受访的4名留学生中有2名为英文授课专业学生，他们均表示出对汉语口语学习的强烈需求，并且表达了增加汉语课程课时数的意愿，渴望学习更多的汉语知识；而另外2名学生则为中文授课专业学生，他们认为汉语课对于专业课的学习来说没有任何帮助，希望汉语课上可以学习到与专业知识相关的汉语知识。

表7　师生访谈情况

教师访谈		学生访谈		
对外汉语教学年限	面向学历留学生的汉语教学观点及行为	国籍	授课语言	对汉语课程的看法
3年	（1）阅读能力很重要 （2）没有成就感 （3）对学生有很高期望 （4）教材不合适 （5）加入学科专业汉语	印度尼西亚	中文	（1）汉语课有一点点帮助，在询问专业课老师问题时可用汉语沟通 （2）学习专业汉语课的话能接受严肃的老师
			英文	（1）汉语课很有帮助 （2）喜欢有活力的老师 （3）练习越多越好 （4）听说很重要 （5）学习一年汉语不够

续表

教师访谈		学生访谈		
对外汉语教学年限	面向学历留学生的汉语教学观点及行为	国籍	授课语言	对汉语课程的看法
5年	（1）阅读能力很重要 （2）常有挫败感 （3）教材不合适 （4）课堂秩序混乱 （5）自我不认同	哈萨克斯坦	中文	（1）完全听不懂专业课 （2）汉语课没用也没意思 （3）希望老师能调整教学内容
10年	（1）听说能力很重要 （2）书写是基础 （3）对学生有期望且基本达到期望值	德国	英文	（1）听得懂专业课但是学不会，不是语言的问题 （2）汉语课很有帮助 （3）口语能力很重要 （4）汉字太难，写字没用 （5）学习一年汉语不够

通过3名教师的访谈，可见教学经验影响着教师对整体课堂效果的掌控力，新手教师渴望通过多变的课堂教学形式吸引学生的注意力，喜欢尝试各种不同的风格，但是容易感到吃力和挫败。

根据以上调查结果及师生访谈结果，笔者最终确定了适用于理工类高等院校的评价汉语教师教学的标准细则，如表8：

表8　北京理工大学汉语教师评价表（留学生）

班级：　　　　　国籍：　　　　　课程名称：

评价内容	等级
1. 重视口语教学，课堂上有充分的口语练习（10分） Pay attention to oral teaching and have sufficient oral practice.	A　B　C　D　E
2. 及时指出学生的问题和错误，帮助学生改正（10分） Identify students' problems and mistakes on time and help students correct them.	A　B　C　D　E
3. 和学生有充分的交流与沟通，关心学生的学习情况（10分） Have sufficient communication and interaction with the students, care about the students' learning situation.	A　B　C　D　E

续表

评价内容	等级
4. 授课前先向学生说明本课的重点和难点（10 分） Explain the key points and difficult areas of a particular course or topic before the lecture.	A B C D E
5. 授课时声音洪亮，语速正常（8 分） The teaching voice is loud and the speech rate is normal.	A B C D E
6. 对待学生态度温和，能够有效掌控自己的情绪（8 分） Treat students with a warm attitude, and be able to control their personal emotions.	A B C D E
7. 准备充分，讲授清楚（8 分） Make full preparation, and teach clearly.	A B C D E
8. 适当补充 HSK 相关知识（8 分） Appropriately supplement the HSK test knowledge.	A B C D E
9. 定期测试（8 分） Quiz at regular intervals.	A B C D E
10. 根据教学内容适当布置作业，作业形式多样（8 分） Arrange appropriate assignments according to the teaching content, and the assignment forms are diverse.	A B C D E
11. 教学思路清晰，板书或多媒体运用得当（6 分） The teaching ideas are clear, writing on the board or using various multimedia properly and adequately.	A B C D E
12. 充分利用教材（6 分） Make the most use of the teaching materials.	A B C D E

七、小结

本研究主要针对的是理工类高等院校留学生对汉语教师的评价，由于国内高校留学生的汉语课程主要以大班授课为主，且大部分为"国际班型"，因此国别化差异在本研究进行时未做考虑。本研究所得成果将被试用于北京理工大学留学生对汉语教师的评价体系，随后笔者将对试用情况进行跟踪调查，不断完善评价标准。

参考文献

曹贤文、王　智（2010）对外汉语教师与欧美留学生对"有效教师行为"的评价，《语言教学与研究》第 6 期。

崔希亮（2016）我们需要什么样的汉语教师，《国际汉语教育》第 1 期。

黄启庆、刘　薇（2017）国际汉语教师研究三十年回顾与展望，《云南师范大学学报》（对外汉语教学与研究版）第 2 期。

卢　芳（2015）闭环的高校教师教学评价体系研究，张永洲主编《深化教学改革·提升高等教育质量》（下册），哈尔滨：黑龙江教育出版社。

骆惠珍、万维强（2014）预科汉语教师和学生对文化教学的评价——基于新疆六所高校问卷调查的实证分析，《昌吉学院学报》第 2 期。

普洛瑟，M.；特里格维尔，J.（2007）《理解教与学：高校教学策略》，北京：北京大学出版社。

王学松（2008）来华美国留学生对汉语教师的评价标准——以 PiB "教学评价"为例，《东北师大学报》（哲学社会科学版）第 2 期。

熊　英（2018）核心素养时代教师专业标准解读与评价，《江苏高教》第 6 期。

姚利民（2005）国外有效教学研究述评，《外国中小学教育》第 8 期。

周湘林（2017）以学生学习为核心的高校教师教学评价方法创新研究，《现代大学教育》第 1 期。

作者简介

　　熊玉倩，北京理工大学助教。研究方向为对外汉语教学。

　　彭美琴，北京理工大学助教。研究方向为语言测试。

CSP 教师的培养及自我发展研究

——以医学汉语教师的培养为例

彭湃

摘　要　目前，学界对专门用途汉语（CSP）教师发展的问题关注不多，讨论的文章寥寥数篇。要真正解决 CSP 教师的发展问题，就要了解他们的角色、作用、素养、知识结构，以便制订适合的培养模式，选择专业化自主发展的方式。我们以医学汉语教师的培养及自我发展为例，从专业知识发展、国内外学术交流、合作教学等角度以及提高自己知识水平、教学水平、研究和反思等方面对医学汉语教师的培养与自我发展进行讨论，以期为专门用途汉语教师的培养提供一些思路，并为专门用途汉语教师培养及自我发展研究做一些基础工作。

关键词　专门用途汉语　医学汉语教师　知识结构　培养模式　自我发展

不断快速发展的经济形势带动了我国政治地位的大幅度提升，世界各国人民抱着接触中国、了解中国、投资中国、体验中国等不同目的，开始学习汉语。全球汉语热以及来华留学教育的迅速发展，对汉语作为第二语言教学提出了更高的要求。来华留学的专业结构也发生了很大变化，汉语作为第二语言教学不再局限于汉语言专业相关的汉语教育，而逐渐延伸至其他专业的汉语教育方向。这就要求我们在保障汉语言专业教育水平的同时，要注重完善其他专业的汉语教育。

杜厚文（1977）提出了专用汉语教学的概念；王若江（2003）明确提出了 CSP（Chinese for Specific Purposes）概念；李泉（2011）详细界定了专门用途

汉语概念，专门用途汉语是指用于某种专业领域、特定范围和固定场合的汉语，包括商务汉语、医学汉语、旅游汉语等。倪军红（2014）指出教师是国际汉语教育的关键，教材和教学法与教师问题密切相关。教材的质量、教材是否合用、教学法的取舍都取决于教师的教学理念。而教师的教学理念来自于教师的基本素质和专业素质。我们从中国知网（www.cnki.net）检索出对外汉语教师相关文献约 1800 余篇，但只有寥寥几篇文献提到专门用途汉语教师发展的问题。李泉（2011）指出专门用途汉语教学师资队伍建设亟待加强，目前专业化从教人员少之又少。同时指出 CSP 教师发展研究包括如何建立 CSP 教师队伍，特别是专业汉语教师队伍的建设问题、教师自身"汉语"和"专业"两个方面知识与技能发展的问题。要真正解决 CSP 教师发展问题，就要真正了解他们的角色、作用、素养、知识结构，以设计出适合的培养模式，并提出自主发展的建议。

一、CSP 教师的角色及作用

CSP 教师广义上是指从事 CSP 教学研究和培训 CSP 教师的人，狭义上是指对汉语为非第一语言的人进行专门用途汉语教学的教师。CSP 教师是汉语作为第二语言教学的教师，还是专门用途汉语教学的教师，除了掌握汉语教学的语言基础、汉语教学方法、教学组织和课堂管理、中华文化与跨文化交际、职业道德和专业发展、教育学、心理学等方面的知识外，还要在相关专业领域有一定的造诣。所以 CSP 教师的角色不是单一的，而是多元化的，其角色通过教学的理论研究和教学实践实现。

第一，CSP 教师是学习者。专门用途汉语教师是复合型人才，需要掌握的知识多元且范围广，除学习汉语作为第二语言教学的相关理论方法外，也要学习所教专业领域的相关知识。比如在进行商务汉语、医学汉语、旅游汉语、科技汉语等 CSP 教学活动之前，CSP 教师需要学习商务、医学、旅游、科技等方面的专业术语，以及在这些领域中汉语各语言要素（如语音、汉字、词汇、语法、语用、语体、篇章等）的特点和规律，诸如词语意义的选择性和出现频率、语法项目的特殊性、句法结构、语用的得体性等，从而在教学中掌握重点和难点。

第二，CSP 教师是教学的研究者。语言教学的总体设计要求 CSP 教师要研究如何制订教学大纲，如何进行课程设计，如何进行教材编写或选用，如何进行课堂教学，如何进行兼顾信度与效度的测试评估。陆俭明先生提出 CSP 研究不仅需要进行商务汉语、旅游汉语、中医汉语、法律汉语等的专项研究，也需要进行不同教学对象，即不同国别、不同语种的专项研究，还需要进行长期汉语、短期汉语、速成汉语的专项研究。（吴海燕，2014）这些专项研究都要求 CSP 教师是一个研究者，对课堂教学进行及时反馈，将理论和实践相结合，在教学实践中研究理论，并将相关理论应用于教学实践，进行自我完善与发展，并能在一定程度上推进 CSP 的发展。

第三，CSP 教师是教学方法的实践者。作为专门用途汉语的语言教师，必须掌握专门用途汉语作为第二语言的教学方法，将课堂教学艺术应用于课堂教学。其中包括语言要素教学方法，综合技能教学方法，单项技能——听、说、读、写的教学方法，板书、多媒体技术运用方法等。具体教学方法的实践包括讲解和操练两个环节。

第四，CSP 教师是课堂活动的设计者、组织管理者。专门用途汉语课堂教学中必然存在课堂活动，CSP 教师在教学活动中必须掌握课堂活动的设计与组织技巧，并在活动进行中给予良好的管理。有效的课堂活动有助于提升专业知识的趣味性，吸引学生注意力，提高学生学习兴趣，活跃课堂氛围，丰富课堂内容，更利于提高学习效率。

第五，CSP 教师是学生学习活动的引导者。交际法强调以学生为中心，首先要分析学习者对第二语言的需求，通过需求分析选择应该学习的语言功能和语言形式。这种教学方法强调课堂教学以学生为主体，教师并不是学生学习活动的主导者，而是引导者。学生并不是单向接收教师的语言知识输出，而是在整个学习活动中占主要地位，进行师生互动和生生互动，教师绝对的权威性也转变为与学生进行平等合作的关系。

第六，CSP 教师是评估者和反馈者。评估是教学活动的主要环节，测试是教育评估的主要手段，进行语言测试能够评估教学，提供反馈信息。学生可以通过测试了解自己掌握的目的语知识和能力的情况，发现学习中存在的问题，教师可以检查自己的教学效果，发现教学中的薄弱环节并及时加以弥补和改进，教学管理者可以把测试结果作为检验教学大纲、教材、教学方法的重要参考。（刘珣，2000）教师应对评估的结果进行及时的反馈，对学生的表现给予鼓励、纠正、批评。

二、CSP 教师的素质及知识结构

2.1 CSP 教师的素质

从心理学和生理学角度看，"素质是指人的先天生理解剖特点，主要指神经系统、脑的特性及感觉器官和运动器官的特点，素质是心理活动发展的前提，离开这个物质基础谈不上心理发展。各门学科对素质的解释不同，但都有一点是共同的，即素质是以人的生理和心理实际做基础，以其自然属性为基本前提的"（《辞海》，1979）。而本文所说的素质更多强调的是通过后天培养而形成的一种稳固性质，是人们长时间接受教育并且身处一定的环境共同作用的结果，这种外界的影响逐渐地内化为个体自身的内在品质及能力。在环境和教育潜移默化的影响之下，素质一旦形成就很难被改变，而会深深植根于个体的潜意识中，它持久地支配着人们的行为活动。但是素质既具有相对稳固性又具有发展性，它不是一成不变的，而是会随着教育水平的提高以及环境的改善，突破自己，达到质的飞跃。

谈及教师的素质时，则更要对素质一词的理解加以细化。对于教师素质的界定学术界有许多不同的观点，但整理后会发现，学者对职业道德、专业观念以及身心素质在教师素质中的重要地位是相当认可的，基本上达到了统一。所谓职业道德就是指教师对自己职业应有的责任和义务，是教师道德准则、道德情操和道德品质的总和。袁桂娥等（2000）提出"师德是教师素质结构的灵魂"。师德指的就是教师的职业道德，它是整个教师素质的灵魂，将它抽离掉就意味着整体的崩塌，教育也就失去了真正的意义。专业观念是指教师的专业素质，表现在教师的知识储量、教学能力、实践能力等方面，是教师素质的核心，是成为教师的基础，它关系着学生一生的成长，正所谓"学高为师，德高为范"。身心素质是身体素质与心理素质的合称。"身心素质是教师素质结构中最基础层面的因素"（袁桂娥等，2000），起到了基础支撑的作用。

CSP 教师的素质则需要进一步地说明，我们借鉴袁桂娥等（2000）的 ESP 教师素质概念可以把 CSP 教师素质概括为教师在 CSP 教学活动中表现出来的，经过严格规范训练获得的身心特征和职业知识的总和。与通用汉语教师和专业课教师素质不同的是，CSP 教师在职业知识层面上，要求兼备汉语知识和专业课知识。结合已有的对教师素质的界定，我们认为，CSP 教师的素质不应该是一成不变的，它是一个动态的系统，是随着时代的发展，学术的进步而不断提升的。同时 CSP 教师的素质也是可测的，虽然教师素质的多重性导致了测量的困难，但是在理论和实践的推动下，CSP 教师素质逐渐呈现出可测的一面。

我们认为 CSP 教师的素质包括以下几个方面。

2.1.1　职业道德

对于学生来说，在一定程度上，教师就是指路人，他们极容易受到教师的影响，这种影响既包括对学问的理解，也包括对性格甚至品格的塑造。可想而知，一个世界观、人生观、价值观扭曲的教师将会带领出怎样的学生？所以正确的、健康的职业观是 CSP 教师素质的灵魂所在，是每个教师必须拥有的。

2.1.2　专业知识

CSP 教师比起其他教师，在这一方面有了相对更大的压力，因为他们既要掌握汉语语言知识又要熟知专业课知识，同时还要了解教育学知识，而对于普通汉语教师和专业课教师来说，他们的知识结构可以是单一的，可以说，对 CSP 教师的专业素质要求更高。

2.1.3　专业能力

一个成熟的 CSP 教师，首先要具有较强的专业能力，尤其是在合作力和创新力上，他们需要更胜一筹。因为 CSP 教学仍处于起步阶段，并没有成熟的模式可以参考借鉴，所以这就要求 CSP 教师要有创新力，勇于创新，建构和完善 CSP 的教学模式。另外，由于 CSP 课程教学内容的双重性，要求 CSP 教师要与汉语教师和专业课教师积极合作，所以 CSP 教师要有较强的合作能力。

2.1.4　身心素质

身心素质包括身体素质和心理素质两方面内容，这两方面的内容是对任何一种职业的从业者的基本要求，CSP 教师也不例外。不同的职业对身心素质的要求也不尽相同。现阶段，CSP 教师的地位不高，所处的职场环境堪忧，报酬与付出不成正比，这就要求 CSP 教师要摆正心态，保持良好的精神状态，克服这一时期的困难。

2.2 CSP 教师的知识结构

2.2.1 CSP 教师知识结构的定义

CSP 教师的知识结构指的是 CSP 教师为了达到教学目标所需要拥有的相关知识的结构。这与我们上面所述 CSP 教师的素质是不同的，一方面表现在知识的获得关键在于传承，而素质的培养则不能缺少内在的存在；再一方面，知识可以独立于人之外，存在于各种载体之中，例如书籍、光盘等。而素质是无法脱离人而独立存在的，它是通过自然人的一系列活动才能显现出来的品质；最后，从外界评价来看，知识的检测和评价相对容易实现，而素质的评价则只能通过具体观察个体的实际表现来完成。

2.2.2 CSP 教师知识结构的构成

CSP 教师的知识构成主要有汉语语言文化知识、专业课基础知识、教育学知识三大部分。其中汉语语言文化知识以及专业课基础知识是教师进行授课的重要内容，教育学知识则是确保教师与学生能够顺利沟通的理论依据。根据严玲（2011）对 ESP 教师知识构成的理解，我们可以认为在汉语语言文化知识中，汉语语言知识、汉语跨文化交际知识是 CSP 教师需要掌握的背景基础知识。与 CSP 相关的汉语语言文化知识，包括 CSP 研究关注的体裁分析、话语分析等，这些知识将支撑起教师对教学内容的处理、对教学重心的安排。专业课知识则由专业基础理论、专业实践知识、专业教学法知识三部分构成，其中专业基础理论是专业学科知识的基础，只有熟知理论知识，才能理解实践并且指导实践。专业实践知识这一部分比起理论来说对于 CSP 教师有一定的难度，因为 CSP 教师大多是由汉语教师转型而来，专业知识对他们来说是完全崭新的知识内容，教师不太可能通过阅读或者课本的学习来获得实践知识，而要通过与业界交流来获取。但是专业实践知识对于 CSP 教师来说又是十分重要的，因为学生们步入社会后最需要的就是专业实践知识，所以专业实践知识是 CSP 教师必须掌握的。专业教学法知识与普通的教学法知识相比更加具体，更有针对性。CSP 教师用普通汉语课程的方法来教 CSP 课程，许多情况下是不合适的，CSP 课程只有与专业进行充分的融合，适应专业课特点，才能得到最佳的教学效果。

医学汉语教师的知识构成（如下图所示）主要有汉语言文化知识、医学专业知识、教育学知识三部分。汉语语言文化知识和医学专业知识都是传授知识的资源库，而教育学知识是保证教师与学生沟通渠道畅通、促进学生知识构建效率的催化剂。

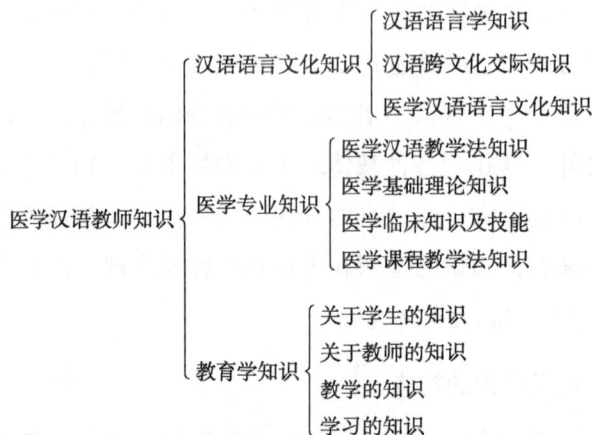

```
                                 ┌─ 汉语语言学知识
                  汉语语言文化知识 ┤─ 汉语跨文化交际知识
                                 └─ 医学汉语语言文化知识

                                 ┌─ 医学汉语教学法知识
医学汉语教师知识 ┤  医学专业知识   ┤─ 医学基础理论知识
                                 ├─ 医学临床知识及技能
                                 └─ 医学课程教学法知识

                                 ┌─ 关于学生的知识
                  教育学知识      ┤─ 关于教师的知识
                                 ├─ 教学的知识
                                 └─ 学习的知识
```

医学汉语教师知识结构图

2.2.3　CSP 教师知识构成的特点

CSP 教师所要掌握的知识数量巨大，既要熟知汉语语言知识，又要掌握专业课知识，还要精通教育学知识，并且这三方面中每方面都包括更加具体的知识种类。不仅知识量大，还对 CSP 教师知识的质量有较高的要求。

CSP 教师的知识构成并不是恒久不变的，而是处于一个不断更新、不断发展的过程中的，新的知识的进入，新的理论的发展，使得教师的知识结构也不断地更新、调整，永远都处于变化的状态，也只有这种状态才能适应当今时代的需求，才能更好地实现教育的价值。

医学汉语教师知识构成具有如下特点：

第一，复杂。从医学汉语教师需要掌握的知识的"量"来看，需要全面融合汉语语言文化、医学专业、教育学三方面的知识，数量巨大。从知识的"质"来看，汉语语言文化知识需要掌握的程度最深，其次是医学专业学科知识和教育学知识。因为医学汉语课程的落脚点是语言而非专业，学生学习医学汉语的目的也是为了提高自己在专业领域应用汉语的能力，所以汉语知识是教师知识结构中的重点。从知识获取的途径来看，既可以自主学习现有的知识文本，如通过对医学专业书籍的研读，学习专业理论知识与汉语语言理论；又可以通过与专业课教师的合作，在实践中学习专业课教师的授课方式、思维模式，观察其专业交往行为；还可以去业界进行实习，在实践中积累经验知识。单靠一种方式去获取必需的知识是根本不可能的。从知识的运用方式来看，各方面知识的应用不是简单的排列组合，而是打破学科界限，对教师的教学施加了综合性的影响。例如，教师讲解专业词汇时，需要从汉语构词的角度讲解词汇的拼写，从专业使用的角度讲解词汇的应用，同时对于与普通词汇同形不同义的词，还需要对它们进行分辨。而在这一系列的讲解过程中，教师还需要使用不同的教学手段使课堂学习生动有趣，富有成效。由此可见，医学汉语教师要真正掌握这些知识，并对它们灵活运用，绝非易事。

第二，开放。知识的开放性是指医学汉语教师的知识永远处于动态的更新状态。医学专业领域的快速发展使医学知识体系不断更新，不断扩大，不断有新的知识点加入，也使得整个医学知识体系具有较强的开放性、包容性。

第三，整体。看待医学汉语教师三方面的知识，即汉语语言文化知识、医学专业知识和教育学知识，应当一视同仁，把它们当成一个整体看待，缺一不可。它们在医学汉语教师的知识体系中承担不同的任务。汉语语言文化知识是核心手段，是学习和拓展医学专业知识的工具，是医学汉语课程的核心内容之一。因为学生学习医学汉语的目的就是要学会医学知识的汉语表达，这样在实习阶段就可以很好地和病人、医护人员进行沟通和交流，并进一步用汉语这个工具提高自己的医学知识水平。

三、CSP 教师所面临的困难与挑战

CSP 教学还处于逐步完善的阶段，这一时期作为教学主体之一的 CSP 教师面临着许多问题。这些问题归结为一点就是 CSP 教师是否需要掌握相关的专业知识，教师没有专业知识储备能否胜任 CSP 教学。

首先，CSP 并没有成熟的教学模式，许多 CSP 教学中的关键问题仍存在着分歧，很多问题都没有达成共识。例如关于 CSP 语言的存在维度、教学设计的核心等问题仍存在较大的争议。这一阶段，CSP 教师并不能很好地解决这些争议，同时也无法在其他学科领域找到这些问题所对应的、现成的答案。因此，这一时期，CSP 教师必须积极寻求解决问题的对策，努力找到最适合自己课堂的教学模式，为 CSP 教学寻找出路与正确的发展方向。为了实现目标，CSP 教师需要具有怀疑精神、批判精神，要具备开放性思维，同时还要用理论和实践知识来武装自己，只有这样，才能开拓 CSP 教学的新未来。

3.1 对专业知识需求度的把握上的认知差异

CSP 的教学材料在语法和语篇结构上并没有什么本质的不同，但在词汇上却有较大的差异，这部分差异将给 CSP 教师带来沉重的负担，"并不是技术语言区分了 ESP 和 EGP，而是理解这些术语所需要的知识使得 ESP 和 EGP 有区别，也就是说困难不在于语言，而在专业知识"。（严玲，2011）CSP 同样适用这样的道理。教师专业知识的缺乏给 CSP 课堂教学造成了很多负面的影响。从一些 CSP 教师在课堂上举的例子中可以发现，专业知识的匮乏导致教师对许多专业术语的理解存在偏差甚至是错误的。那么 CSP 教师对专业知识的需求度到底是多少才算符合要求呢？由于 CSP 教师多数由普通汉语教师转型而来，所以就专业来说，他们只能算是外行，而要想成为 CSP 教师就要接受专业知识的培训，且这种专业知识的教育是基础的，所以他们只能成为"熟悉专业语言的人"，成为"受过教育的外行"。目前学界对 CSP 教师到底要掌握多少专业知识这一问题存在着一些不同观点。我们认为，科学的定义不应该是静止不动的，而应是根据实际情况总结出的富有弹性的定义。这种弹性化取决于许多因素，例如学习者的专业化水准、基础的差异，有的是零基础，有的是初级甚至高级，这就使得对教师的专业化程度的要求存在着差异。还有 CSP 教师所处的教学环境各有不同，有的教师能掌握的资源相对较多，那么所得到的专业帮助就更多，这样就要对这些教师的专业化程度提出更高的要求。

3.2 学校要求标准有异

有一些学校的教学管理部门对学生在专业知识和汉语水平上要求很高，那么，对教师的要求就要更高。除此之外，CSP 教师对待专业知识的态度也影响着教师对专业知识的掌握程度。由于长期从事普通汉语教学，许多汉语教师对其他学科的专业知识有抵触心理，认为专业知识不好学，自己学不会，这种消极心理严重影响了 CSP 教师积极主动地学习专业知识的热情和决心，使他们从心理上就不愿意从事 CSP 教育事业，"Huthchinson 曾举例说当面对一台机器时，教师不必知道它怎样工作，但应该能够问：（1）这台机器的用途是什么？（2）这个零件叫什么？（3）它为什么有这个用途，而没有那个用途？因此 CSP 教师可以不是专业课教师，而是一个对专业感兴趣的学生"。（严玲，2011）

3.3 CSP 教师的地位偏低

在现实情况下，CSP 教师的地位较之于专业课教师以及普通汉语教师的地位相对较低，与之对应的就是，他们在工作中经常遇到这样或那样的问题，比如在排课时，CSP 的课程经常被推后，被调课；在遇到专业知识的疑问时，经常无法得到专业课教师的直接帮助；由于 CSP 教师所处的尴尬境地，学生们有时并不能很好地理解和尊重他们。导致 CSP 教师缺乏地位的本质原因就是人们对 CSP 课程的重视程度不够，很多人甚至包括 CSP 教师自己都认为 CSP 课程并没有成为一门独立的学科，他们觉得只要学好汉语就能学好专门用途汉语，这种认识误区使得 CSP 越来越不受重视。要想改变这种现状，还是要靠 CSP 教师自身的努力，创新课程内容，实现特色课程目标，提高课程质量，提升课程价值，使 CSP 的地位从根本上得到扭转。

四、CSP 教师的培养模式

CSP 教学中教师起着重要的作用，他们既要组织教学活动，还要参与需求分析、设计教学大纲、编写材料以及进行教学评价等多项工作。教师的教学水平将直接影响教学效果，所以对 CSP 教师的培养在 CSP 教学中有着举足轻重的地位，只有培养出优秀的 CSP 教师才有可能培育出杰出的专门用途汉语人才。

教师的培养在当下应该走专业发展模式。如本文前一节所述，CSP 教师面临着许多问题和挑战，而这些问题中最棘手最核心的就是缺乏专业知识，在专业领域不能做到游刃有余，解决这一困难的重要途径就是要走教师专业发展之路。为了培养出合格的、稳定的、专职 CSP 教师队伍，就要主动挖掘高校在职通用汉语教师人才，因为他们已经具备了扎实的语言基础，在这个前提下，只需深入学习专业知识，就能兼备语言教学能力和专业教学能力。如此就解决了 CSP 教学所面临的核心问题，解决了选择教师的矛盾。这样可以全方面提升 CSP 教师的素质，逐渐形成专职的 CSP 教学队伍。

总结相关经验并结合实际情况，笔者认为 CSP 教师专业发展模式大致为三种：专业知识发展、国内外交流、合作教学。

4.1 专业知识发展

专业知识发展是指培养通用汉语教师，使其掌握相关的专业基础知识，成为 CSP 教师。这样的培养模式有利于解决 CSP 教师所面临的缺乏专业知识的实际困难。因为通用汉语教师这一群体常年从事基础汉语教学，他们既了解学生们的汉语水平，又能掌握学生学习时常见的问题，这些经验有利于教师根据学生的实际语言情况开展后续的专业汉语教学实践，使 CSP 教学更贴近学生实际、更加科学高效。对通用汉语教师进行培训也相对较容易操作，他们只需要学习了解相关的专业基础知识就可以了，深厚的汉语语言功底为他们日后成为一名 CSP 教师奠定了坚实的教学基础。这种培训模式可以通过聘请专业教师对通用汉语教师进行相应的专业基础知识培训来实现，比如说在职培训、岗前培训等，这种培训模式可以帮助通用汉语教师在专业上顺利转型，成为一名 CSP 教师。

4.2 国内外学术交流

国内外学术交流是指通过国内外的沟通、学习和借鉴，来促进 CSP 教学、科研发展的一种必要手段。国内的学术交流使同行之间更加了解，使相互之间更加信任、和谐，这样的学术沟通使得 CSP 教学及理论在良好的大环境下可以更加健康、科学地向前发展。学术交流其实就是信息的交流，我们处在信息时代，越来越注重对信息的掌握情况，只有充分了解信息，才能搞好各方面的工作，CSP 教育事业也不例外。交流的方式是多种多样的，例如可以定期举行学术会议，这可以为教师之间的直接沟通交流提供一个平台。也可以创立一个 CSP 教学网站，网站的形式可以是丰富多彩的，教师可以自由地在网上进行沟通，这就跨越了时间和空间的阻碍，使得沟通更加方便、高效。还可以创办 CSP 学术期刊，这样 CSP 的科研成果就有了发表的平台。近年来，越来越多的 CSP 学术团体、学术交流活动涌现出来，这必然会使 CSP 教学逐步完善。除此之外，许多国家的 ESP 教学和科研理论已经很完善了，我们也可以积极借鉴国外的先进理念，取其精华，从而发展我国的 CSP 教学理论与实践。我们应该充分利用各种机会，派遣 CSP 教师到国外去深造，这将为 CSP 教学的发展锦上添花。

4.3　合作教学

"合作教学指的是具有某一特定专业背景的专业教师和语言教师合作共同教学。"（Jordan,1997）合作是一个过程。在整个过程中，合作双方互相弥补，互相协调，通过双方的互补性来解决单方面无法完成的任务和问题。可以说我们所说的合作教学就是一种互补性教学。早在上世纪七十年代末就有学者提出过专业教师和语言教师合作进行 ESP 教学的设想。有人认为合作教学就是专业教师单方面地辅助汉语教师，我们认为这样的看法是片面的，合作教学更多的是双方教师的互补性、互惠性教学。专业教师可以使汉语教师准确了解学生对专业知识方面的具体需要，反过来，在与汉语教师的合作中，专业教师也可以更多地了解学生的实际汉语水平。

合作教学具体包括很多内容，Jordan 将合作的内容总结为："（1）协助进行目标语言情景描述以及提供学习难点的信息；（2）提供阅读清单，包括推荐的专业杂志、图表等；（3）协助编写教材；（4）为教学和学生自学录制短小的涉及专业内容的录像带或录音带；（5）为学生做专业知识方面的讲座和组织小型的学术讨论会；（6）全面分享教学职责。"

合作教学创造性地将专业教师和汉语教师结合在一起，既弥补了汉语教师缺乏专业知识的缺陷，又克服了专业教师语言基础薄弱的困难，使学生可以学到扎实的专业知识，同时打好语言基础，从而实现良好的教学效果。所以说，CSP 教学的稳步发展需要专业教师和汉语教师的积极合作与配合。

CSP 教师在教学过程中仍然面临着许多问题，我们要建立 CSP 教师的培养模式，为学生们提供高水平的师资队伍。这一过程需要 CSP 教师自身的努力，去克服困难，努力提高自身教学水平，通过各种途径来加强各方面的素质。

五、CSP 教师专业化自主发展

5.1 专业化自主发展的定义

首先，发展是指一事物由旧质向新质的飞跃。CSP 教师自主发展则更加强调"自主"二字。所谓"自主"，一方面是指 CSP 教师需要发展，要具有强烈的自主发展意识，这种意识是教师前进与发展的内在动力，也是教师自主发展的前提。另一方面是指教师的主体性，教师要将自己作为发展的主体，在发展过程中，教师的主体性得到尊重及认可，也就意味着教师可以实现一系列自主活动，例如自主决策、自主行动等。同时，CSP 教师的专业化自主发展也蕴含着教师的职业道德、职业理想等教师内在修养因素。CSP 教师追求自主发展也是其职业道德的体现，这种崇高的情操是推动自主发展的原动力。

所谓"专业化自主发展"则更加关注"专业化"方面。CSP 教师的专业化自主发展与以往普通教师所提倡的自主发展有所不同，普通汉语教师以及专业课教师有着多年的自主发展经验，形成了相对成熟的发展模式，有许多成功的案例并且也有许多专家能对其进行指导。而 CSP 课程并没有得到充分的重视，相对应的就是 CSP 教师的地位不高，所拥有的各类资源少之又少。他们的发展环境是相对较差的。在这种情况下，CSP 教师更要积极寻求学科出路，现在的 CSP 教师大多数都由普通汉语教师转型而来。这就意味着对普通汉语教师的专业化培训是 CSP 教师自主发展的关键。在转型过程中普通汉语教师面临着实现知识结构以及教学能力的大幅度提高的问题，这种要求客观地强化了教师的自主发展意识，使其更加努力地提升自己的专业化素养。

5.2 CSP 教师专业化自主发展的特点

首先，随着信息时代的到来，创新成为各行各业求生存的重要法宝。CSP 教师也不例外，他们不得不时刻更新自己的语言储备、专业知识储备等，专业化自主发展的道路成为他们的选择。但是，这条路并不是一帆风顺的。因为 CSP 教师地位不高、不受重视的尴尬现状，许多普通汉语教师并不愿意向 CSP 教师转型。不仅如此，即使愿意转型，在转型的道路上也有这样那样的诱惑。

第二，CSP 教师多数是由普通汉语教师转型而来的，这些教师在作为普通汉语教师的职业生涯中已经算是经验颇多的"老教师"了，但是向 CSP 教师转型以后，在这个领域又变成了"新教师"，随之会产生许多他们没有遇到过的困难和问题，使他们不得不调整自己的知识结构，提升自己的教学水平。所以，CSP 教师队伍总不乏许多"新手型老教师"的存在。

第三，CSP 课程起步较晚，教学方法和教学模式相对不够成熟，成功的教学案例也不够多，使得在理论上无法归纳出一般的具有科学性的 CSP 课程的教学规律，导致 CSP 教师对专业化自主发展的理解在统一的大目标下还存在着很多自身的经验差异。这也就使专业化自主发展呈现出个性化发展的态势。

第四，CSP 教师在自主发展的道路上困难颇多。由于种种原因，CSP 课程并没有受到充分的重视，导致教师所掌握的资源相对有限，在自主发展的过程中，没有可以用来参考的现成的模式和成熟的经验，每一次遇到问题都要通过自己摸索去解决，再加上 CSP 教师所面临的专业生存环境不理想，从而导致了自主发展之路困难重重。

5.3 CSP 教师专业化自主发展的方式

尽管现在的环境对 CSP 教师的专业化自主发展有诸多不利因素，但 CSP 教师仍然有机会、有能力将实现专业化自主发展的愿望变为现实。我们认为教师在整个教学活动中有三大任务，即 CSP 教师要提高自己的知识水平、要提升自己的教学水平、要研究并且反思教学过程中所遇到的问题。

第一，提高自己的知识水平。所谓教学相长，教师不仅扮演着传道授业解惑的角色，同时也是一名学习者的角色。CSP 教师入职前后，都要进行一定的培训和进修。大部分普通汉语教师在转型为 CSP 教师时，对专业知识的掌握基本为零，要想成功转型就要系统地学习专业知识，这一过程非常重要。成功转型之后并不意味着 CSP 教师的学习之路就此结束。在信息时代的今天，我们倡导全民终身学习，而教师就更要积极投身于终身学习的大潮中，与时俱进，随时掌握最先进的理念以及最前沿的知识信息。

第二，提升教学水平。可以开展校本研修活动。"葛永庆认为专家引领的校本研修是利用专家具备的专业知识、专业能力、专业素养，来帮助新手和熟手型教师提升自身的素质。专家引领的延续从形式和组织上就具有了一定的规范性，内容上更具计划性、系统性，避免了以往研修活动开展时的随意性。"（严玲，2011）校本研修强调理论与实践相结合，使 CSP 教师更好地参与到研修当中，有利于增强培训的效果。其次要讲求合作教学，由于专业的需要，使得CSP教师的知识结构应该是多重的，一方面要求教师有良好的语言基础，另一方面又要求教师有过硬的专业知识储备，这使得CSP教师面临着巨大的学习压力。所以可以使CSP教师与专业教师强强联合，各司其职，共同提升授课质量。

第三，研究与反思。CSP教师不仅是教学的实践者，同时也是教学的研究者，对于教学活动中遇到的问题，不能放任不管，而要积极研究反思，寻求解决办法。在教学的过程中，不能一味地机械教学，要积极创新，总结与授课有关的经验及教训，提高理论水平，这样才能更好地提升教学实践能力。

参考文献

辞海编辑委员会（1979）《辞海》，上海：上海辞书出版社。

杜厚文（1977）在专业汉语教学中试行突出听说、读写跟上的教法，《语言教学与研究》第1辑。

李　泉（2011）论专门用途汉语教学，《语言文字应用》第3期。

刘　珣（2000）《对外汉语教育学引论》，北京：北京语言大学出版社。

卢桂荣（2013）《大学英语教学研究》，北京：光明日报出版社。

倪军红（2014）来华留学生专业汉语教材编写初探——以医学汉语教材为例，《国际汉语学报》第2期。

王若江（2003）特殊目的汉语教学实践引发的思考，《语言教学与研究》第1期。

吴海燕（2014）《商务汉语词汇研究》，北京：中国书籍出版社。

严　玲（2011）《专门用途英语课程建构》，北京：中国传媒大学出版社。

袁桂娥、罗士喜、闫江涛（2000）面向21世纪小学教师素质结构的研究，《平顶山师专学报》第1期。

Jordan, R. R. (1997) *English for Academic Purposes: A Guide and Resource Book for Teachers*. Cambridge: Cambridge University Press.

作者简介

彭湃，大连医科大学讲师。研究方向为医学汉语教学与研究。

留学生预科教育教师的实践反思与专业发展 *

黄峥

摘　要　本文收集了北京语言大学从事留学生预科教育的 6 名班主任教师的实践反思资料，运用扎根理论方法进行编码，获得了知识结构、教学能力、专业发展能动性三大教师专业素养构成中的 24 个行为特征。分析结果表明：（1）预科教师在经历 3 至 4 年的教学工作，从新手型教师转入胜任型教师后产生了职业倦怠。（2）预科教师专业发展阶段的关注模式呈现出由关注学生到关注教学任务，再到关注自身专业发展的过程。

关键词　留学生预科教育　　实践反思　　教师专业发展

教师在长期的专业活动基础上会形成一定的关于教育、教学、学生发展、师生关系等的认识和理解，为实践行为提供理论基础和思想基础，也为其奠定教育实践观和方法论，为其解决具体的教育问题提供合教育性的某种可能性，对教师的专业成长和实践行为的改善十分必要也非常重要。但这种认识和理解必须要经过反思才具有保存的价值，否则只是狭隘的或肤浅的、不深刻的经验性认识。

在具体的教育实践中，由于学生、课程资源、教育情境等多方面的复杂性，教师往往会遭遇到很多无法预知的具体情境和问题，如教学过程中的各种意外，师生的偶然失误，甚至是学生故意的捣蛋、刁难，周围环境的干扰造成的教学中断，教学内容的歧义性理解，等等，这些偶发的教育事件每一个教师都曾遇到过或正在遇到，且还会遭遇。教师面对、经历和处理这些遭遇时会获得不同的情境性意义，形成不同的教育经验和教育行为方式，甚至是教育

---

* 本成果受北京语言大学院级项目（项目批准号：19YJ010409）的资助。

个性。

教师对其教育实践中的教育行为和学生的发展可能进行审视、反省和批判性分析，可以帮助教师提炼出经验性认识和个人化理解中的精华并加以系统化，产生质的升华，从而有利于教师在面对具体的教育实践问题时迁移使用，更进一步丰富自身的教育知识和对教育理论、教育规律的理解。

对外国留学生进行预科教育是国际通行的教育方式。2009年，教育部决定自2010年9月1日起，对中国政府奖学金本科来华留学生新生开展预科教育。国家留学基金管理委员会（2018）明确了预科教育培养目标是通过一学年的预科教育，帮助国际学生在汉语言知识和能力、相关专业知识以及跨文化交际能力等方面达到进入我国高等学校专业阶段学习的基本标准，并规定每周学时数不少于30课时，以语言教学为主、专业知识教学为辅，包括语言、文化、数理化知识等内容。同时，要求将年富力强、经验丰富、责任心强、水平较高的优秀教师配置到预科教育岗位上。由此可见，国际学生预科教育任务之重、责任之大，以及预科教育教师促进自身专业发展的重要性。

一、文献综述

20世纪80年代以来，反思型教师教育思潮首先在以美国、加拿大、英国、澳大利亚等国为首的西方国家教师教育界兴起。Schön（1984）在其著作《反思性实践者：专业工作者如何在行动中思考》一书中基于对专业工作者的思想与行动关系的详细考察，创造性地提出了"反思性实践"这一概念。以培养教师这一专业工作者为主要职责的教师教育界对"教师反思"的关注也由此开始。

Solomon（1987）认为反思是调节过去的经历、行动、个人理论和公共理论的中介，通过反思重新探索过去的经验，挖掘其中隐藏的价值，是个人知识和意义建构的过程。Zeichner & Liston（1987）指出教师反思是教师对其行动的来源、目的与后果，以及那些蕴藏在他们所工作的教室、学校与社会等情境中的物质与意识形态限制与支持的思考。

尽管不同的学者基于不同的理论背景或研究取向，对教师反思的认识不尽相同，但在这些研究的背后都有一个很重要的共识，那就是教师反思对其专业行动的改进、专长的发展具有促进作用。教师的实践反思已越来越被认为是教师专业成长的内在属性和基本路径,反思的意向和水平决定着教师专长发展的成熟度。

教师专业化思潮的发展经历了两个不同的阶段:第一个阶段是从 20 世纪 60 年代到 70 年代,这一时期主要是把教师职业与其他职业相比较,关注教师作为专业性职业的地位状况和提高问题;第二个阶段是从 20 世纪 80 年代开始,主要在以教师的角色或实践为视点之同时,关注"教师发展"或"教师的专业发展"问题,将教师的"专业知识"和"专业实践"结合起来重新审视教师的"专业性"问题。

Fuller(1969)是教师专业发展阶段研究的先驱者,提出了教师关注的四阶段发展模式。Fuller 认为个人成为教师的这一历程是经由关注自身、关注教学任务,最后才关注到学生的学习以及自身对学生的影响这样的发展阶段而逐渐递进的。

Katz(1972)提出教师成长的四阶段理论,认为教师发展成长可分为求生存时期、巩固时期、更新时期和成熟时期。新教师首先要在陌生的环境中生存下来,经过 1～3 年逐步掌握教学基本知识和技能。之后,教师可能会产生职业倦怠,遭遇新的失误,探讨教学革新,一直到成功担当教师角色,走向成熟。

Berliner(1988)认为,教师发展成长经历新手教师、熟练新手教师、胜任型教师、业务精干型教师和专家型教师五个阶段。从时间上划分,新从事教学工作的教师可称为新手教师。经过 2 至 3 年对教学活动的适应,不断发展成为熟练新手教师。大多数工作了 3 至 4 年的教师都能达到胜任水平。大约到第 5 年教师便进入熟练水平的发展阶段,成为业务精干型教师。一定数量的教师在积累了至少 10 年以上的教学经验,能够发展成为专家型教师。

熊川武是国内最早介绍反思教学的学者之一,他的研究大多是关于反思教学的概念或其理论支撑的。其他许多学者也大多对反思教学进行过理论阐述,然而,国内一部分学者的研究仍停留在理论介绍方面,如追溯教师反思的历史或思想渊源,或介绍相关研究的最新进展,如卢真金(2002)、丁道勇(2008)。相比之下,关于在职教师的无引导的反思书写方面的研究很少,而这些研究可以反映在职教师专业反思的真实自然的状态,根据这些特点,也可以对他们的反思进行必要的指导。

　　本文通过开放式问卷收集国际学生预科教育教师对自我教育实践反思的关键事件的文本案例，运用扎根理论的分析方法，从中梳理出新手型教师、胜任型教师、成熟型教师在教育实践、行为特征等方面的差异，并提出各类型教师专长培养的策略。综合 Katz 和 Berliner 的教师专长发展阶段的理论，我们将本研究选取的预科教育教师分为三种类型，工作 10 年以上的教师归为成熟型教师，工作 3 至 10 年的教师归为胜任型教师，工作 3 年以内的教师归为新手型教师。

二、研究对象及方法

2.1　研究对象

　　从北京语言大学汉语国际教育学部预科教育学院选取 6 名班主任教师，同时考虑其年龄、教龄等特点，以确保样本分布均匀。其中，年龄 30 岁以下的 2 人，30～39 岁 2 人，40 岁以上 2 人；本科学历 1 人，硕士学历 5 人；新手型教师 2 人，胜任型教师 2 人，成熟型教师 2 人。

2.2　资料收集方法

　　采用关键事件法，以开放式问卷的形式，请教师回顾自己过去的教育实践中做的两类事件，各类写出 1 至 3 件印象最为深刻的案例。一类是成功或出色的事件，主要涉及当时的情境、事情起因、涉及的人员以及如何处理。要求重点描述这些事件中，教师当时的判断、采取的措施、效果及对自我的评价。另一类是失败或遗憾的事件，主要涉及事件发生的起因、涉及的人员、遇到的困难、个人所做努力以及效果等。要求重点描述教师当时的判断、采取的措施、效果以及未能克服的困难和障碍。共收集到 23 个案例，最长的单个案例字数为 744 字，最短为 102 字，全部案例文本共 7688 字。

2.3　资料分析方法

　　全部案例文本均采用扎根理论的方法进行分析。首先采用开放式编码，直接从文本中发现并提出概念或特征，并用原文中的描述对这些概念和特征进行界定，列举文中提到的典型行为事件，统计被访者提到这些关键概念和特征的次数。在此基础上进行主轴编码，寻找预科教师的教育专长的具体行为特征维度及其解释，用原文中的描述来界定主轴概念的含义，列举典型行为事件，并再次统计主轴概念被所有被访者提到的次数并做出分析。

三、分析结果

3.1　文本数量分析

文本收集结果如表1及图1所示。无论从案例个数还是文本总字数而言，成熟型教师的输出最多，而胜任型教师的输出最少。此现象验证了上文中Katz所述的教师成长阶段理论，预科教育教师在经历了3～4年的教学工作从新手型转入胜任型教师之后可能产生了职业倦怠感，对于自我教育实践反思的能动性不及新手教师。而成熟型教师从开始工作到逐渐成熟，经历了一个长期而艰苦的探索实践过程，因而特别关注运用主观能动性对过往实践进行反思，以促进专长发展。

教师发展本质上是一个终身学习的过程，教师的能动作用投射为教师在以时间为主轴的活动情境中的行动质量。教师基于过去的成就、理解和行动模式，有选择地激活过往的理念和行动资源。在选择性吸纳过去资源的基础上，与当前的工作情境建立联系，展开积极的行动。张娜、申继亮（2012）的相关研究文献也表明，成熟型教师的专业发展能动性高于胜任型教师和新手型教师。

表1　文本收集基本数据

教师类型	被访者教龄	案例类型	案例数量	文本字数
成熟型教师	17年	成功事件	3	1036
		失败事件	3	1524
	15年	成功事件	3	816
		失败事件	3	603

续表

教师类型	被访者教龄	案例类型	案例数量	文本字数
胜任型教师	6 年	成功事件	1	175
		失败事件	1	102
	4 年	成功事件	1	744
		失败事件	1	507
新手型教师	3 年	成功事件	2	332
		失败事件	2	212
	2 年	成功事件	2	1092
		失败事件	1	545

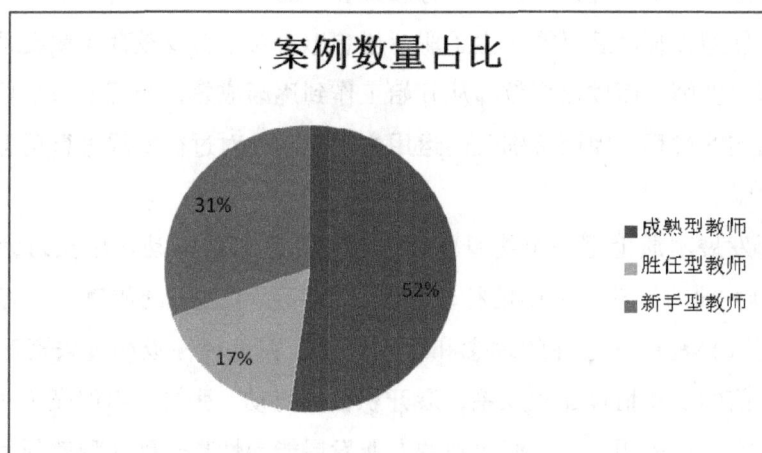

图 1　各类型教师案例数量比较

3.2　案例主题类型分析

如图 2 所示，通过对三类教师案例主题的分析，发现成熟型教师关注的主题最多，分别是学生德育、学习成绩、心理健康、突发事件、课堂教学、专业发展五类，其中最关心的方面是学生德育工作；胜任型教师的关注点集中在学习成绩、德育、心理健康三方面，其中最关心的是学习成绩；新手型教师最关心的是学生心理健康，而对于德育的关注度极少，体现了预科教育教师专业发展阶段关注模式的特殊性。Fuller 提出的教师关注四阶段发展模式，首先是高度关注自身课堂教学和专业发展情况，进而关注学生的心理健康和学习成绩。预科教育教师的专业发展阶段的关注模式与 Fuller 所述不同，先由对学生的关注开始，进而关注教学任务，最终才出现关注自身专业发展，这是由预科教育目标、教育对象的特殊性所决定的。

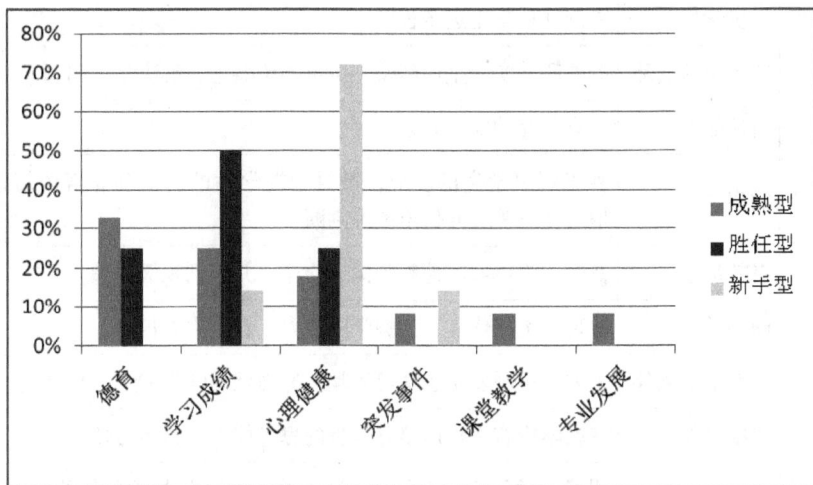

图 2　案例主题类型比较

一则预科生年龄普遍较小，以北京语言大学预科教育学院为例，超过半数的预科生年龄在 20 岁以下，其中不乏年龄不满 18 岁的未成年人。他们正处于由青少年至成年人的重要转变时期，因此，教师对预科生的心理健康状况格外关注，特别是新手教师。二则预科生以中国政府奖学金生为主体。2018 年秋季北京语言大学预科教育学院共接收中国政府奖学金学生 230 名，占预科生总数的 90%。根据国家留学基金管理委员会的规定，预科生经过一年学习之后要参加全国预科结业统一考试，考试不合格者不能进入本科专业学习。应试教育的压力使得预科教师特别关注学生的学习成绩。

3.3　预科教育教师专业发展行为特征的分析

3.3.1　行为特征编码结果

基于扎根理论对全部案例文本进行编码处理后，我们获得了知识结构、教学能力、专业发展能动性三大教师专业素养构成中的 24 个行为特征，如表 2 所示。

表2 教师行为特征编码

类别	行为特征	描述性定义
知识结构	了解学生	全面了解学生家庭背景、生活经历、学习能力等
	学生发展取向	关注学生全面发展，渗透人生观、价值观教育
	评价学生	准确评估学生进步程度
	联系生活实际	能够联系实际生活经验，讲解抽象概念，解决学生问题
	科研能力	具有研究的能力和素质
教学能力	洞察力	善于观察学生的反应，敏锐把握学生的言语和非言语信息（表情、神态等）并做出准确判断
	有效沟通	及时与学生或其他教师沟通交流，并得到积极反馈
	激励学生	发现学生的优点，挖掘学生潜力，对学生有信心
	激发学生兴趣	采取措施激发学生学习兴趣，努力调动学生的学习积极性
	思维培养	在教学中有意识地培养学生的思维能力和行为习惯
	教学设计	明确教学目标、任务及方法，并预测教学中可能出现的教学效果与问题
	课堂互动	课堂上与学生的提问互动和反馈及时、恰当而准确
	教学反思	对自己的教学工作进行回顾和评价，进而调整自己的教学行为和策略
	了解教材	对教材及其知识内容能够从整体上准确把握
	教学机智	课堂上能够灵活处理教学设计外的突发事件
专业发展能动性	进取心	主动寻求利于自身专业发展的竞争性环境，应对挑战
	创造性	具有独立思考和创造性解决问题的能力
	坚韧性	有毅力克服工作和生活中的困难
	积极进取	对自己的教育工作不断有更高的要求
	接受意见	乐于接受领导、同事等的意见和建议并改进工作
	责任感	责任心强，对学生认真负责
	成就目标	有成为专家型教师的目标和理想
	主动学习	乐于持续学习，积极向有经验的同事和老师请教
	职业信念	热爱教育事业，喜爱本学科

3.3.2 行为特征分布分析

根据对不同类型教师 24 个行为特征的分析，成熟型教师与胜任型教师、新手型教师在行为特征分布上存在差异（图 3）。成熟型教师行为特征分布前三位的是了解学生、教学反思、责任感，而新手型教师和胜任型教师行为特征分布的前三位均为洞察力、了解学生、评价学生。从行为特征分布的广度上看，成熟型教师涉及的专业发展构成因素最为广泛，包含 23 项。而胜任型教师和新手型教师分别只涉及专业发展构成中的 12 项和 15 项因素。胜任型教师缺乏责任感、坚韧性、创造性等因素，新手型教师缺乏职业信念、思维培养等因素。

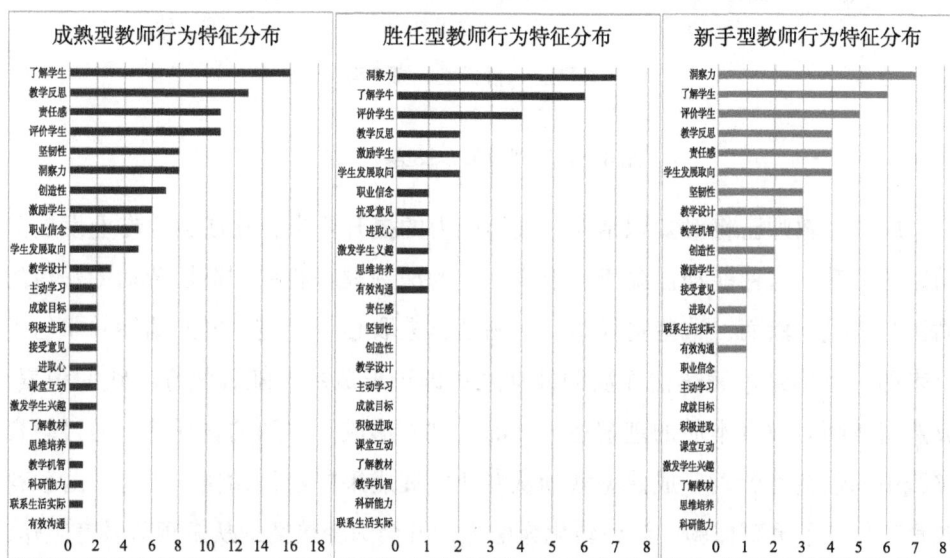

图 3　各类型教师行为特征分布比较

从教师三大专长构成来看，新手型教师和胜任型教师都把学生学习作为自身关注的核心，关注预科生的课堂及课外的反馈、社会和情感需要以及如何通过教学更好地促进他们的成绩和表现，努力通过敏锐的洞察力进行学生监控，并及时对学生做出评价。新手型教师还处于生存和适应阶段，还未建立职业信念，同时对学生兴趣的激发和思维的培养都缺乏经验。由新手型进入胜任型阶段的预科教育教师，在持续的关注和机械反复的过程中难免会出现紧张和焦虑的高压力状态，因而明显缺少专业发展能动性，如图 4 所示。

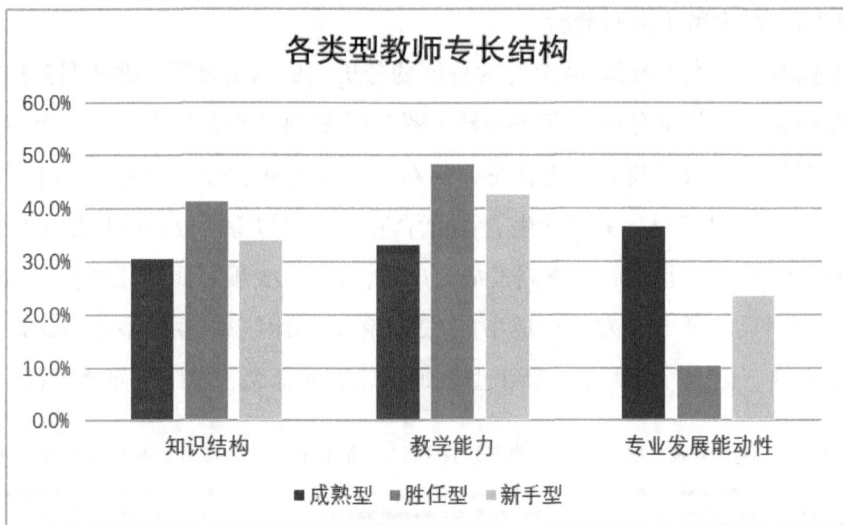

图4　各类型教师专长结构比较

成熟型教师已将对知识结构、教学能力的提升要求转化成自身专业发展能动性的提升。这种能动性源于对教育工作的深刻理解和在创造性劳动中获得的愉快与满足。然而，这些责任感、坚韧性、进取心等专业发展能动性并非与生俱来的，也不是单凭热情洋溢的鼓动之辞即可形成的。随着教育实践的积累，成熟型教师对教育本质的理解逐渐加深，进而形成了强烈的责任感。通过教育实践中的创造性劳动，成熟型教师从专业发展成果中获得愉悦和满足，对预科教育工作有了情感体验，认识转化为信念，就会满腔热情地从事预科教育工作，执着地追求教育教学的最佳效果，并积极地进行教育反思。

四、讨论

教师专长的形成是一个持续发展的过程。专长并不是天生或遗传的，也不是经过短期训练一蹴而就的，而是需要在教育实践过程中不断磨炼，在不断解决问题的过程中形成的。Glaser（1988）认为，专长形成有三个交互作用阶段，初期学习者更多地依赖外部支持，中期实现已有知识及技能的转化，后期实现自我学习。由此可见，对于处在不同专业发展阶段的预科教育教师，需采用不同的培养策略。

4.1　新手型教师

新手型教师虽具备高学历和丰富的知识体系，但这些并不能准确地明示其在具体的教育实践中如何做更具教育性，怎样做能促进自身专业发展。外部支持是教师获得教学专长的重要途径，尤其是对于新手型教师来说。系统的培训和专业的指导有助于新入职教师转变角色并融入职业，从而缩短其成为胜任型教师的周期。

对于新手型教师的培养，预科教育学院可聘请优秀教师组成导师团队，实行一对一指导，培养周期原则上为一年。培养内容分为思想品德、职业道德、教书育人、教师风范；教学技能、课堂组织能力、课堂管理能力；科研意识、科研精神、科研方向、科研方法。培养方式可采取导师听课、新手型教师开设公开课、定期学术交流等多种形式相结合的方式。

4.2　胜任型教师

对国际学生的预科教育是一种高强度、高压力、高难度的工作，当这一复杂情境成为教师工作的常态时，教师会变得无意去进行教育反思、无力也无意去开发实践智慧，从而出现职业倦怠现象。胜任型教师极易出现职业倦怠现象，这使得责任感、坚韧性、进取心等非认知成分在预科教育教师专长构成中显得尤为重要。蔡培村（1996）认为，教师个人对教学工作的兴趣和理想价值观及认同感是支持教师发展的原动力。教师若缺乏教学志趣，则易对教学丧失热情，从而敷衍塞责，这样自然不利于教师的专业发展。

关注胜任型教师身心健康、帮助教师适时减压，能够有效提升其职业幸福感，为其自身的成长提供一定保障。预科教育学院内部的制度环境、学术环境是预科教师专业发展的直接环境，包括学术奖惩机制、教师管理制度等。教师同行之间的学术水平具有差异性，教师之间的合作交流有助于预科教师的共同进步。学生学业成就、竞赛荣誉称号等回馈的获得都可增强教师的工作满足感，并使其借助回馈来调适自我的教学，从而增益于专业发展。民主、开放的行政管理，能凝聚教师的向心力并提升教学的认同感，从而促进教师的发展。一个和谐、朝气蓬勃或具有研究风气的工作氛围自然会对预科教育教师的专业发展产生积极影响。

4.3　成熟型教师

国际学生预科教育教师专长的形成过程是由新手型教师向成熟型教师转变的过程，是在外部推动和内在自我激励等多重作用下，教师教学水平和教育能力逐步提升并发展的过程。成熟型教师对所教授的学科领域知识较为熟悉，有着丰富的教学经验并在实践中形成了自己的教学风格，教学与管理的经验都较为丰富。因此，成熟型教师是预科教育的中坚力量，对年轻的教师起着模范带头作用。

但是，也正是因为成熟型教师有了较高的专业发展水平，教育管理者对于成熟型教师的关注较少，而更多地将精力投入到了新手教师的培养中，缺乏对于成熟教师的正确引导与支持。成熟型教师应该克服高原期，走上更加高层次的专业发展道路，成为专家型教师，即所谓"二次成长"。

建立科学有效的评价机制，不过度关注结果评价而忽视过程性评价，对教师当前的工作和潜在价值做出合理的判断，明确可持续性发展为目的的评价，杜绝以学生成绩和升学率作为对教师的单一评价方式；建立健全的激励机制，提供有针对性的在职培训，这些都是成熟型教师专业成长的重要外部动力。

教师的专业发展是内外部因素共同作用的结果，良好的外在环境固然会为成熟型教师的二次成长提供一些有利条件，但更重要的是成熟型教师自身的努力，只有其自身不断发挥个体能动性，培养自己的创新意识与发展意识，才能成为一名优秀的专家型教师。

五、结论

教师在长期的教学实践中形成了自己独特的教学体验、认识、理解和模式，这些往往具有个体性、深刻性和内隐性，若不加以提炼、总结和升华，宝贵的财富也将失去意义。国际学生预科教育教师必须勇于归纳总结，勇于解剖自己，勇于动笔，勇于否定之否定。只有在不断的反思中，才能避免墨守成规、保持现状、踏步不前，才能不断否定，不断升华，从一个成功走向另一个成功。

在预科教育教师的专业培养和培训中，专业知识和技能虽然很重要，但主动学习、教学反思、进取心、创造性与成就目标等专业发展能动性对于教师适应复杂多变的教育教学环境更重要。预科教育教师不仅需要特殊的理论知识和技术知识，而且还需要有基于对实践经验的反思所形成的个人实践知识。教育管理者需要重视预科教育教师专业发展能动性的激发，通过成功体验来激发他们的专业认同、热情和责任感，使他们主动学习、进取和创造，发展出适应性专长。

参考文献

蔡培村（1996）《教师生涯与职级制度》，台北：台湾师范大学书苑。

丁道勇（2008）教师反思的思想源头及其影响，《教师教育研究》第 1 期。

国家留学基金管理委员会，关于做好 2018—2019 学年中国政府奖学金生预科教育工作的意见，2018 年 8 月 28 日。

卢真金（2002）反思性教学的五种传统，《比较教育研究》第 1 期。

熊川武（1999）《反思性教学》，上海：华东师范大学出版社。

张　娜、申继亮（2012）小学教师专业发展能动性差异特点分析，《教育研究与实验》第 3 期。

David C. Berliner (1988) The Development of Expertise in Pedagogy, the Annual Meeting of the American Association of Colleges for Teacher Education (New Orleans, LA, February 17-20).

Donald A. Schön (1984) *The Reflective Practitioner: How Professionals Think in Action*. New York: Basic Books.

Frances F. Fuller (1969) Concerns of teachers: A developmental conceptualization, *American Educational Research Journal*, Vol. 6, No. 2, pp. 207-226.

Joan Solomon (1987) New thoughts on teacher education, *Oxford Review of Education*, 13(3): 267-274.

Kenneth M. Zeichner & Daniel P. Liston (1987) Teaching student teachers to reflect, *Harvard Education Review*, 57(I).

Lilian G. Katz (1972) Developmental stages of preschool teachers, *The Elementary School*, 73(1): 50-54.

Robert Glaser & Michelene T. H. Chi & M. J. Farr (1988) *The Nature of Expertise*, Lawrence Erlbaum Associates, xv-xxviii.

作者简介

黄峥，北京语言大学预科教育学院助理研究员，北京师范大学教育学部博士研究生。研究方向为学生发展与教育。

实施来华留学预科生动态管理体制 *

别红樱

摘　要　动态管理（Dynamic Management）是一种企业管理模式，主要包
含以下几方面要素：1.成立发现与解决问题的管理机构；2.广泛
寻找问题；3.建立预警系统；4.针对问题，制订管理办法。本文
介绍了对来华留学预科生实行动态管理的主要做法。对来华留学
预科生实施动态管理的主要特征在于通过外部环境预测、内部数
据分析，对学习策略、管理手段进行适时调整，对教学和管理计
划进行修改和补充。

关键词　动态管理　　静态管理　　管理过程　　组织机构　　预警系统

一、问题的提出

1.1　管理在预科教育工作中的重要性

1.1.1　预科必须通过有效管理将教学扩展为教育，实现育人功能

来华留学预科生与短期进修生有所不同，他们将在一学年的预科学习之后，进入我国的大学与中国学生一起学习，不同水平、不同特点的第三世界国家中等教育接续我国的高等教育，难度之大，可想而知。预科教育阶段需要在这两种不同的教育体制之间搭建桥梁，必须通过有效的管理将教学扩展为教育，对预科生进行世界公民教育，培养知华友华的情感，体现预科教育的"育人"功能。既要教书又要育人，在预科教育界体现得特别充分，可以说形成了既不同于中国本科生，又不同于其他汉语国际教育领域的一个特色教育模式。

* 本成果受北京语言大学教育教学改革（重点）项目（AI201701）资助。

1.1.2 培养预科生学习适应能力的特殊需求

预科教育阶段，要求学生养成良好的学习习惯，形成时间的计划性、学习的策略性，甚至生活的规律性，提倡勤奋、刻苦、自律、自强的精神，并将其综合为学习能力。绝大多数预科生来自于第三世界国家，对他们来说，这些方面都需要通过管理、帮扶工作从头构建。因此，预科生的管理工作量远超普通来华留学生。

预科教育取得成功的院校的管理人员一致认为最主要的秘诀在于"管理"，管理是教学的重要保证，管理出成绩，管理出效益。

1.2 管理的概念

《现代汉语词典》（第6版）第481页中"管理"一词有三个义项：动词①负责某项工作使顺利进行；②保管和料理；③照管并约束（人或动物）（中国社会科学院语言研究所词典编辑室，2012）。从这个概念中即可看出，"管理"包括管人和管事两个方面。

科学管理之父泰罗将管理定义为"确切地知道你要让别人去干什么，并使他用最好的方法去干"。法国著名管理学家亨利·法约尔对管理的定义进行了提升，他认为，管理就是计划、组织、指挥、协调和控制。我国学者周三多等认为，管理是社会组织中，为了实现预期的目标，以人为中心进行的协调活动。吴照云等学者认为，所谓管理，就是对组织所拥有的资源进行有效的计划、组织、领导和控制，以便达到既定的组织目标的过程。杨文士、张雁等学者则认为，管理是指一定组织中的管理者，通过实施计划、组织、人员配备、指导与领导、控制等职能来协调他人的活动，使别人同自己一起实现既定目标的过程。（曾旗、高金章，2018）

综合以上定义，学者们对管理的看法不外乎两大类：一种强调管理主要是"管人"，另外一种强调管理主要是"管事"。

1.3 静态管理及其局限性

我们通常所说的管理，无论是管人还是管事，都包括条例、制度、规章等大的原则，即管理制度。管理制度具有稳定性、确定性、连贯性等特征，属于静态管理（Static Management）。

静态管理具有强制性、约束力。它是从外部、外因进行的管理，而不属于管理机能内部、内因的职能管理范畴。完善的静态管理，能够使管理工作常规化、制度化、规范化、法制化。但是再好的规章制度，再先进的管理模式，随着社会的发展，都会出现不适应的情况，况且对于不同的管理对象和管理目标，固定的管理模式未必完全适用，不能生搬硬套，因此，领导者在掌握静态管理的同时，需要在实践中，根据控制论的原理，把规章制度当作科学来研究。既要防止无章可循，又要避免规章僵化，根据情况的不断变化和形势的发展需要，不断地对已建立的规章制度进行调整修订。科学的规章制度的生命力，就在于它本身有不断自动调节的能力，需要与动态管理相结合，处于不断的自我反馈调节之中。为此，在抓静态管理时，必须强调与动态管理相结合，加强对动态管理的研究。（李宪魁，2000）

二、动态管理理论

2.1 动态管理的概念

完善的管理，既包括管理制度，也包括计划、检查、总结、临时调整等方面，也就是管理过程。这两者都是管理的重要方面。与管理制度相比，管理过程具有革新性、创造性、变动性等特征，我们把它叫作动态管理（Dynamic Management）。

动态管理指的是在经营管理过程中，通过外部环境预测、内部数据分析，对经营策略、管理手段进行适时调整及对计划进行修改和补充的一种管理模式。动态管理是管理的客观过程，这个客观过程是不以人的意志为转移的。它由若干阶段所构成，并按照一定的程序不断发展。管理工作只有按一定程序，抓住主要环节，实行阶段把关，才能不断提高管理水平。

就管理的一般过程而言，动态管理主要包括调查研究、预测、决策、计划、组织、实行、监督、检查、指导、协调、激励、总结等各个方面。把这些程序整理归纳，加以标准化，最主要的环节或程序就是计划、实行、检查和总结。它们的有机结合，有序运行，形成一个完整的运动过程——管理循环。这是管理机制内部运行的基本规律。这一规律，不仅表现在全局管理中，同时也遍及企业内部各个时期、各个方面、各项工作的管理中。

2.2 动态管理的要素

实施动态管理，主要包含以下几方面要素。

2.2.1 完善的组织管理体系

2.2.1.1 成立发现与解决问题的组织

在管理学理论中，组织是为了有效地配置内部资源和开展活动，实现一定的共同目标而按照一定的规则、程序所构成的一种责权结构安排和人员合作关系。由于动态管理具有革新性、创造性、变动性等特征，需要领导及相关管理部门根据对象、时间、条件、环境、目标等方面的变化随时进行检测调整，因此需要成立专门的管理组织机构，加强对动态管理实施过程的组织领导，在实现动态管理的过程中随时发现与解决问题。

2.2.1.2 落实工作责任

每个管理组织都有以下四个方面的特征：一、必须具有管理目标；二、每一个组织都是由两个以上的成员组成的；三、都存在分工与合作以及不同层次的权力和责任制度；四、每个组织都有其独特的文化。（李东、王梅，2013）

既然如此，动态管理组织机构中的每个部门、成员都有不同的工作责任，目标一致，分工不同。为了实现动态管理的目标，需要对管理目标进行层层分解，机构层层建立下去，直到每一个成员都了解到自己在实现总目标的过程中应当完成的任务，这样就会建立起一个有机的整体、一个完整的组织机构。

2.2.1.3 强化部门协作

在组织机构内部，要实行专业化分工，同时也要强调各部门之间的协作，这样才能在发现问题的同时，用最快的速度解决问题。分工与协作是相辅相成的，只有分工没有合作，分工就失去了意义，而没有分工，也就谈不上协作。

2.2.2 广泛寻找问题

在管理过程中，如果出现不顺利的情况，甚至遇到严重危机，也就是管理处于逆境中时，问题会很多，也很清晰，容易引起人们的注意，但在顺境中能否发现问题、分析问题进而快速解决问题，这才是实施动态管理的关键。

2.2.3 建立预警系统

在解决显性问题的过程中，往往存在许多隐性问题，这些隐性问题如不能及时发现并得到解决，将会给组织带来重大损失和资源浪费，因此在动态管理过程中，需要建立问题预警系统。对各系统监控的指标设立警戒值，根据岗位职责由责任人员定期报告监测情况，对接近或达到警戒值的指标随时报告，通过对预警指标的监控，及时发现问题、分析问题，为解决问题铺平道路。

2.2.4 针对问题，制订管理办法，巩固管理成果

在管理过程中，通过查找问题以及"防患于未然"的预警系统来及时发现问题，是动态管理的一大优势，那么，如何在最短时间内解决问题，是动态管理的另一个关键环节。

作为动态管理组织机构中的任何一个部门和成员，在发现问题时都可以针对问题制订合适的提案，也可以第一时间将问题上报有关管理部门进行磋商，形成可操作性强、有价值的提案，最终由审查委员会决定是否采纳。如果情况紧急，相关责任人或部门也可以先解决问题，再对处理方案进行总结，形成提案，提案实施后进行总结。对于在实施过程中已证明了的有效措施，纳入有关制度和标准，并成为制度的一部分，至此，完成动态管理的一个大循环，并最终成为静态管理的一部分。

三、对来华留学预科生实施动态管理的原因

3.1 文化休克现象严重

北京语言大学预科教育学院 2018—2019 学年来华留学公费预科生中，96% 的学生来自经济文化相对落后的国家和地区。另据统计，215 名公费生中，入学前有过汉语学习经历的仅 43 人，其余 172 名预科生对中国几乎一无所知，这部分学生占公费预科生总人数的 80%。他们对中国的气候、饮食、交通、日常生活等方面都无法快速适应，因此文化休克的感受比较强烈。同时，由于预科阶段时间短（一学年），学习任务重，无法给预科生提供较长时间的适应期，导致部分预科生来华不久就因为无法适应而出现情绪低落、与人沟通不畅、成绩不

佳等较为突出的问题。大约两个月后，文化休克的现象会慢慢减弱，他们中有80%左右的人能够克服困难，进入适应阶段。

3.2 落后生多，且情况复杂

来华留学预科生中，有20%左右的学生存在比较严重的不适应预科教育的问题，我们把这样的预科生称为"落后生"。按照落后的原因，落后生又可以分为两类。

3.2.1 学困生

这部分学生的主要问题是：一、在本国未能养成良好的学习习惯，教育基础差，虽然已经高中毕业，但是与中国高中教育水平有较大差距；二、学能低，经过实验研究发现，这部分预科生具有不同程度的学习障碍；三、学习方法落后，学习效率低下，不具备认知与学习策略；四、时间管理能力差，不会科学利用时间，大部人有晚上学习、白天上课睡觉的情况。

3.2.2 问题生

问题生指的是思想品德、守纪意识、学业表现较差的学生，又可以细分为两类，一类是学能较高，但学态差；第二类是学能、学态双差。他们中一部分学生缺乏学业目标，对完成预科学业后进入大学学习并没有明确的决心；还有一部分学生在来华学习初期，学习积极性尚可，然而由于不能较好地适应预科教学的紧张节奏和严格的管理制度，遇到困难选择退缩，逐渐失去学习的兴趣和信心。

问题生主要表现为出勤差、课堂表现差、课余不能主动学习或者完全不学习，作业不认真完成或者完成质量差，部分问题生有抽烟、酗酒等恶习，不珍惜中国政府提供的奖学金，对中国人不友好，不尊重老师和同学，甚至贬低他人，贬低中国。

3.3 生病及突发事件较多

由于来华留学预科生总体年龄偏小，生病及突发事件也相对较多，其中包括打架、交通事故、重病住院等各类情况，平均每学年达10余人次。突发事件的发生，一方面增加了管理工作的难度，另一方面也对预科生的正常学习造成了较大影响。

四、对来华留学预科生实施动态管理的具体做法

预科生动态管理的主要特征在于通过外部环境预测、内部数据分析，对学习策略、管理手段进行适时调整，对教学和管理计划适时进行修改和补充。对于预科生中的问题学生，本着积极、科学的管理态度和教书育人的原则，加强管理和教育。具体做法如下。

4.1 建立完善的多层次组织机构

预科生动态管理需要依靠全体师生员工多边的共同努力，创造性地进行工作，它是运用管理过程的客观规律，是管理工作机制本身的内部循环、内因起作用。动态管理强调的是全体成员发挥主动性和创造性，调动内部活力，围绕教学及管理目标，通过管理程序不断控制，不断调查，不断创新，不断改革。然而这个团队的力量不是分散的、各行其道的，而是需要运用管理者、领导者的力量，建立完善的组织机构，通过分工协作，来完成管理过程，达到管理目标。

4.1.1 预科生管理组织结构

参与来华留学预科生管理工作的人员是一个完整的组织机构，有分工，有协作，也有交叉，以北京语言大学预科教育学院的管理体制为例，基本管理组织机构如图 1 所示：

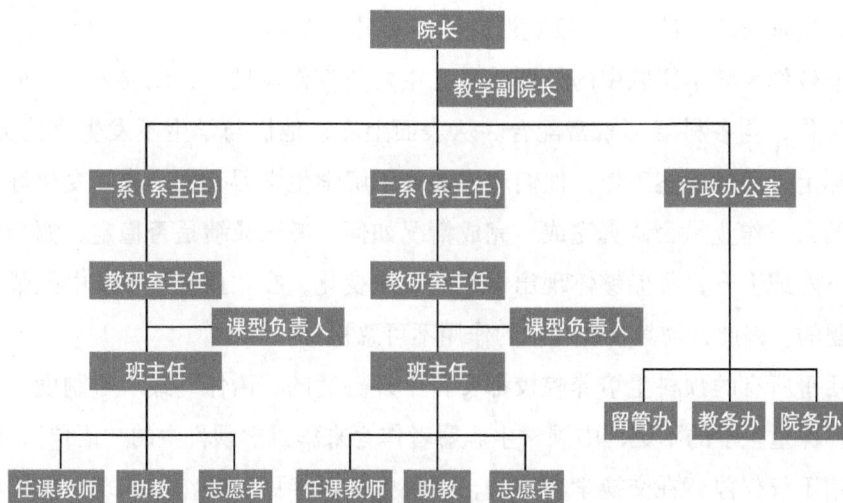

图 1 预科生管理组织结构图

4.1.2 班主任管理的核心地位

在预科生动态管理组织机构中，班主任是组织机构中的管理核心，也是管理中最直接、最见成效的关键所在。班主任不但应当注重学生日常学习、生活等方面的内容，也要加强对本班学生出勤、学态、学习效果等方面的管理，实行宿舍访谈制、个别谈话制，针对学生的日常表现撰写班主任工作日志，每周将本班学生的情况进行汇总，提交班主任例会和系务会。对个别问题突出、情况严重的学生及时上报各系和学院，并提出相应的解决方案。在系务会和院务会上，有关管理人员对班主任所提问题的严重性和解决方案的可行性进行审查和评议。

每个学期末，班主任老师负责为每位预科生撰写评语，针对学生的不同情况进行客观评价，并且需要按照上级管理部门的要求，为每位预科生进行综合测评，这一评价与学生能否获得结业考试资格和公费生能否继续获得奖学金息息相关。学生评语和综合测评成绩将进入预科生管理档案，其重要性不言而喻。

4.1.3 任课教师、助教及中国学生志愿者参与管理

在预科生动态管理体系中，每个班主任老师都是本班教学及管理团队的负责人，但团队中的其他成员需要为班主任的管理提供必要的支持。在预科教育阶段，任何任课教师都无法做到上课来，下课走，他们需要与班主任老师紧密配合，随时沟通，对学生态度宽严有度，情况了然于心。

助教作为教学团队中的外围成员，主要负责作业批改、试卷分析、成绩整理等工作，与各科老师紧密配合。从表面上看，他们与学生不发生直接关系，但实际上，通过上述工作，他们却成为最了解学生学习态度、成绩变化等日常表现的人。作业是否认真完成、完成情况如何，考试成绩是否稳定、哪个方面有所下降或上升，都能够体现出学生的动态变化，在"预警"系统中是最先发现问题的。因此，助教在管理中的作用不可忽视。

几乎所有的预科生培养院校都实行中外融通的"语伴"式学习制度，以弥补教师课堂教学的不足，中国学生志愿者作为来华留学预科生的"语伴"，他们的作用不仅仅停留在交换学习方面，预科生的语伴更多的作用体现在督促和答疑等方面。由于语伴学习主要在课余时间进行，志愿者也能够第一时间对预科

生的学习态度做出判断并反馈给班主任。

4.1.4 加强留学生管理干部对学生的管理

通常情况下，留管干部的工作重心一般是为留学生办理签证、报到等手续以及突发事件的处理，对学生的日常表现关注较少。北京语言大学预科教育学院留学生管理办公室通过及时与班主任沟通、深入班级了解情况、与学生进行座谈、个别谈话等方式，实行嵌入式服务管理，重点关注出勤差的预科生，同时加强对学习表现差、学习效果不佳的学生的关注，及时发现问题，并在能力许可的范围内快速解决，对复杂的问题提出建议性解决方案，并上报行政办公室。

4.1.5 院系负责人对预科生的管理

院系领导作为学院教学管理工作的顶层设计者，在组织机构中起领导作用。主要包括以下三个方面：一、指挥作用。作为领导者，有责任指导、组织各项管理活动的开展，帮助组织成员认清形势、明确目标和实现目标的途径。二、激励作用。在组织成员遇到挫折和限制时，需要领导者引导、鼓励、诱发下属的事业心，强化其进取动力。三、协调作用。组织成员个性不同，加上外部环境因素的干扰，思想分歧和行动上的偏差不可避免，因此需要院系负责人来协调组织成员之间的关系。

与此同时，院系负责人是管理目标的制订者，也是解决问题提案的审查组成员，负责将动态管理解决提案转化为静态管理制度。这就需要院系领导了解各级组织成员的任务，同时需要掌握已经或即将发生的问题，了解学生总体情况，明确解决问题的思路。

4.2 实行动态监控，及时查找并发现问题

不同于一般学生管理中常用的"亡羊补牢"模式，在预科生动态管理体系中，常常是通过实时动态监控，及早掌握学生思想动态，主动查找问题源，防止问题的发生。

4.2.1 心理及情绪监控

针对来华留学预科生的文化休克现象，班主任、任课教师和语伴同时对学

生进行心理疏导，关注他们的情绪变化。在尊重留学生的宗教信仰、价值观念和文化习俗等方面的同时，尽可能地为他们提供舒适的生活服务设施，为他们营造良好的学习和生活环境。对于留学生的宗教信仰，教师要有一定的了解，并予以重视，对学生在正常范围内进行宗教活动予以尊重。此外，在日常教学中注重向学生介绍中国文化，并在此基础上规范学生的行为。

与此相适应，学院实行班主任定期到宿舍走访、与学生个别谈话以及定期班会等相关制度，旨在深入了解学生思想动态，帮助预科生快速克服文化休克现象，助其在最短时间内度过恢复阶段，进入文化适应期。

4.2.2 出勤监控

开学第一周就由班主任和留学生管理办公室对出现迟到、旷课苗头的学生加强管理和教育，学院领导也在开学初对出勤情况进行巡视，帮助学生养成良好的学习习惯，特别是在时间管理方面对学生给予指导和帮助。

4.2.3 学态监控

有些问题学生，虽然出勤尚可，但课堂表现差，课后不完成作业，学院对这样的学生加强学态监控管理，及时进行批评教育，效果良好。对于较顽固的问题生进行多次约谈，通过这样的手段，90%以上的学生学态有明显转变。

4.2.4 学习效果监控

学院各系采取周测、阶段测试和期中、期末考试相结合的方式，对学习效果进行动态监控。每次考试结束后，都会进行详细的分析，找出弱项，以便进行有针对性的辅导，及时解决预科生在学习上的困难。

4.2.5 建立学生管理档案

为每位预科生建立管理档案，除了常规的结业证、成绩单、奖学金评审表以外，增加了教师、班主任评语、谈话记录等相关内容。档案除了在学院留存之外，还将跟随学籍档案，寄往本科接收院校，形成完备的管理链条。

4.3 家校联合、使馆与学校联合管理

通过动态管理，学院能够及时发现存在问题的预科生，在第一时间内解决问题。对于屡教不改、多次规劝无效的问题生，学院采取以下几种方式进一步

加强管理。

4.3.1 联系学生家长

虽然来华留学预科生来自世界各地，但便捷的网络为家校联合管理提供了可能。学院可以通过给家长发邮件、打电话等形式，帮助家长了解学生的在校学习情况，由家长协助对问题生的行为进行及时纠正。

4.3.2 联系大使馆等相关部门，实行多方共同管理

对于问题比较严重的预科生，学院会同大使馆进行管理也能取得较好的效果。与此同时，按照国家留学基金委来华部的要求，学院每个月都上报公费预科生的考勤情况，对于缺勤较多的预科生实行实时上报制度。这些都是与普通来华留学生不同的管理手段。

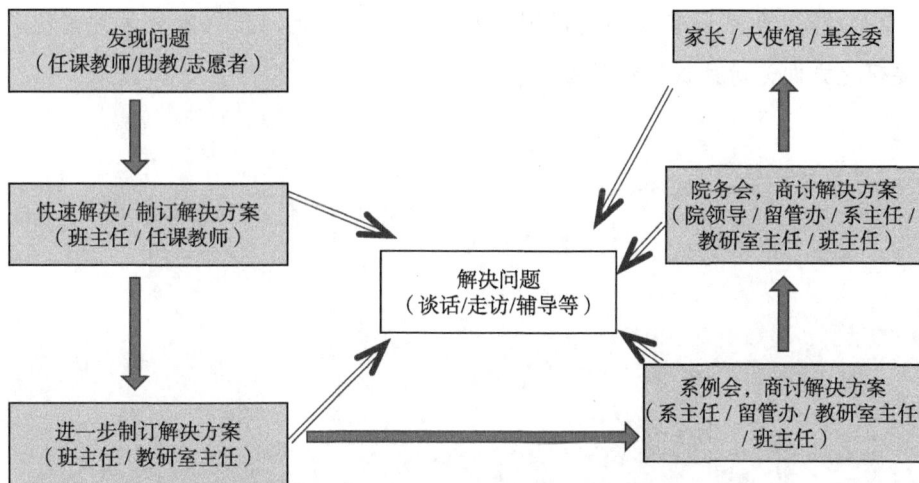

图 2 　问题生管理流程图

五、结语

静态管理和动态管理是预科教育工作中的两大管理体系，它们相互补充，相得益彰，从而形成科学的管理体系。我们要在研究静态管理和动态管理各自特征和功能的同时，注重将具有制度化品质的静态管理和具有创新性品质的动态管理有机结合起来，不断提升来华留学预科生培养质量，开创预科教育新局面。

参考文献

李　东、王　梅（2013）《管理理论与实务》，武汉：华中科技大学出版社。

李宪魁（2000）浅谈学校的静态管理与动态管理，《教学研究》第 2 期。

曾　旗、高金章（2018）《管理学》，北京：高等教育出版社。

中国企业报道（2012）问题动态管理，http://www.ceccen.com/html/2012-06-27/2012-06-27_1340779683.html。

中国社会科学院语言研究所词典编辑室（2012）《现代汉语词典》（第 6 版），北京：商务印书馆。

作者简介

　　别红樱，北京语言大学汉语国际教育学部副书记、预科教育学院副院长。主要研究方向为对外汉语教学法。

非预设事件与预科课堂管理

高媛媛

摘 要 预科以对外汉语强化教学为特色,课堂管理更加追求有序、顺利和高效。课堂教学中的非预设事件具有一定的偶发性和随机性,涉及教师、学生、课堂秩序、课堂教学活动等多方面,会影响教师预设的教学进程,并引起教师对教学内容、教学思路、教学方法及管理方式的调整。本文从预科课堂的非预设事件入手,对预科课堂管理以及作为课堂管理者的预科教师的素养和发展进行了探讨。

关键词 预科 非预设事件 课堂管理 教师素养

一、引言

课堂教学是学校教育的基本教学组织形式,主要由教师、学生、教学内容和教学环境等要素组成。课堂教学由师生相互配合共同完成,从这个角度看,教学过程是一个处理特殊人际关系的过程。对成功的课堂管理者的要求是,教师要协调课堂内的各种人际关系,吸引学生积极参与课堂活动,实现预定的教学目标,取得良好的教学效果。L. 坎特和 M. 坎特(L. Canter & M. Canter)于1976 年提出了坎特理论(陈时见,1998),认为教师除了传授知识以外,还负有管理课堂的责任。教师应该拥有权威并非常自信地告诉学生其明确的期望和要求,并确定相应的管理方法,让学生知道什么行为是可以接受的,什么行为是不能接受的。

来华留学预科生大都是高中毕业生,具备自我调整和自控的能力。心理相对成熟,具有较强的学习动机。"来华预科留学生的主要学习动机分为 4 种,分别为个人发展、文化融入、交际工具和外在压力。……个人发展占据4种动机的主要地位，表明预科生来华留学更多地是从提高自身能力的角度来考虑的，学习汉语时也更具主动性。"（刘思维，2017）预科生在培养目标和培养模式上都有别于一般留学生，他们一直处于高强度的学习状态中，很多人对于这种学习节奏没有任何心理准备，有的在学习压力之下还会产生消极逆反情绪。

预科高强度的教学节奏使教师队伍的配备呈现年轻化态势，大批新手教师奋战在预科教学第一线。他们年纪轻，体力足，精力旺盛，除了教授综合、口语、听力、阅读、汉字等不同课型，完成大量的教学工作以外，还要面对来自不同国家，文化背景、性格、思维方式、学习风格各异的学生，做好班级管理工作。教学管理的压力使老师们需要不断调整自己心态和情绪，同时还得经常督促学生学习，有时还需要对学生进行必要的心理疏导。

预科教育的特殊性主要体现在学习时间短、任务重、目标高等方面。2009年3月教育部发布《关于对中国政府奖学金本科来华留学生开展预科教育的通知》中关于预科教育总体目标的表述为：使学生在汉语言知识和能力、相关专业知识以及跨文化交际能力等方面达到进入我国高等学校专业阶段学习的基本标准。八个多月每周三十节的基本课时量，使得预科课堂也具有了鲜明的特点，即学习气氛浓郁，竞争性较强，学习节奏快，压力大，学生始终处于紧张状态。但朝夕相处，目标一致，也让师生、生生关系日益凝聚，集体荣誉感强。预科教育的这些特点，更加需要有序、顺利、高效的课堂管理。

二、预科课堂的非预设事件分析

2.1　对外汉语教学中的非预设事件研究

非预设事件是指课堂教学进程中出现的一系列不在教师预先准备范畴内或预设内的课堂事件，它们具有一定的偶发性和随机性，会影响教师预设的教学进程，并引起教师对教学内容、教学思路及教学方法的调整。（吴勇毅、石旭登，2011）这些非预设事件涉及教师、学生、课堂秩序、课堂教学活动等多方面，考验着教师的专业素质、心理素质、课堂掌控及临场应变能力。刘际东（2011）强调了对外汉语课堂中非预设事件的突发性和紧急性，认为非预设事件带来的是机遇也是挑战，不仅考验教师随机应变的能力和教学机智，也是教师检验自身教学技能、增加专业知识储备的助力。因此，无论是从教学的需要、学生的发展，还是建设良好课堂的要求来看，研究非预设事件的原因、类型、处理原则、价值和应对策略不仅必要，而且非常重要。

吴勇毅、石旭登（2011）把国际汉语课堂的非预设事件的来源分为四类：一是随机产生的，二是由教师预设引起的，三是由学生偶发兴趣产生的，四是由教师偶发兴趣或灵感产生的。刘际东（2011）将非预设事件产生的原因分为内因和外因两个部分：内因主要是课堂主体因素（包括教师和学生），外因方面则是环境因素、设备的故障等，并指出在国际汉语课堂实践中，内因引起的非预设事件占了大部分，包括政治、文化冲突等敏感话题，对中国社会现象的评论，学生对教师教学的质疑，学生违反课堂纪律的行为，低俗用语和非正式用语，与课堂无关的提问和回答，教师自身因素等。此外，从当堂应对和课后处理的角度提出了八条应对课堂非预设事件的建议，分别为：求同存异、同情理解策略，联想学习内容进行描述策略，暗示策略，孤立遏制策略，因势利导策略，悬置策略，降温冷却策略，规避或简单带过策略。

2.2 预科课堂的非预设事件案例及分析

本文选取的是预科课堂中由内因引起的非预设事件案例，都是笔者听课时的课堂实录。这 5 组非预设事件涉及教师、学生、课堂秩序、课堂教学活动等。每组同类事件都有 A 和 B 两种应对案例。

第 1 组案例：

案例 A：在学习"高考"这一课时，某位爱提问的学生问："为什么中国有很多孩子交不起学费，但是却给这么多外国人奖学金？"老师告诉他，这个问题下课以后再回答。学生马上说："老师说下课再说，就是不知道吧。"教师回答："可以这么说。"

案例 B：汉字课上学习形声字，课本中给出的例子有"鸡"这个字。爱思考的某位学生提问："又是什么意思，它是声旁吗？"老师先表扬了她善于发现问题。然后简要介绍了"鸡"这个汉字的繁体和简体变化，指出声旁在简体中由"又"这个符号来替代，并给出了其他相似的例字，如"邓、对、欢"等。接着画出了"又"这个象形字并解释了它的本义。

案例 A 中的教师不止一次地使用了悬置策略来应对学生提出的一些偏离教学内容的问题，但事后也没有给学生有说服力的答案。案例 B 中的教师较好地回答了学生的提问，并成功地把它转化成了教学资源，赢得了学生的信服。

第 2 组案例：

案例 A：刚上课某学生就趴在桌上睡觉，老师多次提醒他上课不要睡觉，无效。

案例 B：发现某学生上课睡觉，老师点名后建议他去洗个脸，清醒一下，继续坚持上课，该生洗脸回来后还是觉得很困，主动要求去教室后面站着听完了课。

斯金纳（Skinner）的行为矫正（behavior modification）模式指出，教师需要使用各种方法矫正学生的问题行为。不应该回避或者不干预。要帮助学生把遵守课堂纪律转变为一种习惯。案例 B 中的教师对学生上课睡觉的行为进行了有效干预，使学生主动配合，既遵守了课堂纪律，又完成了学习任务。

第 3 组案例：

案例 A：某学生又一次迟到了，教师让其站在教室前面，迟到几分钟就站几分钟。学生有些尴尬地站到时间后，回到座位上。

案例 B：某学生迟到，老师示意他快点进教室，然后用刚刚学过的语法点问他"请问现在几点？"，班里学生都会意地笑了起来。学生有些不好意思地用汉语回答"现在八点十分"。老师提醒说下次不要迟到了。学生表示接受。

案例 A 中教师对学生迟到只是给予了惩罚，而案例 B 中，教师成功地引导学生联系刚学的句型回答了问题，并说出了自己迟到的事实，学生意识到自己错误的同时也接受了老师的批评。

第 4 组案例：

案例 A：上课的第一环节是老师检查作业。某学生又一次说没带作业本。老师不相信，很生气地对其进行了批评，要求该生马上回宿舍去拿。该生认为老师处理不公而开始顶撞老师，老师令其出去反省，学生不听，场面僵持，课堂教学中止。幸好听课老师出面调停，使教学活动得以继续。

案例 B：检查作业时，某学生说在宿舍没带。老师说先上课，课间休息回宿舍拿作业。

案例 A 中教师情绪失控，导致与学生的冲突升级。事后她也承认了处理不当，影响了课堂教学，是自己不够理智。

第5组案例：

案例A：老师提问某学生问题时，该生说这一题没做，可以先做下一题吗？老师回答说那你就都别做了。接着让别的学生回答。

案例B：课堂按顺序提问到某学生时，该回答第2题，可他说不，非要做第4题。老师说那就先回答第2题，然后再做第4题吧。该生按老师的要求完成了任务。

案例B中教师既维持了课堂活动的有序性，也了解了学生对知识点的掌握情况。比案例A中带有惩罚性的回应方式更有策略性。

以上各组案例A中的教师基本都是从教1～2年的新手教师。通过对比可以发现，同类非预设事件，案例B中的处理应对比案例A要相对成功。江新与郝丽霞（2011）运用了刺激性回忆报告法与访谈法对新手与熟手教师的实践性知识进行比较，发现新手与熟手的实践性知识框架及类别总体上是一致的，但新手比较缺乏跨文化交际、关于学生的知识与语言教学知识。闵婕（2008）与佟玮（2009）通过反应实验对新手与熟手教师的课堂信息加工能力进行了比对，发现在课堂信息的注意力上，新手更注意课堂背景信息和教学内容信息，明显忽略了学生言语行为和非言语行为信息。而熟手最重视教学内容和学生行为，关注水平最低的为教学背景。

"作为一名合格的教师，不仅要掌握本体性知识（专业知识），以及能够促进课堂教学顺利进行的条件性知识（如教育学和心理学知识），还应掌握实践性知识，即关于课堂情境和与之相关的知识。"（王添淼，2010）非预设事件的处置成功与否，与教师的工作年限和教学经验有关，但对于教师课堂管理能力，本体性知识、条件性知识以及实践性知识的积累和掌握更是一种检验。

三、预科课堂管理与教师素养

3.1 预科教师与课堂管理

课堂管理主要涉及以下具体内容：教学环境、教师行为、学生行为与能力、课堂规则与秩序、课堂效率、教学过程与目标及综合各因素。可以将其定义为教师通过对自身、学生、环境、规则等诸多影响教学的因素的管理，保证教学有序、顺利、高效地运行，实现促进学生语言能力及其综合能力发展的目标。（闻婷等，2013）

李向农、魏敏（2015）对预科生学习动机的调查中首次列入了汉语教师因素动机，结果显示教师在预科汉语教学中显得尤为重要。"教师是他们接触最多的人，也是他们了解中国的一个窗口，加上预科汉语学习的强度，很容易产生对教师的依赖，教师的教学理论、教学方法、教学能力直接决定着教学质量，教学质量又对学生的成绩产生重要的影响。"范伟、李贤卓（2018）对预科生学习障碍的研究表明，师资障碍构成了留学生的主要学习障碍，因此在来华预科生的教学过程中，更新教师的教学理念、改进教学方法可能是帮助预科生降低汉语学习障碍最有效的方法。此外，一些教师并未意识到预科教学工作的特殊性，采用以往教授汉语进修生的教学方法，较少与学生就学习、生活上的问题进行交流，这些都容易诱发学生学习障碍。

教师是课堂的管理者，是教学活动的设计者。对于随时都会出现的各种非预设事件，无论由何种原因引起，都需要去处理和应对，同时还要保证课堂教学的有序进行。这些非预设事件如果处理得好，有的可以转化为教学资源，提高教学效果；有的可以帮助学生克服困难，激发学习汉语的积极性；有的还可以引导学生直面错误，不断成长；有的可以增进师生情感，有助于营造和谐的课堂气氛，促进良好班风学风的养成。因此，提高课堂管理效率对预科教师的综合素养提出了更高的要求。

3.2 如何实现高效的预科课堂管理

3.2.1 提高教师的综合素养

教师是课堂的主导，提高教师的综合素养对预科课堂教学管理效果起着决定作用。非预设事件的成功应对和处置，就是教师综合素质的体现。教师良好的执行力与教师素养密切相关。教师的社会素养与学科素养、教育素养一起，构成完整的教师素养的三个重要组成部分，缺一不可。

3.2.1.1 教师的社会素养

教师应当具备的对于传统、社会、国家、民族、人类未来等的观点、态度和价值观就是教师的社会素养。教师对传统的了解，对现实社会的认知，对国家发展和人类未来面临困难和挑战的认识，是教师出色地完成自己的教育任务所不可或缺的基本素养。"如果一个教师缺乏基本的社会素养，在社会事实和社会问题的认识上很幼稚，那么，他既不能回答学科学习的目的和教育生活的目的，也不能回答学生成长中有关各种社会问题的关切，更不能引导学生的思想意识、理想信念向着社会进步的方向发展。"（石中英，2018）教师的社会素养是与教师的学科素养、教师的教育素养等专业素养相区别而存在的，但同时又是对学科素养的扩展与对教育素养的补充。

预科生源国别十分丰富，以北京第二外国语学院为例，2018 级预科生共 89人，来自亚洲、欧洲、美洲、大洋洲、非洲的45个国家，学生具有多元的语言、文化背景和不同的宗教信仰。作为预科教师，应该对国际形势、国别文化、各民族风土人情等有所了解，具备多元文化观以及对他种文化的理解能力、包容能力，具有鉴别和处理不同文化背景学生问题的能力，更应该在教学工作中呈现出中国教师应有的人格魅力、知识、修养、审美和风范。

3.2.1.2　教师的学科素养

学科素养指教师应当具备的专业学识或专业素养。预科教育的总体目标高度概括了预科教育的学科内容，这就要求预科教师既要具有充足的语言文化知识储备，也要了解第二语言习得规律。"语言教师认知包含了教师的教学知识、语言学知识、教师观念和二语习得理论知识等多个方面。""在所有的学科领域中，与语言教学的关系最直接、最密切的就是第二语言习得的理论和研究。从语言教学法发展的角度来看，从最早形成的语法翻译法到听说法，以及交际法中的内容型教学和任务型教学等等，几乎每一种语言教学法都可以找到相关的第二语言习得理论来支撑。"（柯传仁等，2015）。除此之外，对外汉语教师教学技能、教学策略、教学观念、教育技术等实践性知识的培养和获得也十分必要。

3.2.1.3　教师的教育素养

教师的工作要求教师必须要懂得一些与学生的身心发展、学习成长相关的心理学、教育学等方面的知识，这些一般称为教师的教育素养。

学生初来乍到之时，对语言、环境、生活、学习规则都还在逐步适应，开学初期的课堂非预设事件多集中在课堂秩序、师生配合等方面。半个学期之后，绝大部分学生适应了学习节奏，开始看到努力之后的进步与成绩，学习信心逐渐增强，这一阶段的非预设事件主要集中在语言文化的学习和跨文化交际等方面。一个学期后，他们在磨合中熟悉了教师的教学方式，理解了教师的一片苦心，也掌握了适合自己的汉语学习方法，听说读写技能突飞猛进，大家都在为通过结业考试这一目标而共同努力，非预设事件的发生频率也在降低。

语言教学和心理学的关系极为密切。教师必须懂得学习者的心理活动，必须探究学生在学习过程中的心理活动规律并运用这些规律促进课堂教学。比如认知心理学的相关研究表明，大脑对于强加于它的、无意义的、零散的东西是非常抵制的。人不是刺激的被动接受者，而是主动的信息加工者，教学内容只有引起了学生的注意，才能被加工并转化为学生的能力。预科学生中有着一定比例的学困生，他们也是需要教师付出精力最多的群体。人本主义心理学强调以人为本。它提示教师要注重学生的个性发展，尊重学生在语言文化上的差异并理解学生所表现出来的智力差异和能力不同。教授语言的过程也是对学生开展教育的过程。因此，语言教学的过程要遵循教育学的规律。预科学生大部分是十八九岁的高中毕业生，还有的才十六七岁。教师应该了解不同年龄段的认知特征和学习规律，这对于教学材料的选择、教学步骤的安排以及教学活动的开展都会起到良好的效果。

3.2.2　教学反思与教师发展

2007年颁布的《国际汉语教师标准》共分五个模块，分别从知识、能力、职业道德素质等多个层面为国际汉语教师设立了基本的规范。其中，"模块五：教师综合素质"的第一条标准为"教师应具备对自己教学进行反思的意识，具备基本的课堂研究能力，能主动分析、反思自己的教学实践和教学效果并据此改进教学。"课堂非预设事件的应对考验着教师的综合素质，它也应该成为教师进行教学反思的重要内容。所有课堂上都会出现一些突发事件，如果教师能够对这些事件进行深入的思考，这将形成教师批判性反思的基础。以此为基础，教师可以根据自身需要探寻应对的策略。

国际汉语教学实践与反思是一个硬币的两面，教学实践的流动性需要进行实时反思，而反思可以促成教学实践效果的提高，实践与反思的有机结合使得国际汉语教师必须是"反思的实践者"。（王添淼，2010）预科教师的周课时量基本都在20节以上，高于一般对外汉语教师的平均数。因此，预科教师有更多的教学实践经历，更需要在实践中反思和成长。教师可以通过教学日记、课程观摩、集体讨论等方法，对自己的教学经验进行反思，反思会促使经验积累、内化，形成良好的实践性知识，以改进教学和管理，使教师能更好地教书育人，并最终推动自身成长为优秀的汉语教师。

四、结语

本文从预科课堂的非预设事件入手，分析了事件类型和相关应对策略，进一步探讨了如何提高预科课堂管理效率以及教师素养的内涵。预科课堂的非预设事件考验着教师的综合素质，也可以促使教师在反思中进一步成长。"教育的任务不是避免这种偶然事件，而是充分发挥它的教育教学价值。"（罗祖兵，2008）预科教师应在教学实践中不断总结和反思，加强学习、借鉴与交流，注重更新知识结构，最终获得知识和能力的共同提升，实现优质高效的课堂管理。

参考文献

陈时见（1998）西方课堂行为管理主要理论述要，《广西师范大学学报》（哲学社会科学版）第 4 期。

范　伟、李贤卓（2018）高校来华预科生汉语学习障碍影响因素实证研究，《语言文字应用》第 4 期。

国家汉语国际推广领导小组办公室（2007）《国际汉语教师标准》，北京：外语教育与研究出版社。

江　新、郝丽霞（2011）新手和熟手对外汉语教师实践性知识的研究，《语言教学与研究》第 2 期。

柯传仁、陆　原、潘小斐（2015）汉语教师教学技能及二语习得理论知识的评估模式，《世界汉语教学》第 1 期。

李向农、魏　敏（2015）来华留学生预科汉语学习动机类型研究，《教育研究与实验》第4期。

刘际东（2011）对外汉语课堂非预设事件及应对策略探析，复旦大学硕士学位论文。

刘思维（2017）北语预科生学习汉语的动机类型与学习行为关系初探，翟艳主编《来华留学生预科教育研究论丛》，北京：北京语言大学出版社。

罗祖兵（2008）生成性教学的基本理念及实践诉求，《高等教育研究》第2期。

闵婕（2008）新手—熟手对外汉语教师选择注意研究，北京语言大学硕士学位论文。

石中英（2018）教师如何成为"大先生"，《安徽教育科研》第1期。

佟玮（2009）新手—熟手对外汉语教师对学生口语中语言错误认知过程的实验研究，北京语言大学硕士学位论文。

王添淼（2010）成为反思性实践者——由《国际汉语教师标准》引发的思考，《语言教学与研究》第2期。

王添淼（2019）国际汉语教师专业发展模式的构建，《国际汉语教育》第1期。

闻婷、常爱军、原绍锋（2013）《国际汉语课堂管理》，北京：高等教育出版社。

吴勇毅、石旭登（2011）CSL课堂教学中的非预设事件及其教学资源价值探讨，《世界汉语教学》第2期。

作者简介

高媛媛，北京第二外国语学院讲师。研究方向为对外汉语教学。

来华留学生预科教育与班主任教师管理研究[*]

宋刚　黄峥

摘　要　教师、教材与教学法是汉语国际教育中提升教学质量与效率的关键所在，但教育管理也不可忽视。教师管理包括学生事务与学术事务，涉及纪律管理、情感干预与学业辅导、策略训练、态度纠正等。从宏观层面看，预科教育管理形成了由国家、大学、班级三个层级组成的涵盖了学习、生活及其他诸方面的立体式、网络化的管理体系；从微观层面看，以班主任教师为核心的班级教学、管理教师团队直接承担着预科生的实时、动态的教学、监管任务。本文以北京语言大学预科教育学院为例全面讨论了宏观层面的教学管理模式与微观层面的教师管理行为，并且运用实际案例对班主任教师管理的具体行为进行了综合分析，充分论证了班主任教师管理所具有的跨学科性质，及其在预科教育中担负的举足轻重的任务。

关键词　汉语国际教育　　预科教育　　教育管理

一、研究缘起

1.1　选题背景

汉语国际教育是中国从国家战略角度确定展开的（刘珣，2000；崔希亮，2010），尤其是在"一带一路"发展倡议推动下。其中，旨在攻读本科课程的来

---

*　本研究获得北京语言大学教育教学改革（重点）项目"来华留学预科生学习策略与学业发展指导——中国政府奖学金预科生的动态管理与学习指导课程建设"（项目编号：AI201701）资助，特致谢意。

华留学预科生是重要的部分（胡红洁、李有强，2013；李春玲，2015）。2017年共有48.92万名外国留学生在中国高等院校学习，其中"一带一路"沿线国家留学生达31.72万人，占总人数的64.85%；此外，2017年共有5.86万名中国政府奖学金生，其中，学历生达5.16万人，来华预科生占相当比例（教育部，2018）。

我们的研究对象主要是中国政府奖学金来华留学预科生。按照规定（教育部，2009），预科生必须通过本科来华留学生预科教育结业考试才能进入专业院校学习。从事预科教育的院校反映，由于培养时间有限，学业负担沉重，加之学生素质参差，预科教育面临巨大压力，既涉及来自学生的问题，比如文化适应、学业压力等，也涉及来自教师、学校的问题，比如如何平衡应试教育与能力培养，如何帮助学习困难学生等。

1.2　理论背景

"三教"问题，即教师问题、教材问题、教学法问题，是发展汉语国际教育的永恒主题与核心内容。（崔希亮，2010）抓好教学是提升预科教育质量的关键所在，其中的学习者因素也是不可忽视的。从第二语言习得的角度看，学习者因素的重要表现之一就是学习策略的训练、掌握与运用（王建勤，2009；Ellis，1994），包括教师在内的外部因素可以通过学习策略的认识、引导与培训对学习者施加积极的影响，从而最大程度地促进学习者的习得进程。从跨文化适应的角度看，来华留学预科生大多数是高中毕业生，独自进入新的文化、教育环境中，接受大学预科教育，面临着学习、生活、文化等诸方面的适应问题，独立自主的学习能力与学习习惯是需要在教师的引导下逐步培养的。然而，就预科教育而言，学习策略的相关研究还不充分（曹冲，2017）。

从教育管理的角度看，保障、服务教学是教育管理的核心目标之一，广义的教育管理也可以由教师来承担一部分与教学相关的事务，管理也是教育，干预策略则是相应的具体手段（张东娇、顾明远，2003）。换言之，教学组织与管理包括很多不同的方面，课堂教学是其中的主要环节；教师对学生的教育管理也是不可或缺的，可以体现在多个层面上，比如，纪律管理、学习辅导、心理干预等（Kuh，1995；褚宏启、张新平，2013）。就预科教育而言，主要针对日常管理的相关研究还是比较丰富的（黄峥，2017），但是，专门服务于语言学习的教师管理研究还有待突破。

本研究基于语言习得理论的学习策略研究，同时借鉴教育管理理论的教师管理研究，全面而深入地考察班主任教师在日常学习过程中对学习者进行的监督、辅导与干预，尤其是教师管理行为中所体现出来的学习策略的传授与培训，以期达到促进预科生更加顺利地完成预科学业的教学目标。

1.3 研究方法

本研究以北京语言大学预科教育学院为例，主要基于语言习得理论的学习策略研究，结合教育管理中的干预策略，在对来华留学预科生班主任教师的具体管理行为进行详尽的梳理之后，通过实际案例分析去剖析班主任教师的管理方式的得失，相关案例主要涵盖对预科生的学习干预、纪律管理以及其他方面，从而全面而深入地展示较为成熟的预科生教学与管理的管理体系与运行机制。

本研究的个案分析的对象是北京语言大学预科教育学院 2017—2018 学年 C12 班学生。这个班是一个以经贸专业预科生为主的班级，2017 年秋季学期有 22 人，包括复读生 9 人；2018 年春季学期有 12 人，包括复读生 9 人。具体情况参见附录 2——北京语言大学预科教育学院 2017—2018 学年 C12 班学生情况。研究者 SG 在 2017—2018 学年中担当一个 21 人的预科生班 C12 班的班主任工作，同时也负责该班的基础汉语综合课的教学工作，还在 2017 年秋季学期、2018 年春季学期分别承担该班的读写课、听力课的教学工作。

关于个案分析的实际操作方法，首先，在为期 10 个月的教学周期中，作为基础汉语综合课教师的班主任老师完整地记录了全部学生的学习、考勤以及日常管理等方面的各种信息。全部资料都以具体文件呈现，包括 WORD 文档、EXCEL 文档以及 MP3 录音文档等，还包括班主任老师手写的记录文件，比如问题学生与老师的面谈记录等。为便于查询，我们以学生个体为单位将原始资料集中储存起来，对于有特别之处的学生还建立了专门的档案。其次，根据学习策略的具体分类与教师管理的具体行为的相互关系，我们将具体案例归为三大类别，即学习干预、纪律管理以及其他方面。在此基础上，我们分别选取了在三个方面中最具代表性的学生作为重点个案进行深入分析讨论，尤其是在学习策略方面所体现出来的典型性借鉴意义，以便于在预科教育中推广其中展现的普遍性经验。最后，我们在分别进行的个案分析之上也对这些案例共同体现的教师管理的作用做了重新解读，以期形成具有普遍性意义的管理模式。

二、来华留学生预科教育管理

2.1 预科教育管理概况

本研究将以北京语言大学预科教育学院为例全面展示较为成熟的来华留学预科生的教学与管理的管理体系与运行机制。北京语言大学前身为北京语言学院，具有从事预科教育的悠久历史。2014 年成立的预科教育学院是中国高校首个专门从事来华留学本科学生的大学预科教育的学院。该院已经形成了专门服务于来华留学预科生的全方位、全天候、多层级的教学与管理模式，其中的班主任教师管理是本研究所着重关注的。请见附录 1——北京语言大学预科教育学院 2017—2018 学年学生管理情况一览表。

来华留学本科预科生教育管理主要包括三个层级，在国家层面上的国家留学基金管理委员会（以下简作 CSC），是代表国家对来华留学生进行管理的机构；在学校层级上的预科教育学院，是代表大学对来华留学预科生实施教学与管理的部门；处于教学一线的是以班主任教师、授课教师、教务教师、留学生管理教师等为主的教师群体，他们直接面对留学生展开教学与管理。其中，班主任是实施教学与教育管理的核心成员，通常由教授基础汉语综合课的教师担任，具有双重身份；其职责简而言之就是"教书育人"，不但负责某种课型的教学工作，而且承包制地负责相应班级的日常管理。

2.2 班主任教师管理介绍

汉语国际教育要由教师来实施。对于预科生而言，不但体现在教学上，更体现在教师管理上，尤其是班主任教师管理上。不管是正常的学生还是学习困难的学生，都需要班主任教师的多方面的指导与辅导，特别是对出现较多问题的学生，比如复读的预科生等。在学生的学习与生活中，班主任教师的管理发挥着至关重要的作用。

我们以预科教育学院教师 SG 为例展示班主任教师的具体管理方法，有些是相对成熟的，也有些是较为经验化的。作为班主任，SG 面对留学生时坚持遵循一些基本原则：在交往态度上，切实做到不卑不亢；在处事方法上，真正做到一视同仁。这样才能尽可能地保证"公开、公平、公正"。

基于上述基本原则，SG 在日常班级管理中还遵循一些基本要点。

第一，信息收集。在班级层面上，时刻、全面关注班级各方面的情况，包括但不限于学习，从而为科学、及时地应对各种情况提供信息保障。所谓"知己知彼，百战不殆"，关于学习情况，可以通过搭班老师、课型负责人、主管系主任、教务老师等获得最新的信息；对于学生个人情况，也要潜移默化地进行全方位的了解与掌握，获得信息的对象可以涵盖各种不同人群，包括过往教师或者管理者、搭班老师、留学生管理老师、宿舍管理老师、学生的同胞或朋友、班级同学等。

第二，时机掌控。在一定的时间节点对学生进行必要的指导，抓住重要环节对学生进行有针对性的辅导，相关时间节点包括刚开学报到的入学教育、第一个学期结束时的总结回顾、第一次模拟结业考试后的评估等。比如，在入学教育时的学习指导必须突出预科学习的目的与方法，在第一学期的阶段考试与期中考试、摸底考试等重要考试后应该适时进行心理疏导。此外，应该关注学生个人的重大事件，比如，在学生遇到难以自我纾解的个人问题时，诸如失恋、亲人病重或病故、关于成绩的严重困扰等，在尽可能实时掌握学生的个人动态的情况下，以适当的方式展开相应的心理辅导。

第三，师生交流。坚持对同班级所有同学进行个别谈话，一方面是在开学之初就进行有计划的、逐个的个别谈话，既可正式进行，也可私下接触；另一方面，对遇到突发问题的学生应该进行重点谈话，以便使偶然出现的问题能在第一时间得到一定的处理。畅通的交流和及时的信息收集是保证班主任老师掌握全班动态、实施良好管理的前提和保障。

第四，对策制订。为应对学生的具体问题与突发状况，老师采用的对策要讲求实效性，尤其要突出对策的效果。在通过谈话等方式掌握学生情况后，比如学生的学习问题，要制订个性化的对策，这对学生个人来说更大程度上是学习态度、学习方法、学习策略的点拨。此外，教师还要不断地时时跟进学生情况，因应变化而及时更新。

除此之外，班主任老师也会运用一些具有鲜明个人特征的、经验式的处理手法。作为一位有着丰富留学生管理经验的教师，SG 在日常管理更突出了以下两点。

第一，柔情下的严格管理。老师既要与学生搞好关系，同时还是要与学生保持一定的距离。比如，考试后对成绩大幅提升或严重下滑的学生的激励与辅导，有时可以请学生喝点饮料、吃顿饭，从而创造平和的交流氛围、拉近师生之间的情感距离。又如，考勤的迟到与缺课的认定都可以在学院人性化考勤规定允许的范围内做一定的从宽处理，诸如学生确实因为身体不适而又未能前往医院看病之类的特殊个案，需注意的是，在这类情况的处理过程中要让学生切实体会到老师的良苦用心。再如，对是否允许学生晚自习请假也可以进行人性化的处理，尤其是在学生偶尔身体不适的情况下。

第二，摆事实讲道理。作为成人，汉语二语习得者具有较强的认知能力与较为丰富的世界知识，为此在做教育时要注意方式、方法。比如，从学生独立性强的角度出发去凸显学生为什么来中国学习，是自己决定，还是父母强迫，并由此引导学生认识到学习中要增强自觉性。又如，对于大多数来华留学生来说，自尊问题是很在意的，老师可以由此入手凸显学生的行为与表现是代表自己的国家，还是代表个人的尊严的。再如，对于理性思维很强的学生而言，事实是最好的论据，可以运用对比的方式去激励学生，既可以从国家层面比较，也可以从同胞层面比较的。

三、班主任教师管理的案例分析

3.1 概述

对于来华留学预科教育而言，努力确保学生达到进入专业院校学习的基本要求是教学工作的核心任务。当然，在可能的情况下，全面提升学生包括汉语综合运用能力在内的综合素质是来华留学预科教育的更为高端的努力目标，比如，培养学生形成基本的学术意识、独立思考与学习的能力、自己动手探讨特定研究专题的意识等。不过，语言能力与学术能力的提高要有基本的管理方面的保障，介入式班主任教师管理就直接担负着这方面的工作。我们运用个案分析的方式从学习干预、纪律管理以及其他方面来具体阐述班主任教师管理行为的动机、手段与特征，进而结合相关的教育管理理论探讨预科教育管理的实质。

3.2 案例分析

由于来华留学预科教育具有明确的目的性，教学任务重，压力大，预科生经常都处于较为紧张的学习压力与心理压力之下，尤其是对复读的预科生而言，学习结果的好坏决定着他们是否能继续在华学习专业课程，其压力可想而知，因此，复读生的教育管理是极为突出的、棘手的矛盾焦点。

众所周知，教学是教育的重中之重，教育管理必须为教学服务，具体体现在学习干预上。以一名来自孟加拉国的学生为例，该生前一年因经贸汉语成绩不合格未通过结业考试，她认为准备预科数学考试严重影响了她的经贸汉语备考。加之有同学通过转到文科专业而摆脱了数学课，因此，该生花费了很多精力与时间去更换专业。然而，由于客观原因，她未能如愿转换专业。在此期间，她又受到疾病困扰，直接导致成绩出现滑坡倾向。鉴于当时的情况，班主任老师 SG 一方面协调搭班老师一起紧盯学生的课上学习与课外作业，另一方面和学生进行干预性谈话，既通过分析学生的具体学习表现坚定学生对自己的信心，通过横向比较让学生从其他同学的进步中看到自己的提升潜力，还通过介绍孟加拉国历届学生的学习情况，来激发她的国家自豪感与自尊心。在这些努力的综合作用下，该生通过很短时间亲身感受到了自己的学习潜力，也逐步重新树立了自信。

除了学习动机、学习态度以外，直接影响学生学习的因素还有学生的认知能力，其中有一个表现就是学生的思维方法。以来自赤道几内亚的一名学生为例，该生也是复读生，相对比较自负，一直坚持自己的不太科学的学习方法，对老师的建议也比较抗拒。面对这些困难，担任基础汉语综合课教师的班主任SG 坚持不懈地去影响该生，并且通过教学中的细小事件来潜移默化地去影响学生，通过具体事实让学生切实感受到老师的对策的实际效果，"事实胜于雄辩"，比如，在 CSC "看图写话"的写作教学中让学生比较自己的方法与老师的方法，在 CSC 阅读教学的"读后填空"中也是通过两种回答策略的对照让学生去感受自己思维方法的缺陷。由此，该生慢慢开始接受老师 SG 的建议，最后也取得了较为理想的 CSC 考试结果。

纪律管理是正常的教学活动的基本前提和重要保证，也是教师管理工作的重要任务。目前的预科生以刚刚高中毕业的青年居多，他们在自我管理、行为控制上存在较多的不稳定因素，任课教师在遇到课堂组织与管理、作业完成监控等具体问题时，通常需要班主任老师的协助和支持，这样才能形成班级教学与管理团队的合力。以来自俄罗斯的一名学生为例，该生前一年已经通过了预科数学考试，只是因为经贸汉语未通过才复读的，并且，该生的学习风格就是难于长时间集中精力认真专注于某个任务，所以在开学后的数学课上就出现聊天儿、注意力分散等干扰课堂秩序、影响教学效果的不良行为。针对这种情况，班主任 SG 一方面和该生进行个别谈话，从来华动机、学习成绩、现实问题等角度耐心与其沟通。在此期间，在学生同意的前提下，还做了谈话录音，以便日后对学生进行监督。与此同时，班主任还注意到了该生出现的缺课苗头，及时配合留学生管理老师与学生就缺课问题进行正式谈话，并且要求学生在切实认识到自身问题的前提下自己写出书面保证。其后，班级教学团队共同关注该生的具体行动，也通过一定方式让他自己体会到所有老师都在关注他、监督他。此后很长一段时间，该生都能坚持正常上课，学习上也有一定进步。之所以取得这样的成效，是与班级管理团队的相互协作、共同行动有密切关系的。

在学习干预、纪律管理之外，班主任教师管理还涉及其他方面，比如对学生情绪的关注与引导等。在人文主义教育观念的影响下，针对学生的教育管理也应该更多地体现出人性关怀的温情一面，而不是完全生硬的面孔，尤其是面对国际学生。就来华留学预科生而言，他们大部分是介于 18～22 岁之间的年轻人，基本上是刚刚从高中毕业的，而且很多人是第一次离开自己的家乡与国家，独自来到异国他乡接受为期 4～5 年的大学本科教育。一来在生理、心理上，他们还处于成长、成熟的过程中，会受到很多因素的干扰与困扰；二来在认知发展、社会经验上，他们还要不断地探索、积累各种世界知识、人生历练等，必然会出现不可预料的波动与挫折等。有鉴于此，班主任老师在教学之外无可避免地要面对学生情感不稳等具体的问题，如何妥善地应对这些问题必将对正常教学产生潜移默化的影响。

以一名来自萨摩亚的复读生为例，由于比较注重自身外在形象等原因，该生在处理同学关系上始终存在一定的困扰因素，比如同学们常常开一些非恶意的玩笑，也有学生在上课时向该生提出一些让人不很舒服而又不伤大雅的小问题等。虽然班主任 SG 在课上课下都委婉或者直白地提醒学生注意同学之间的互相尊重，但是，效果似乎比较有限，其他学生只不过降低了开玩笑的频率，或者避开课堂教学等正式场合。在此期间，该生的学习成绩也出现了较大波动。作为综合课老师的班主任通过协调搭班老师在教学上给该生创造了适当的宽松环境，又通过宿舍走访在生活上为其提供更多切实的人文关怀，还通过语言实践等外出活动机会与其有限度地接触。最后该生才告知，因为家庭出现变故，令自己在情绪上受到较大困扰，以致无法全身心地投入到学习中，也难于和同学和气相处。之后，在老师们的引导下，同学们给予该生很多切实的关心，也改善了同学之间由于误解而造成的不和谐氛围。最后，该生通过了经贸汉语结业考试和预科数学补考顺利进入专业院校学习。由此可知，班主任教师的管理行为不应局限于教学，也不应只采用讲明规则即严肃执行的强势做法，一些柔性的处理手段或许也是一种不错的选项。

3.3 班主任教师管理的再认知

在保持规模并注重质量提升的来华留学预科教育的大形势下，如何有效地加强教育管理是保障并提升教育效果的重要议题（蔡国春，2002；崔希亮，2010；李春玲，2015）。"在我国，人们通常将学生管理理解为：学生管理是学校对学生在校内外的学习和活动进行计划、组织、协调、控制的总称。"（褚宏启、张新平，2013）学生管理的具体内容是较为丰富的，请见下表。我们的管理涵盖了很多不同方面的具体内容，既包括学生事务类的纪律管理、情感干预等，也包括学术事务类的学业辅导、策略训练、态度纠正等。

学生管理的类别与内容

项目	类别	内容	介入式教师管理示例
学生管理	学生事务	课外，学生活动，住宿生活，感情或个人问题	纪律管理、情感干预
	学术事务	学习，课程，教室，认知发展	学业辅导、策略训练、态度纠正

说明：此表内容来自褚宏启、张新平（2013：406～407）。

结合班主任教师管理的实际情况，从上述意义来看，班主任教师的职责涵盖了学术事务与学生事务。教师在学习策略等方面对学生有意识地、有针对性地、循序渐进地引导、培养与强化，这样的方式也是改善学校教育沟通的干预性策略的具体体现。（张东娇、顾明远，2003）教师对学生的这些"干预性"行为的终极目标还是为了有效提升教学效果，促进教育目标的实现。

对于来华留学预科生而言，班主任教师管理的主要目标之一就是通过适当的方式使学生了解、掌握并运用各种学习策略。学习策略包含直接策略与间接策略，间接策略又包括元认知策略、情感策略与社会策略（Ellis，1994）。上述 SG 老师的具体实践就旨在诱导、提升、强化学生将学习策略的使用转换为自觉行为，比如，师生交流是从情感策略角度入手的，对策制订是从元认知策略角度入手的。这一系列的措施虽然是在中国国内的来华留学预科教育的客观条件下的被动之举，但是从对学生学习的全方位的综合管理与干预来看，这一模式与国际学生事务管理模式中将学术事务与学生事务整合的观念是不谋而合的（蔡国春，2000a、2000b）。事实上，管理也是教育的体现。其实质与终极目标都是达至成功的人才培养。在这种意义上，班主任教师管理模式就能更好地服务于整体的来华留学预科教育，也是教育管理对预科教学的最有力的支持。

此外，从教师的角度看，为满足来华留学预科教育长远发展的客观需求，教师素质的提升是关键因素（崔希亮，2010）。班主任教师管理要由教师实施，对教师的综合素质提出了较高的要求，因此，班主任教师管理自然也应该成为教师培训的必要内容。不仅如此，从学生的角度看，学生综合素质培养应该成为来华留学预科教育的有机部分，但是这一目标在目前的阶段却无法顾及，而班主任教师管理正好在这方面提供了一个实用的解决方式。

总而言之，就班主任教师管理在来华留学预科教育管理中的整体地位而言，它是具有跨学科性质的，不但对教师的语言教学方面的素质有要求，而且对教师的教育管理、心理干预等方面的素养也有要求。由此可见，班主任教师管理既是体现教育管理的教育学问题，也是凸显学习者学习策略培训的语言习得理论问题。此外，这一实践也体现了人本主义的教育管理思潮。

四、结论

本文以北京语言大学预科教育学院为例全面讨论了宏观层面的教学与教育管理模式和微观层面的班主任教师管理行为，并且运用实际案例从教育管理学角度对班主任教师管理的具体行为进行了综合分析，充分论证了这一管理模式的跨学科性质，提出这一模式应该在来华留学预科教育中担负起更加重要的作用。

参考文献

蔡国春（2000a）美国高校学生事务管理模式之嬗变,《吉林教育科学·高教研究》第 1 期。

蔡国春（2000b）高校学生事务管理概念的界定——中美两国高校学生工作术语之比较,《扬州大学学报》（高教研究版）第 2 期。

蔡国春（2002）美国高校学生事务管理专业化的发展及其特征,《扬州大学学报》（高教研究版）第 1 期。

曹　冲（2017）Oxford 学习策略量表在来华预科生中的应用研究,翟艳主编《来华留学生预科教育研究论丛》,北京：北京语言大学出版社。

褚宏启、张新平（2013）《教育管理学教程》,北京：北京师范大学出版社。

崔希亮（2010）汉语国际教育"三教"问题的核心与基础,《世界汉语教学》第 1 期。

胡红洁、李有强（2013）高等学校来华留学生预科教育的回顾与反思,《黑龙江高教研究》第 4 期。

黄　峥（2017）从跨文化适应角度谈来华留学预科生的教育管理,翟艳主编《来华留学生预科教育研究论丛》,北京：北京语言大学出版社。

李春玲（2015）来华留学生预科教育的机制构建与模式创新,《江苏高教》第 2 期。

刘　珣（2000）《对外汉语教育学引论》,北京：北京语言大学出版社。

王建勤（2009）《第二语言习得研究》,北京：商务印书馆。

张东娇、顾明远（2003）学校教育沟通的影响因素及其干预性策略,《教育研究》第 5 期。

赵金铭（2017）汉语预科教育再认识,翟艳主编《来华留学生预科教育研究论丛》,北京：北京语言大学出版社。

中华人民共和国教育部（2009）教育部关于对中国政府奖学金本科来华留学生开展预科教育的通知, http://www.moe.gov.cn/srcsite/A20/moe_850/200903/t20090313_89013.html（2018-8-22）。

中华人民共和国教育部（2018）来华留学工作向高层次高质量发展, http://www.

moe.gov.cn/jyb_xwfb/gzdt_gzdt/s5987/201803/t20180329_331772.html（2018-8-22）。

Ellis, Rod (1994) *The Study of Second Language Acquisition*. Oxford: Oxford University Press.

Kuh, George D. (1995) Out-of-class experiences associated with student learning and personal development. *The Journal of Higher Education*, 66/2:123-155.

作者简介

宋刚，北京语言大学预科教育学院副教授。研究方向为汉语早期语言习得、汉语国际教育及来华预科教育。

黄峥，北京语言大学预科教育学院助理研究员，北京师范大学教育学部博士研究生。研究方向为学生发展与教育。

附录1 北京语言大学预科教育学院 2017-2018 学年学生管理情况一览表

层级	项目	内容
国家留学基金管理委员会	奖学金年度评审	每年春季学期的 4～5 月份，针对预科生的学业、考勤等进行资格审核
	结业考试	每年春季学期的 6 月中旬，针对预科生组织结业考试，预科生只有通过相关资格考试，才能进入相应的本科专业学习。其中，文科专业预科生需要参加文科专业结业考试，经贸专业预科生需要参加经贸专业结业考试与数学考试等
	预科生考勤定期监管	学校定期向国家留学基金管理委员会汇报预科生的考勤情况，包含月度汇报、学期汇报等，并且实施相关的奖惩制度
大学	考试制度	学院已经形成较为完善的教学模式，并定期进行学业考试，以督促学生顺利完成学业。比如，秋季学期的基础汉语周测、阶段考试、期中考试、期末考试、汉语综合水平摸底考试、数学水平摸底考试，春季学期的汉语专项周测、汉语综合水平模拟考试、期末考试等
	考勤制度	（1）在授课教师协助下，教务办公室负责预科生考勤的日常检查与定期汇总。每周一汇总前一周的考勤情况，并于周二在每个班级张贴汇总结果，同时在学院布告栏张贴；每个月初汇总前一个月的考勤情况，制作全勤学生名单后在院布告栏公布，并汇总上报国家留学基金管理委员会；每个学期末，根据学生考勤情况，分别奖励全勤与出勤良好的学生； （2）根据考勤情况，留学生办公室负责问题学生的督导与谈话；考勤有问题的学生会根据严重程度进行三级谈话，对于迟到严重的学生会有针对性地进行督促，比如在宿舍管理办公室协助下进行督促
	管理制度	（1）配合考勤制度的三级谈话制度，分别涉及班主任、系主任与院长，内容以考勤为主，但不局限于考勤； （2）班主任负责制，突出班主任在教学之外对班级的全方位管理职责； （3）预科生管理规定及相应的处理条例，由留学生办公室主要负责实施与执行，比如，课堂秩序的保障、教学秩序的督导等
班级	考试	各门课程都有周测、阶段测试、期中考试、期末考试等部分或者全部考试

续表

层级	项目	内容
班级	考勤	（1）除了正常上课以外，学习上有问题的学生还被要求参加班级的晚自习，每周四次，每次两个小时； （2）每门课程的每位老师都要严格记录学生的考勤情况，每周都会在班级内张贴前一周考勤情况以及累计的考勤情况； （3）班主任教师也会时时跟进学生的上课情况
	班规	根据班级情况，制订相应的本班学生共同认可并执行的适用于班级的具体规则，并采用一定方式对执行效果予以保障
	其他	学院课外活动的保障、语言实践活动的组织、班级教学的维护等

附录 2 北京语言大学预科教育学院 2017-2018 学年 C12 班学生情况

姓名	性别	地区	国家	类别	学习时长	学习情况	考勤情况与谈话层级	结业考试
ANS	男	中亚	塔吉克斯坦	经贸	秋季；转	79；249	略	
GL	女	拉美	巴拿马	复读	秋季；转	80；238	略	
XX	女	中亚	塔吉克斯坦	经贸	秋季；转	80；257	略	
AYN	女	欧洲	俄罗斯	经贸	秋季；转	79；243	略	
HN	女	非洲	尼日利亚	经贸；复读	秋季，春季	71；207	54节（9.93%）院长谈话	
BLD	女	非洲	刚果（布）	文科；复读	秋季；春季；转	71；226	略	
YW	男	非洲	几内亚比绍	经贸；复读	秋季，春季	74；220	46节（8.46%）院长谈话	数学
FT	男	非洲	赤道几内亚	经贸；复读	秋季，春季	62；212 学习进步奖	30节（5.51%）班主任谈话	数学
MLY	女	东欧	乌克兰	文科	秋季；转	84；261	略	
JZX	男	中亚	乌兹别克斯坦	经贸	秋季；转	83；276	略	
BDM	男	亚洲	蒙古	经贸	秋季；转	成绩（略）	略	
JHS	男	亚洲	韩国	经贸	秋季；转	85；253	略	
ZMS	男	亚洲	阿富汗	经贸；复读	秋季；转	81；233	略	
MS	男	欧洲	俄罗斯	经贸；复读	秋季，春季	68；211	58节（10.66%）院长谈话	数学
WSL	女	亚洲	蒙古	经贸	秋季；转	85；278	略	
XD	男	非洲	马里	经贸；复读	秋季，春季	75；203	57节（10.48%）院长谈话	
SY	男	中亚	塔吉克斯坦	经贸	秋季；转	82；267	略	
HL	男	非洲	索马里	经贸；复读	秋季，春季；转	70；220	略	
KX	男	东南亚	老挝	经贸	秋季；转	76；260	略	
BDE	女	拉美	厄瓜多尔	文科	秋季；转	76；236	略	

续表

姓名	性别	地区	国家	类别	学习时长	学习情况	考勤情况与谈话层级	结业考试
NE	女	非洲	阿尔及利亚	文科	秋季；转	77；257	略	
TMS	男	东欧	斯洛伐克	文科	秋季；转	65；211	略	
GW	男	中亚	塔吉克斯坦	经贸	春季	61；155	47节（8.64%）院长谈话	
MK	男	大洋洲	萨摩亚	经贸；复读	春季	66；194	51节（9.38%）院长谈话	
MZ	男	中亚	塔吉克斯坦	经贸	春季	67；206 优秀学生奖	6节（1.10%）出勤良好奖	
QYL	女	非洲	尼日尔	经贸；复读	春季	70；235	74节（13.60%）院长谈话	数学
JM	男	大洋洲	瓦努阿图	经贸；复读	春季	66；179 学习进步奖	15节（2.76%）班主任谈话	
SM	女	南亚	孟加拉国	经贸；复读	春季	*[1]65；225	50节（9.19%）院长谈话	

说明：

（1）C12班学生大部分为经贸生，都参加经贸类汉语结业考试与数学考试。其中，复读生在前一次结业考试中均通过了数学考试，但是，均未通过经贸类汉语结业考试。

（2）"类别"中"复读"指学生是第二年参加预科学习；"经贸"指经贸类专业的学生，"文科"指文科类专业的学生。

（3）"学习时长"指在C12班的学习时间，"秋季"指2017年秋季学期在此班学习，"春季"指2018年春季学期在此班学习，"转"指由于学习水平提升或者学习专业转换而转出。

（4）"学习情况"包括若干次考试分数以及是否获得预科教育学院结业证书、奖励情况等。其中，第一个考试分数为学年中的2018年1月18日进行的基础汉语测试成绩，测试采用CSC结业考试题型，总分为95分，包括听力35分、阅读35分、书写25分；第二个考试分数为2018春季学期开学时进行的基础汉语分班测试成绩，测试采用 HSK 4 级题型，总分为 300 分，包括听力、阅读、书写各 100 分。

*[1] 另外，学生 SM 因为综合课学年总评不及格而未获得北京语言大学的结业证书。

（5）考勤情况指截至 2018 年 6 月 14 日 C12 班学生在春季学期的缺课数量以及缺勤率、谈话层级、考勤奖励等情况。"谈话层级"指根据预科教育学院考勤规定，缺课达到不同课时数，将进行不同层级的谈话，其中，30 节以下由班主任谈话，30～40 节由系主任谈话，40 节以上由院长谈话。谈话内容主要包括学生缺课原因、学生做出保证、制订针对性方案并由专人负责跟进等，期间班主任老师与留学生管理老师全程参与。

（6）"结业考试"指 2018 年春的经贸类汉语结业考试与数学考试是否通过，"数学"指未通过数学考试。

非洲来华预科生世界公民意识的调查研究 [*]

庞震

摘 要 随着留学生群体的增长，我国留学生教育面临从"教学"到"教育"的转型。推动留学生教育内涵式发展，探索来华留学生的世界公民意识，有助于深入了解来华留学生在中国的观念变化，也符合我国当前提出的"构建人类命运共同体"的远景。本文以北京语言大学预科教育学院 CSC 非洲预科生为调查研究对象，探讨来华预科生教育的特殊性和对其进行世界公民教育的重要性，分析非洲预科生世界公民意识的变化并探讨其影响因素及对未来来华预科教育的启示。

关键词 预科教育　　来华留学　　世界公民意识　　非洲预科生

一、研究背景

世界公民教育，也称全球公民教育，兴起于 20 世纪后期，是随着全球化浪潮的兴起而发展起来的。美国学者玛丽菲尔德（Merrifield）认为，全球公民教育的目的在于培养受教育者参与全球经济竞争与发展所需要的基本知识、技能和态度，使受教育者通过跨文化沟通与合作知识的学习，最终适应全球化生存。张鲁宁在《世界公民观念与世界公民教育》一文中提出了世界公民教育的内容：知识教育、能力教育、态度和价值教育、行动教育。英国乐施会教育培训机构（Oxfam GB）认为全球公民的核心要素或者基本特征应是：生活在全球化时代

---

*　本研究受北京语言大学院级项目资助（项目编号：18YJ080406）。本文刊发于《汉语国际教育学报》2020 年 6 月第七辑。

的每个社会个体应学会适应全球生存的知识和技能，应具有全球化的意识和观念，如懂得合作与消除分歧，尊重多元文化，重视公平正义，积极承担公民责任等。

目前国内教育界较为关注对中国大学生进行世界公民教育，但对来华留学生进行世界公民教育的相关实践和研究较为少见，而随着来华留学生数量的急剧增长，留学生所面临的跨文化交际困难和价值观冲突也越来越突出，这一问题不容忽视。教育部发布的数据显示，2018 年来华留学人数达 492185 名，同比增长 0.62%。其中，学历生 258122 人，同比增长 6.86%，继续保持 2008 年以来高于来华生总人数增速的态势。从经费角度统计，中国政府奖学金生 63041 人，占来华生总数的 12.81%。随着 2015 年"一带一路奖学金"的设立，中国每年向"一带一路"沿线国家提供 1 万个政府奖学金名额。可预见来华留学生的数量还将持续增长。

来华留学形势与结构的变化对来华留学教育的内涵与外延提出了新的要求，总体趋势是从"教学"扩展为"教育"。孔子学院总部在海外文化传播工作中明确提出了世界公民意识，《国际汉语教学通用课程大纲》对汉语教育的文化意识培养目标进行了分级描述，分层提出"具有初步的世界公民意识""培养世界公民意识""培养较强的世界公民意识"等目标。这是世界公民意识进入汉语教育领域的首次明确表述，同样适用于来华留学教育。遗憾的是，《国际汉语教学通用课程大纲》并没有对世界公民教育的内涵及途径进行具体的阐述，仍停留在提法的层面。

新时代我国要建设教育强国，来华留学生教育是其中重要的一环，是"加强国家软实力建设、夯实国家外交人脉的战略举措"。CSC 国家政府奖学金预科生作为一个特别的群体，培养其世界公民意识更有紧迫性和战略意义，主要体现在以下几个方面。

首先，从年龄层次上来看，预科生多为应届高中毕业生，年龄段集中在 17～20 岁，年龄层次偏低。其学习能力、自我管理能力、社会交际能力都尚有不足，对世界的认识尚不全面，智力能力各方面处于发展变化之中。对他们进行思想品格教育，培养其世界公民意识显得尤为重要而且迫切。

第二，从国别分布上来看，来华预科生国别呈现点状分散分布，遍布全球。同一个班的二十个学生，可能分别来自十几个国家。有些来自非洲或者拉丁美洲的学生，所在学校或城市同胞较少，同语种的同学也偏少。这种情况下，学生容易产生孤独感和消极情绪，很难产生归属感。对预科生进行世界公民意识的培养，有利于弱化学生国别意识，缓解其孤独感，增加其归属感，有利于同学之间加强联系，增进友谊。

第三，从民族属性和宗教信仰上来看，来华预科生来自不同国家，有着不同的宗教信仰，基督教、伊斯兰教、佛教等不一而足，留学生之间的文化差异，甚至宗教冲突都不可避免。对预科生进行世界公民意识的培养，有助于学生转换思维，从理解他人、包容他人的角度去做判断，不对他人的民族和宗教进行无端评判，不论高下，更好地学习和生活。

第四，从教育背景上来看，来华预科生生源主要集中在亚洲、非洲和拉丁美洲国家，教育水平非常不均衡。有些学生所在国基础教育较差，甚至从未学过任何外语，他们对世界和全球化的理解与认识比较单薄。培养其世界公民意识有助于增强其自信心，帮助其融入周围环境，并增强其各方面的能力。

第五，从留学动机和学业发展来看，来华预科生在结束预科阶段的学习后就将进入本科阶段的学习，在中国学习专业和职业技能，并在未来将其所学回馈本国。学习周期为五年，而预科阶段是其学习汉语和了解中国社会及文化最初也是最重要的阶段，在此阶段培养其世界公民意识，起到的效果最明显，也能为留学生今后的学习、生活和工作打下良好的基础。

二、研究方法及理念

为了评估来华预科生来华学习一年以后，其世界公民意识的变化和发展，并对现有教育和培养方式进行评估，为今后的教育和培养提供依据，笔者对北京语言大学预科教育学院 34 名非洲预科生进行了问卷调查、个别访谈和研究分析。

以张鲁宁教授提出的世界公民教育的四方面内容及乐施会提出的全球公民的核心要素为基础，结合来华预科生教育特点，笔者认为拥有世界公民意识的来华预科生应具备以下几点要素。

第一，从知识层面上，大体了解世界文明及文化，重点了解文明和文化，了解全球化经济发展现状，了解世界发展与本土发展的关系。

第二，从能力层面上，具备跨文化交际能力（包括语言技能和沟通能力），具备异文化生存能力，具备全球事务判断和分析能力，具备缓和并解决跨文化冲突和争端的能力。

第三，从态度和价值观层面上，能平等看待不同种族、阶层、宗教、性别的人，能够意识到自己是世界中的一员，能理解他人的处境，愿意帮助他人、消除不平等。

第四，从行为层面上，了解并关心世界局势，关注战争、贫困、灾难等新闻，切身体验其他民族与文化的生活，与不同文化背景的人协作，消除歧视和偏见，搭建跨文化桥梁。

鉴于目前并未有针对预科生的世界公民意识的调查和研究，也没有相应的调查问卷，笔者基于张鲁宁教授的理论指导，设计了适合来华预科生的世界公民意识调查问卷。

2.1　调查对象的选取及意义

本次问卷调查和个别访谈的对象为北京语言大学预科教育学院 2016—2017 学年的 34 名非洲留学生，均为汉语零起点学生，男女比例为 8:9。

随着中非关系的逐渐深入，来自非洲的留学生数量逐年增加，更多的非洲学生选择来中国学习汉语和专业知识，因此在来华预科生中，非洲学生的比例较高。以北京语言大学预科教育学院为例，非洲预科生占学院全部国家奖学金预科生的比例分别为：2015 年占 27.5%，2016 年占 24.2%，2017 年占 28.4%，每年都接近三分之一的比例。因此，对非洲来华预科生的调查研究很有数据代表性。

同时，由于国别国情不同，不同国家的留学生对世界公民意识的接受程度不同，比如美国学生，由于生活环境以及全球化理念的普及，本身就具备很强的世界公民意识，很难判断来华学习对其产生的影响。非洲学生受当地经济发展水平、语言、文化等因素影响，对全球化接触不多，多数也未接受世界公民教育，很多同学是第一次踏出国门，大多人使用的语言为法语或西班牙语，遇到的跨文化交际问题也更多。因此他们对世界公民教育的需求更迫切也更明显，同时也更有培养潜力。

针对非洲预科生世界公民意识的调查研究，有利于教育者了解和把握学生需求，帮助其提高世界公民意识，同时有助于促进学生的个人职业发展，从长远上看也有助于中非合作的深入。具备世界公民意识的留学生可以在未来成为承载中非文化交流的枢纽。

2.2 调查问卷的构成和分析方法

本调查问卷主要由前测和后测两部分构成（不含答题者基本信息部分）：

（1）前测：来华学习前的世界公民意识自测情况，共17题，采用六级量表形式；

（2）后测：来华学习一年后的世界公民意识自测情况，共17题，采用六级量表形式；

（3）对前后变化的看法和评价，共5题，多选题形式。

其中第一部分与第二部分为同类对照题目。问卷采用中英文方式呈现，以便学生理解问题。

本次调查问卷采用"问卷星"的方式，通过微信平台发送给学生。调查问卷前期分别请美国、赤道几内亚、津巴布韦的三位不同背景的同学进行了"重测"和"重本"信度分析，通过"问卷星"后台数据进行了交叉对比，"单项和总和相关度"效度分析。经测满足信度和效度要求后投放给目标对象。共发放问卷40份，回收问卷40份，其中有效问卷34份。问卷回收后直接采用"问卷星"平台上的数据统计，采用包括单项统计、分类统计和交叉统计的方式进行量性和质性研究。

对问卷进行数据统计之后，笔者又对其中5名同学进行了个别访谈，对学生的个人想法及其对调查问卷的理解进行梳理。

三、调查发现及启示

3.1 世界公民意识的变化趋势

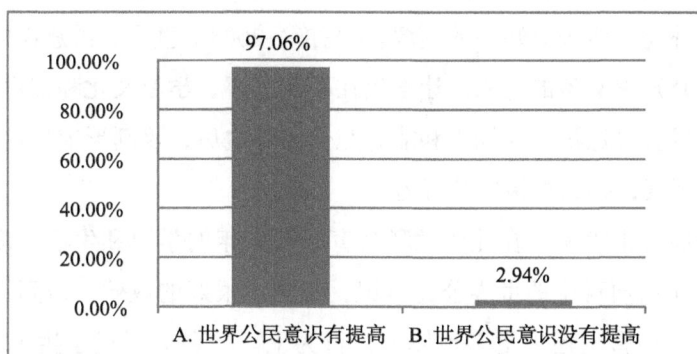

图1　非洲预科生对自我世界公民意识发展的评价

　　图1的数据表明，绝大多数非洲预科生都认为自己的世界公民意识得到了提高。通过对调查问卷的深入分析，笔者发现其中唯一一名认为没有提高的同学，其各项问题的得分都很高，这说明该生认为在来中国以前自己已经具备了很好的世界公民意识，该数据结果符合本研究的预期。

表1　世界公民意识提高的方面（多选）

选项	小计（人次）	选项	小计（人次）
A. 情感 Emotions	14	D. 能力 Ability	14
B. 价值观 Values	15	E. 行动 Behavior	11
C. 知识 Knowledge	26		

表2　世界公民意识提高最显著的方面（1～2项）

选项	小计（人次）	选项	小计（人次）
A. 情感 Emotions	5	D. 能力 Ability	7
B. 价值观 Values	7	E. 行动 Behavior	4
C. 知识 Knowledge	21		

　　表1、表2的数据表明，非洲预科生认为自己在世界公民意识的情感、价值观、知识、能力和行动方面都有所提高，其中提高最显著的是知识（21人次），

提高较为不明显的是情感（5人次）和行动（4人次）。世界公民意识五要素的提高程度体现为：知识＞能力/价值观＞情感＞行动。

"个体价值观的形成与自我的发展密切联系"（林崇德，2009），学习者带着不同的经验，进入所处的文化和社会情境进行互动，通过互相之间的合作、交流、启发、补充，增进对知识的理解。（高艳，2008）世界公民意识的培养，首先是一个补充知识储备的过程，让学生在不断了解、学习文化和知识的过程中，逐渐形成世界公民意识。在知识和能力充分培养之后，逐渐形成稳定的价值观，影响其情感因素，并最终指导其行为。

该数据同时也表明，在北语预科教育学院一年的学习和生活，确实很大程度上提高了非洲预科生的世界公民意识，起到了很好的成效，得到了同学们的认可，然而这种影响还未更多地体现在行为上。一名乌干达学生（20岁，女）说："平时上课很忙，虽然有语言实践的活动，但很少有机会参与社会活动，所以觉得在行动方面没太大改变，如果有机会，想多尝试。"

3.2 来华前后各方面变化幅度

表3 世界公民意识分值变化对比

序号	问卷问题	前测得分	后测得分	变化幅度
1	我了解中国的文化和历史，我知道中国人的文化与我们有很大不同。	3.53	5.12	45.0%
2	我在国外生活过超过一年。	3.29	4.53	37.7%
3	我了解一些其他国家的礼仪。	3.59	4.76	32.6%
4	我有关系很好的外国朋友。	3.88	5.06	30.4%
5	我能用外语介绍其他国家的文化。	3.18	4.06	27.7%
6	我能用外语跟其他人介绍我的国家的文化。	3.65	4.53	24.1%
7	我认为我有能力在陌生的国家生存和生活。	4.09	4.97	21.5%
8	我能根据我自己的了解和知识储备去客观看待国际新闻。	3.82	4.62	20.9%
9	我会说两种以上的语言，我可以跟其他国家的人进行深入交流。	4.21	4.97	18.1%
10	当别人对我的文化产生误解的时候，我可以跟他友好地沟通。	4.29	5.06	17.9%

序号	问卷问题	前测得分	后测得分	变化幅度
11	我关注国际新闻，我会关注其他国家发生的事情，比如战争、灾情、疫病等。	3.97	4.65	17.1%
12	我希望能够搭建不同文化之间的桥梁。	4.41	5.15	16.8%
13	我认为自己可以跟不同国家或者民族的人一起工作。	4.59	5.35	16.6%
14	我认为应该从其他国家的文化中学习我的文化中没有的东西。	4.35	4.97	14.3%
15	我明白，即使我与他人有不同的文化或者信仰，我们仍可以一起合作。	4.82	5.24	8.7%
16	我感觉自己是世界中的一员，而不仅仅是某个国籍的人。	4.59	4.94	7.6%
17	我知道自己国家文化的特点，能用母语介绍我的国家的文化。	4.68	4.91	4.9%

表 3 的数据展示了非洲预科生来华一年前后在各项问题得分上的分值变化（按变化幅度降序排列），可以看出，其世界公民意识各方面因素中，提高幅度最大的是知识、语言（问题 1、3、5、6、8、17），其次是个人能力、行动（问题 2、7、9、10、11、13），情感和价值观变化整体较小（问题 4、12、14、15、16），这与学生对世界公民意识各方面的认知和行为发展规律相符。

3.3 影响世界公民意识变化的因素

表 4　影响世界公民意识提高的因素（多选）

选项	小计（人次）
A. 学习和掌握汉语 Learn and master Chinese	12
B. 中国的生活方式 Chinese lifestyle	15
C. 北语的教育模式 Education mode in BLCU	18
D. 老师的教育和引导 Teachers' teaching and guiding	15
E. 同学们的影响 Influences of classmates	10
F. 网络和媒体 The Internet and media	7

表5　对世界公民意识提高影响最大的因素（多选，1～2项）

选项	小计（人次）
A. 学习和掌握汉语 Learn and master Chinese	8
B. 中国的生活方式 Chinese lifestyle	5
C. 北语的教育模式 Education mode in BLCU	15
D. 老师的教育和引导 Teachers' teaching and guiding	14
E. 同学们的影响 Influences of classmates	4
F. 网络和媒体 The Internet and media	8

　　表4、表5的数据表明，大部分非洲预科生认为学习和掌握汉语、中国的生活方式、北语的教育模式、老师的教育和引导都是自己世界公民意识提高的影响因素，网络和媒体以及同学们的影响并不太大，而在这些因素中，非洲预科生认为北语的教育模式和老师的教育和引导是影响最大的因素。一名赤道几内亚学生（23岁，男）表示："因为北语的老师跟我以前的老师很不一样，他们对我们很关心，同时也很严格，老师经常提醒我们意识到自己也是社会中的一员。"

　　北京语言大学预科教育学院对预科生采用"以我为主、兼收并蓄"的教育模式，以语言教学和知识传授为主，本土化语言实践活动为辅；注重思想品德教育和理解教育，强化班级文化建设。班主任教师不仅负责学生的教学，还负责学生的思想工作和生活指导。这一教育模式得到了非洲预科生的普遍认可，他们认为在当前的教育模式下自己有更多机会接触和掌握信息、提高知识储备，也更有机会了解和熟悉中国文化及异国文化。同时，老师的教育和引导，也让他们改变了以前的思维方式，以更开放的心态看待周围的世界。在个别访谈中，一名肯尼亚学生（18岁，男）表示："北语的教育模式跟我的国家有很大不同，教授的内容更多也更丰富，虽然一开始不适应，但是慢慢习惯了以后发现自己可以吸收到很多知识和内容，对中国、对世界的看法也不一样了。老师经常问我们一些问题，让我们思考中国的教育方式与别的国家的不同，这对我非常有帮助。"

　　世界公民意识的培养，其本质在于培养具备国际理解能力的人，而国际理解教育应以"培养全球化时代共生之人"作为其目标（姜英敏，2017）。非洲预科生在北语的教育模式中，体会到了中式教育以及中国人对待教育的态度，也更能理解中国文化并接受中国当前的发展状况。在此过程中，老师起到"支架"和引导作用，"教师和学习者通过社会互动共同建构知识，学习者通过内化获得个体的认知和发展"（李丹丽，2011）。教师不仅引导留学生去观察感受不一样的文化、不一样的行为方式，还起到组织者的作用，组织学生之间的讨论和分享。让留学生自己去发现和总结，让他们自己去思考国际、国内问题，思考人与人、人与环境的关系。一名赞比亚学生（19岁，男）说："在北语学习的一年，是我目前为止人生中最努力、最用功的一年，我现在明白中国人成功不是因为他们都是天才，而是因为他们努力。"

3.4 国外生活经验的影响

表6 国外生活经验与世界公民意识影响因素的交叉对比

X\Y	A. 学习和掌握汉语	B. 中国的生活方式	C. 北语的教育模式	D. 老师的教育和引导	E. 同学们的影响	F. 网络和媒体	小计（人次）
1	18.18%	9.09%	27.27%	27.27%	36.36%	0.00%	11
2	20.00%	0.00%	60.00%	20.00%	0.00%	20.00%	5
3	33.33%	33.33%	66.67%	33.33%	0.00%	33.33%	3
4	100.00%	0.00%	50.00%	0.00%	0.00%	0.00%	2
5	25.00%	25.00%	50.00%	75.00%	0.00%	0.00%	4
6	11.11%	22.22%	44.44%	66.67%	0.00%	0.00%	9

表6的数据为一组交叉对比数据，自变量X为："我在国外生活过超过一年。"情况从1～6表示从"非常不符合"到"非常符合"。因变量Y为对世界公民意识的提高影响最大的因素。

通过该数据，可以得知，在国外生活超过一年的学生（9名），更认可"D.老师的教育和引导"，达到了66.67%，同时，他们不认为"E.同学们的影响"和"F.网络和媒体"是影响自己世界公民意识最大的因素，在这两项上选择率均为0。在所有调查对象中，只有无海外生活经历的部分同学选择了"同学们的影响"。

海外生活经历丰富的留学生，由于已有丰富的与外国人相处的经验，所以周围同学对他们世界公民意识的影响效果不大。他们对老师的教育和引导更敏感，更能在教育者的指导下拓展思维，提高世界公民意识。比起日常生活，他们更希望通过专业的信息源（教师）获取知识，也更信任教师。没有海外生活经历的留学生，国际人际交往圈较窄，因而与周围同学的交往交流对他们来说更加直观也更具体，是他们接触国际社会的第一渠道，因而他们更偏向于认为"同学们的影响"是提高世界公民意识最显著的因素。

这一数据也意味着，针对不同背景的来华预科生，可以从不同的方面来提高其世界公民意识，对于没有国外生活经历的同学，应该多给予关心和照顾，多给他们提供同学间互助互爱、交流协作的机会，让其更快融入国际环境。对于海外生活经历丰富的同学，可以给他们提供更多信息和专业资料，师生之间讨论更多国际化话题。

四、结论

通过调查问卷及访谈研究，我们意识到，预科阶段的教育模式和教师的教育指导对预科生的世界公民意识的发展起着一定作用。发展内涵式留学生教育，应从教育模式入手，结合世界公民教育理论和国际理解理论，探索出具有中国特色的留学生培养和教育模式。预科生教育还应注重师资培养和教师培训，培养一批真正具备国际化视野、跨文化交际能力和知识储备的优秀师资。预科教师也应当转变思维，除了语言教学，还应注重文化交融、注重素质培养，以培养世界公民为己任。

同时，通过该调查我们也发现了一些问题：第一，当前留学生教育对来华预科生世界公民意识中行为部分的提高并不显著，认知与实践之间存在较大差异；第二，受应试目标影响，当前预科生教育以语言教学为主导的局面仍将持续，学时紧张，考试压力大，提高预科生世界公民意识有诸多现实因素掣肘；第三，预科阶段的教育和世界公民意识的提高，是否对其本科学习及长期发展产生影响，需要更多跟踪式调查；第四，目前针对来华留学生的心理辅导和心理干预机制比较少，急需推出相应的政策指引和教育纲领性指导意见。

针对以上问题，笔者认为当前亟待建立更为规范系统的预科生世界公民培养机制，在预科院校形成一个"预科生—教师—学院"的有机生态环境，可采取的举措包括但不限于：一、开设中国国情教育课程，帮助来华预科生了解并熟悉中国国情，尽快融入当地环境；二、开展课外世界公民实践活动，通过一些志愿或者体验活动，让来华预科生切实体验中国社会的运作，让他们意识到自己是其中的一员，并逐渐形成责任感和荣誉感；三、建立来华留学生档案管理和校际互访机制，预科院校和本科院校之间建立信息渠道，对来华留学生的学业生涯发展进行跟踪式管理；四、增设针对来华留学生的心理辅导窗口，对于有跨文化适应困难的学生及时给予帮助和干预。

世界公民教育和世界公民意识目前在学术界仍有争议，在中国现行教育制度下，在对本国学生世界公民教育尚不充分的情况下，如何发展出更适合中国国情，更能符合来华留学生需求的国际理解教育，提高留学生世界公民意识，还需要更多业内老师和专家在不断的实践中验证、总结、发展。

参考文献

高　艳（2008）从社会文化理论的角度论语言教师的中介作用，《外语教学理论与实践》第 3 期。

姜英敏（2017）全球化时代我国国际理解教育的理论体系建构，《清华大学教育研究》第 1 期。

孔子学院总部 / 国家汉办（2014）《国际汉语教学通用课程大纲》，北京：北京语言大学出版社。

李丹丽（2011）社会文化理论视角下二语教师的"支架"作用，《英语广场学术研究》第 5 期。

林崇德（2009）《发展心理学》，北京：人民教育出版社。

卢丽华、姜俊和（2013）"全球公民"教育：基本内涵、价值诉求与实践模式，《比较教育研究》第 1 期。

张鲁宁（2009）世界公民观念与世界公民教育，《思想理论教育》第 20 期。

中华人民共和国教育部（2016）2015 年全国来华留学生数据发布，http://www.

moe.edu.cn/jyb_xwfb/gzdt_gzdt/s5987/201604/t20160414_238263.html（2016-04-14）。

中华人民共和国教育部（2016）关于政协十二届全国委员会第四次会议第0079号（教育类009号）提案答复的函，http://www.moe.gov.cn/jyb_xxgk/xxgk_jyta/jyta_gjs/201609/t20160926_282274.html（2016-09-26）。

Merrifield, M. (1994) *Teacher Education in Global and International Education*. Washington, D. C.: American Association of Colleges for Teacher Education.

作者简介

庞震，北京语言大学预科教育学院讲师，北京师范大学教育学部博士研究生。研究方向为汉语国际教育、学生发展与教育。

从概念范畴化看汉语定中关系动名复合词 *

程璐璐

摘　要　本文从语言事实出发，从概念范畴化的角度重新审视定中关系动名复合词。定中关系动名复合词反映出来的各种语言现象符合概念次范畴化的要求和特点。一方面，次范畴化要求定语具有足够的区别功能。单音节动词必须具有足够的能够起到区别作用的语义成分才能直接充当定语，不然则需要通过带宾语或双音化等手段来实现。另一方面，次范畴化需要逐级进行，这也决定了"煤炭开采场"类复合词的语序和结构层次。双音节动词直接修饰中心语后，如果前面再出现受事，则是对原有概念的进一步次范畴化，而"走私毒品罪"等例外的出现是需要特殊认知动因的。

关键词　定中关系动名复合词　　概念范畴化　　音节数　　结构层次　　语序

○、缘起

与印欧语相比，汉语词类与句法成分之间不具有一一对应的关系。通常认为，汉语动词除可以充当谓语中心语以外，还可以相对自由地充任主语和宾语。对于动词能否充当定语，学界曾有过一些争论。但通过近十几年学者对这一问题的关注不难发现，动词和动词性成分不但可以充当定语成分，这种现象还相当普遍，且具有相当的复杂性和能产性。

---

　*　本成果受北京语言大学博士科研启动基金项目资助（中央高校基本科研业务专项资金）（项目批准号：13YBB08）。本文初稿曾在2011年12月25—29日于第十届世界华语文教学研讨会上宣读。原刊于《汉语学习》2019年第1期。

　　动词充当定语成分的情况十分复杂，陆志韦（1964）、石定栩（2003）等已经做过较为详尽的描写，在此不再罗列。但从复杂的情况中我们发现了一些有趣的现象，见例①、②：

①a.*采场

　b.开采场

　c.采煤场

　d.*煤采场

　e.*开采煤炭场

　f.煤炭开采场

②a.*碎机

　b.粉碎机

　c.碎纸机

　d.*纸碎机

　e.*粉碎纸张机

　f.纸张粉碎机

　　①、②两组例子是前人研究中常出现的用例。我们发现，c、f两组表达的概念基本相同而内部各成分语序不同，f组一般都有与之相对应的表达相关概念的b组，而与c组相对应的a组表达一般却不能说。

　　以往研究的热点主要集中在c、f两类复合词的生成方式、内部结构层次和语序差异以及定中关系动名复合词中动词的性质等方面。现有研究对这些现象的观察描写已经比较深入，但对现象的解释仍缺乏论证的独立性（independent motivation），难免有"特设"（ad hoc）之嫌。

　　为避免理论导向的研究取向对观察语言现象的影响，我们将从问题出发，对①、②两组用例所反映的一些问题进行研究。

　　关于"开采场""采煤场""煤炭开采场"是复合词还是短语的问题，学界仍有一定争论。石定栩（2002、2003）认为，"的"的有无影响谓词性定语成分的句法特性，决定谓词性定中结构的句法地位；不论中心词是自由语素还是非自由语素，无"的"的谓词性定中结构都应认定为复合词。为称说方便，我们采用石定栩的说法，将各类动词性成分无标记做定语的结构统称为定中关系动名复合词，其中"采煤场"和"煤炭开采场"两类合称为含受事①动名复合词。

一、音节数与语义明晰性

讨论定中关系动名复合词的文章大都谈到了音节问题。的确，从表面上看，表达相同或相近概念的两个动词，单双音节不同，其修饰能力有所不同；含有受事时，修饰成分的语序也存在差异。这些差异带来了一系列问题，也引起了我们的兴趣。

首先，单音节光杆动词能不能做定语？

回答是肯定的。单音节当然能够进入定中复合词的定语位置，而且类型和数量还是比较可观的。石定栩（2003）列举了大量单音节动词充当定语的用例，包括一价单音节动词修饰单音节名词的定中复合词（如例③）、二价单音节动词修饰单音节名词的定中复合词（如例④）、一价单音节动词修饰双音节名词的定中复合词（如例⑤）和二价单音节动词修饰双音节名词的定中复合词（如例⑥）②。

③奔马　　哭声　　去处
④按扣　　屠夫　　跑道　　挡板　　运力
⑤活龙虾　降结肠　叫蝈蝈　睡美人　笑弥勒
⑥酱肘子　炙甘草　仿羊皮　镶红木③

再看，定中关系复合词的定语位置对动词性修饰成分的选择是否具有音节数上的倾向性？

从使用情况来看，动词性定语成分的确是以双音节为主。需要指出的是，双音节定语成分除包含"开采"类并列格修饰语和"采煤"类动宾格修饰语外，

---

① 句法成分和语义角色并不是一一对应的，宾语不一定是受事，受事也不只是宾语特有的语义角色。动名复合词中所含受事成分是指做定语的动词在语义上的受事，不一定是该动词在句法上的宾语。

② 单音节光杆动词修饰双音节名词的情况没有修饰单音节名词那么多，但绝对数量并不算少（参见石定栩，2003）。

③ 例③至例⑥选摘自石定栩（2003）。

还包含偏正格、后补格等类别的修饰成分。而各类双音节修饰成分中，又以动宾格（即"采煤"类）最为常见（参见陆志韦，1964：39～40）。但陆志韦对双音节动词性修饰成分的分类是以两个语素的结构关系为标准的，并不考虑它们是词还是短语①。这些双音节动词性定语成分有些早已成为双音节动词，但仍有相当一部分还没有完全词汇化，甚至完全没有词汇化。也就是说，这种双音节倾向指的是动词性定语成分多为双音节，并不是定语成分多为双音节动词。双音节动词定语只是双音节动词性定语的一部分。因此，不能笼统地认为双音节动词做定语是动词性定语的典型代表②。

更进一步，定语位置对动词性修饰成分的选择上为何会出现双音节倾向？这种倾向性是来自韵律的要求还是另有原因？

我们认为，与韵律的作用相比，概念范畴化的要求才是产生这种倾向更为重要、更为本质的原因。定语的主要功能是修饰和限定③，也就是对中心语概念的进一步细化。这个细化的过程就是次范畴化的过程。要实现概念的细化，必然要求充当定语成分的动词性成分在语义上具有充分的区别特征。单音节光杆动词大多具有多义性或表达较为基本的动作范畴，内涵和外延都比较大，缺乏语义的单一性，或者说明晰性，因此对概念范畴的区别作用较小，充当定语的能力也就受到一定限制。因此，虽然单音节光杆动词做定语的绝对数量不少，但与双音节动词性成分比起来，还是有不小差距的。

从③到⑥几组用例中我们可以看到，直接充任定语的单音节光杆动词大都是语义相对单一或表达特征显著的动作行为。比如说，"奔马"中的"奔"主要表示"奔跑、快跑"；"按扣"中的"按"主要表示"（用手或手指）压"。特别是烹饪类动词，如⑦中的"煮、炒、煎"，都是能够反映烹饪细节的动作动词。

⑦煮鸡蛋　炒鸡蛋　煎鸡蛋

对于多义单音节动词来说，如"采"的常用动词义至少有"采摘"和"开采"两个，如想进入定语位置则需要一定的手段使其语义单一化或者明晰化，

---

① 此处的"词"和"短语"是从传统语法研究的角度来说的，暂不考虑形式主义学派的各种假设。
② 李晋霞（2008：7）就认为"双音节动词＋双音节名词"是定中关系动名复合词的典型代表。
③ 修饰和限定是从不同角度来观察事物的属性。当我们描写一个事物具有某种属性时，就是修饰；当我们用事物所具有的某种属性来区别同类其他事物时，就是限定。因此，二者在本质上是相通的。

即通过带简单宾语形成双音节或多音节结构（如"采煤"）后再充任定语，或采取概念相近而语义明确的双音节动词（如"开采"）。

二、范畴的系统性与"煤炭开采场"的结构层次

"煤炭开采场"类复合词中的定语成分包含一个双音节动词和一个受事名词。从逻辑上讲，这类结构存在两种可能的结构层次："$N_受$+（V+N）"和"（$N_受$+V）+N"，即"煤炭[（开采）场]"和"（煤炭开采）场"。

主张"（$N_受$+V）+N"式切分的学者较多，主要有 Duanmu（1997），顾阳、沈阳（2001），石定栩（2002、2003），何元建（2004），何元建、王玲玲（2005），冯胜利（2004）和周韧（2006、2007）。主张"$N_受$+（V+N）"式切分的主要有王洪君（2001）和柯航（2007）。

支持"（$N_受$+V）+N"式切分的学者大多是在自己的理论框架下讨论这类复合词生成方式，而没有专门讨论它们的结构层次。这种切分主要服务于他们对该类复合词生成方式的假设。换句话说，如果复合词是按照他们的假设方式生成的，那么这类复合词只能是"（$N_受$+V）+N"式结构。只有周韧（2007）专文讨论了"纸张粉碎机"的切分问题。可惜的是，周文错误地将受动语义关系等同于动宾句法关系，未经论证即认定"纸张粉碎机"和"碎纸机"具有相同的句法结构层次[①]（即，动宾结构做定语），并以此为前提进行了一系列的推理论证，来证明"（$N_受$+V）+N"切分的正确性和"$N_受$+（V+N）"的不合理性。假设周文整个研究的推理前提为真，那就相当于承认受事一定为宾语。但这显然与汉语事实不符，因此，我们不得不对以动宾关系替代受动关系得出的结论存疑。

裴雨来等（2010、2016）也是在形式主义框架下对含动复合词"N_1+V+N_2"的层次结构展开讨论的。该文首先较为系统而充分地批判了顾阳、沈阳

---

① 周文提出问题时，用"N_1+V+N_2"来代表"纸张粉碎机"类复合词，并指出"其中 N_1 为 V 的受事，而 N_2 为其他题元角色"，但在讨论切分的过程中却直接将 N_1 和 V 认定为动宾关系，并将该结构命名为"动宾饰名复合词"。

（2001）、周韧（2006、2007）等的观点，并提出了大量不支持"（N_1+V）+N_2"[①]的证据。接下来他们又给出了两组不支持"N_1+（V+N_2）"的证据，我们对这部分证据表示怀疑。第一组证据是，如果按照"N_1+（V+N_2）"的层次结构，下面的例⑧a中的直接成分"'拍卖网站、修理设备、出售资料'等'及物动词+具体名词'更可能是述宾结构，不能成为复合词中被修饰的中心语"。这一证据有两个问题。其一，及物动词 V 与具体名词 N_2 之间如果确实可以存在定中和述宾两种关系，那么，无论"V+N_2"多么"更可能是述宾短语"，都不能改变在特定情况下"V+N_2"存在定中关系的可能性和事实。其二，如果舍弃⑧b而采取⑧c的切分，"N_1+V"又是什么关系？文中没有给出回答。不支持"N_1+（V+N_2）"的第二组证据是，⑨a只能分析为"（N_1+V）+N_2"。我们对裴雨来等对⑨a的划分并不存在异议，但裴文的讨论范围过大，可能存在一定的内部不同质问题。裴雨来等称⑨a中的 N_1 是施事或受事以外的成分，但并未对其句法、语义角色进行说明。我们认为，⑨a中的"N_1+V"是名词做状语的状中结构，作为状语的 N_1 自然不可能跟名词性成分"V+N_2"组合，而只能先跟动词组合。因此，第二个证据也不能构成"煤炭（开采场）"式切分的反例。

⑧a.文物拍卖网站　　　汽车修理设备　　　商品出售资料

　b.文物（拍卖网站）汽车（修理设备）商品（出售资料）

　c.（文物拍卖）网站　（汽车修理）设备　（商品出售）资料

⑨a.车载雷达　　　手抓羊肉　　　港产电影　　　手持电话

　b.车（载雷达）手（抓羊肉）港（产电影）手（持电话）

　c.（车载）雷达　（手抓）羊肉　（港产）电影　（手持）电话[②]

认知语言学认为，语言是人类认知的工具，是人类认知结果的载体。从概念范畴化的角度来看，我们认为"（$N_受$+V）+N"式切分割裂了"煤炭开采场"和"开采场"在语义范畴上的上下位关系，违背了人们对范畴认识的系统性规律。而"$N_受$+（V+N）"式切分则能够反映相关概念范畴之间的系统性。

反映动作与受事语义关系的句法结构，最典型的的确是动宾结构，但是，不限于动宾结构。从语言事实出发，我们发现"煤炭开采场"类复合词中的"$N_受$"

---

① 裴雨来等（2010）讨论的含动复合词的范围大于本文讨论的含受事定中关系动名复合词，"N_1+V+N_2"中的 N_1 不限于受事。但范围的扩大可能带来内部不同质的问题。

② 例⑧、例⑨摘自裴雨来等（2010）。

凸显的不是与动词 V 的受动关系，而是"$N_{受}$"对"V+N"这一概念范畴进行次范畴化。如⑩：

　　⑩ a. 打印机

　　　　b. 针式打印机、喷墨打印机、激光打印机

　　　　c. 黑白打印机、彩色打印机

　　　　d. 照片打印机（相对于"文本打印机"而言）

　　以"打印机"为例，⑩ b 中的"针式、喷墨、激光"和⑩ c 中的"黑白、彩色"通常被认为是典型的区别词。随着成像技术的发展，出现了能够打印高品质照片的打印机，⑩ d "照片打印机"便应运而生。但此处的"照片"主要用于区别一般只能用来打印文本的普通打印机，虽然在语义上可以与"打印"存在受动关系，但不宜将"照片打印机"的概念层次分析为"（$N_{受}$+V）+N"式。又如：

　　⑪ a. 粉碎机

　　　　b. 页岩粉碎机、煤渣粉碎机、饲料粉碎机、中药粉碎机、纸张粉碎机

　　　　c. 文件粉碎机（软件）、谣言粉碎机（微博）

　　"粉碎机"最基本的概念不是指纸张粉碎机，而是指将大尺寸的固体原料粉碎至要求尺寸的机械。"纸张粉碎机"只是用于办公的以纸张为"被碎料"的一类粉碎机而已。"纸张"在这里最重要的作用是以"被碎料"的身份作为区别特征对"粉碎机"进行次范畴化。如果将它看作是"粉碎"的受事，则很难反映 ⑪ 中各组用例的系统联系。

　　句法上的层次结构是概念范畴化在语言上的表现。与"采煤场"类复合词不同，"煤炭开采场"类复合词实际上是通过外层附加的方式，来对上一层次的概念范畴进行进一步的细化和区分。

　　"采煤场"是动宾格"采煤"修饰"场"，可以记作"动宾—名"式复合词，而"煤炭开采场"则是双音节动词"开采"先修饰"场"，再由"煤炭"对"开采场"进行进一步限定，记作"受—动名"式复合词。"动宾—名"式中的"宾"和"受—动名"式中的"受"虽然在语义上都是内部"动"成分的受事，但与"动"的概念层次和句法关系都不相同。两种含受事动名复合词的差异我们下面还会继续讨论。

三、语序差异和语序强制性例外的认知动因

动词的音节数影响着含受事动名复合词的语序。已有研究对这一问题相对统一的观点是：动词为单音节时，复合词采取"动宾—名"式语序，语序具有强制性；动词为双音节时，复合词倾向于采取"受—动名"式语序，当"受"为双音节或多音节时，语序的强制性相对较弱，有时也会采取"动宾—名"式。各家对于两种语序差异成因的解释差异较大；而对双音节动词带受事做定语，语序强制性较弱的现象的解释，则更多采取回避或模糊的策略。

我们认为，单从动词音节数来看语序差异和语序强制性问题，并没触及问题的本质。先来看一些语言现象：

⑫ a.＊开采煤炭场

　　b.煤炭开采场

⑬ a.走私毒品罪 （法律术语）

　　b.毒品走私罪 （自然语感）

⑫b 能说，⑫a 不能说；⑬a、⑬b 都能说。为何同为双音节动词，⑫ 只能采取"受—动名"语序，而 ⑬ 两种语序均可？要回答这个问题，我们还需要回到含受事动名复合词的结构层次上去看待这个问题。

对"采煤场"和"走私毒品罪"的结构层次的划分基本不存在争议，如 ⑭ 和 ⑯，而对"煤炭开采场"的层次划分则有两种争论，见 ⑮a、⑮b。前文已经从概念范畴的系统性上讨论了两种可能性的解释力。下面，我们将分别考察两种切分对语序差异和语序强制性的解释力。

⑭（采煤）场

⑮ a.煤炭 [（开采）场]　　　$N_{受}$＋（V＋N）式

　　b.（煤炭开采）场　　　　（$N_{受}$＋V）＋N 式

⑯（走私毒品）罪

⑰ a.毒品 [（走私）罪]　　　$N_{受}$＋（V＋N）式

　　b.（毒品走私）罪　　　　（$N_{受}$＋V）＋N 式

首先来看"（$N_{受}$＋V）＋N"式切分。假定"（$N_{受}$＋V）＋N"式划分符合语言事实，那么，"煤炭开采场"与"采煤场"的结构层次相同，即 ⑮b 和 ⑭，但

内部语序却不同。同样的层次结构为何会有不同的语序？这种语序差异从何而来？

继续按照这种假设，⑬b"毒品走私罪"与⑬a"走私毒品罪"的结构层次也应该是一样的，即⑰b和⑯。那么，在相同的结构层次下，这种语序变异是否是自由的？如果是，为什么⑫a不能说？如果不是，什么样的含受事动名复合词可以有两可的语序，什么样的又只能有一种语序？而只能有一种语序时，为何倾向于采取"受—动名"语序？

由此可见，"（N受+V）+N"式切分会带来很多语言内部无法解释的问题。

再看"N受+（V+N）"式。假定"N受+（V+N）"式划分符合语言事实，那么，"采煤场"与"煤炭开采场"的语序差异则是由不同的结构层次造成的。"采"缺乏语义的明晰性，无法独立对"场"这个概念进行次范畴化。要实现定语的区别作用，必须首先形成"采煤"这个概念范畴才能对"场"进行修饰限定。而"开采"则不同，它语义单一，具有足够的区别作用，可以直接做定语形成"开采场"这一概念范畴。"开采"对"场"的次范畴化可以独立完成，不依赖于"煤炭"。当"煤炭"附加在"开采场"前面时，实际上是在对"开采场"这个概念再次进行次范畴化，进而形成一个下位范畴"煤炭开采场"。在语义上同样是受事角色的"煤"和"煤炭"由于与动词"采"和"开采"的概念层次不同，因此，一个形成"动宾—名"型复合词，一个形成"受—动名"型复合词。可以说，这种语序差异是概念范畴的不同认知结构在语言结构上的反映。

同样，⑬a"走私毒品罪"和⑬b"毒品走私罪"的语序差异也对应于不同的概念结构。⑬b并不是法律术语的规范说法，但在语感上却是可以接受的。这是因为，根据一般认知，"毒品走私罪"通常被当作"走私罪"的一种，即一种以毒品为走私对象的走私罪。"毒品"附加于"走私罪"之前，是对"走私罪"这一概念范畴进行细化，并起到了区别于其他类型走私罪的作用。而规范的法律术语是⑬a，反映的概念结构是⑯。⑯与⑰a两种切分最大的不同在于，⑬a不是对"走私罪"次范畴化的结果，因为在法律体系中，"走私毒品罪"与一般的"走私罪"的性质完全不同，属于不同的法律体系，二者并不存在上下位的关系。为了避免⑬b可能带来的概念关系不严谨的问题，因此要采取"动宾—

名"型构词方式。这就是语序强制性例外产生的认知动因。动词为双音节的含受事定中动名复合词的语序例外大多是法律术语也正是这个原因。

回到本节开始的问题，为什么 ⑫b 能说，⑫a 不能说，而 ⑬a、⑬b 都能说呢？

前面谈到，当动词为双音节时，含受事定中动名复合词的优势语序应为"受—动名"式。从范畴化的角度来说，这种语序符合一般的认知过程，对应于概念范畴化的结构层次，同时默认了一个上下位的概念系统。而当我们要表达的概念与这个默认的概念系统矛盾时，为了撤销系统中的"上下位关系"，才需要在语序上进行调整，如 ⑬a。⑫a 不能说的原因就在于它要表达的概念符合默认的概念系统，不具备调整语序的动因。另外，即便 ⑬a、⑬b 都能说，二者在概念上也由于结构层次的不同而有细微的差异。而 ⑬b 不符合规范却符合语感更能说明"受—动名"语序的优势地位。

四、总结

概念范畴具有系统性和层级性。一方面，概念的次范畴化首先需要具有足够的能够起到"区别作用"的手段；另一方面，次范畴化要遵循范畴化等级，不能跨级范畴化。

定中关系动名复合词反映出来的各种语言现象正体现了次范畴化的要求和特点。定语的修饰限定功能实际上是对中心语概念范畴的细化。这决定了进入定语位置的单音节动词必须具有足够的能够起到区别作用的语义成分，当单音节动词无法满足这一要求时则需要通过带宾语或双音化等手段来实现。很多双音节动词能够满足"区别作用"的要求，可以直接修饰中心语。如果再出现受事，则是对原有概念进一步次范畴化。次范畴化需要逐级进行，这也决定了"煤炭开采场"类复合词的"受—动名"式语序和"N$_受$+（V+N）"式结构层次。而"走私毒品罪"等例外语序的出现是需要特殊认知动因的。

参考文献

冯胜利（2004）动宾倒置与韵律构词法，《语言科学》第 3 期。

顾　阳、沈　阳（2001）汉语合成复合词的构造过程，《中国语文》第 2 期。

何元建（2004）回环理论与汉语构词法，《当代语言学》第 3 期。

何元建、王玲玲（2005）汉语真假复合词，《语言教学与研究》第 5 期。

柯　航（2007）现代汉语单双音节搭配研究，中国社会科学院研究生院博士学位论文。

李晋霞（2008）《现代汉语动词直接做定语研究》，北京：商务印书馆。

陆志韦（1964）《汉语的构词法》（修订本），北京：科学出版社。

裴雨来、邱金萍（2016）"纸张粉碎机"类复合词句法生成规律研究，《汉语学习》第 2 期。

裴雨来、邱金萍、吴云芳（2010）"纸张粉碎机"的层次结构，《当代语言学》第 4 期。

石定栩（2002）复合词与短语的句法地位——从谓词性定中结构说起，《语法研究与探索》（第 11 辑），北京：商务印书馆。

石定栩（2003）汉语的定中关系动—名复合词，《中国语文》第 6 期。

王洪君（2001）音节单双、音域展敛（重音）与语法结构类型和成分次序，《当代语言学》第 4 期。

王永娜（2015）"NNVVN""VNN""VN 的（N）"语体等级的鉴别，《汉语学习》第 4 期。

周　韧（2006）共性与个性下的汉语动宾饰名复合词研究，《中国语文》第 4 期。

周　韧（2007）关于"纸张粉碎机"的切分，《东方语言学》第 1 期。

Duanmu, San (1997) Phonologically motivated word order movement: Evidence from chinese compounds. *Studies in the Linguistic Sciences*, (1).

作者简介

程璐璐，北京语言大学预科教育学院讲师。研究方向为汉语语法与对外汉语教学。

同素同义名词 "黄金" "金子" 用法异同[*]

——兼论同素同义名词辨析框架

李胜梅

摘　要　"黄金""金子"内部结构不同，历时发展轨迹不同，这对二者的句法性质、常见搭配、语体色彩、文体分布、语域特征等方面的差异产生了深刻影响。二者还在修辞运用（尤其是比喻构式）、熟语中的选用、所形成的固定结构、语域特征、文体分布等诸多方面体现出频率差异、习用差异、习得难度差异。多角度辨析二者之上述差异，对我们更全面地辨析同义词及对外汉语教学等都具有参考价值。

关键词　"黄金"　"金子"　同素同义名词　熟语结构　修辞结构

一、引言

关于同义词辨析框架，词汇本体研究和汉语作为二语的同义词研究，都有不少深度探讨。一般都会提及语义、句法、语用三个方面的辨析项目，但主要侧重本体的、静态的辨析。即使语用方面的辨析，一般提及感情色彩、地方色彩、语体色彩、风格特点等方面的异同，鲜有提及所出现的修辞结构。至于用法方面的异同，主要侧重句法搭配，而对语域特征、所构熟语等具体用法关注不够。

一组同义词之间存在复杂的异同关系，袁毓林（2014）、李强、袁毓林（2014）的框架列出了同义名词最重要的、最具普通性的辨析项目。但就某些具

---

* 北京语言大学科研项目（中央高校基本科研业务专项资金资助），项目编号：19YJ010408；北京市社科基金项目，项目编号：16YYB020。

体的同义词群而言，可能还有一些辨析项目需要特别考察，比如修辞角度的辨析、某种具体用法的辨析。关于"黄金—金子"这对同素同义指物名词，李胜梅（2019）探讨了二者用作喻体时所表现出的系列修辞差异，本文继续探讨二者在具体用法上的其他差异。希望此项研究能为同义名词辨析、对外汉语词汇教学提供一点参考，能有助于同义名词用法辨析框架的探讨，有助于汉语学习者更好地运用同义名词。

《现代汉语词典》第 7 版中，【金】共收 7 个义项。本文的讨论对象跟如下两个义项有关：

【金】④金属元素，符号 Au。黄色，有光泽，质软，延展性强，化学性质稳定。是贵重金属，用来制造货币、装饰品等。通称金子或黄金。⑤用于比喻，形容尊贵、贵重：～口玉言。

再看"黄金"和"金子"的释义：

【金子】金④的通称。

【黄金】①金④的通称。②属性词。像黄金一样宝贵的：～地段|电视广播的～时间。

此处涉及三个词："金""黄金""金子"，三者构成同义关系。词典释义显示，"金⑤"是"金④"的比喻引申，"黄金②"是"黄金①"的比喻引申，"黄金""金子"都是"金④"的通称。随着人们认知和言语表达的复杂化和精细化，这组含有相同语素"金"的同义名词在语义、句法、语体和修辞诸方面出现了多种差异和分工。

为了论题更集中，本文仅讨论双音节词"黄金"和"金子"，重点讨论二者在句法性质、搭配习惯、熟语使用、语域分布等方面的具体差异，不讨论单双音节同义名词"金""金子""黄金"三者之间的异同。

二、"黄金""金子"的历时发展差异

"黄金""金子"的历时发展差异，是二者现代汉语阶段共时分工的重要影响因素。

"黄金"在《山海经》[1]中即已多次出现。如：

（1）又东二百里，曰真陵之山。其上多黄金，其下多玉……（《山海经·中山经·中次十二经》）

《山海经》中还出现了"黄金"用作喻体的例句。如：

（2）犬封国……有文马，缟身朱鬣，目若黄金，名曰吉量，乘之寿千岁。（《山海经·海内北经》）

这是我们在语料库里能找到的非常早期的"黄金"充当喻体的用例。这说明"黄金"这一事物在当时熟知度高、形象性强，在认知过程中有重要的基础作用，也说明"黄金"一词在当时的通用性、常用性。[2]

"黄金"在先秦两汉已经是重要的货币用词（王洪涌，2006）。如：《管子·国蓄》篇将货币分为上、中、下三等，"以珠玉为上币，以黄金为中币，以刀布为下币"。《汉书》中有"赐黄金二百斤"，这个结构的语序是"'黄金'+数量词"。

"金子"一词的出现则晚于"黄金"。"金子"是随着汉语名词后缀"子"的产生而形成的，是汉语词形双音节化发展大势下形成的"金"[3]和"黄金"的同义词。王力（1980）认为，"在中古时期，名词词尾'子'字已经很发达了，并且它有构成新词的能力。"潘志刚（2016）考察了《齐民要术》[4]中 34 个附加"子"语素的合成词的使用情况，指出"子"在中古汉语（即东汉至隋时期的汉语）阶段已发展为一个成熟的名词后缀。

"金子"，用的是名词的典型后缀"子"，带有鲜明的口语特点和通俗性。从 CCL 语料库和国家语委语料库看，早期多见于近代汉语小说。比如国家语委"语料库在线"中，"金子"主要见于明清小说，叙述体和对话体均有。例句如：

（3）妙观果然到房中箱里面秤了五两金子，把个封套封了，拿出来放在盒儿面上。（《二刻拍案惊奇》）

这是作家叙述语言，以"数量词+'金子'"的语序和结构出现。

《二刻拍案惊奇》中也有"黄金"。不过，无论人物对话还是作家叙事语言，用的语序都是"'黄金'+数量词"，文言色彩明显。如：

---

① 其成书年代，一说先秦，一说春秋末年到西汉初年。

② 至于该例"黄金"是短语还是合成词，"黄金"何时由短语发展凝固为合成词，尚待进一步考察。

③ 本指金属"铜"，又为古金属总名，经历了指"铜""金属""金子"的发展过程。

④ 大约成书于北魏末年（公元 533—544 年）。

（4）妙观道："他原只把黄金五两出注的，奴家偶然不带得东西在身畔。"（《二刻拍案惊奇》）

《粉妆楼》中也是既有"黄金"也有"金子"，出现时也是语序不同。如：

（5）a.程爷随即入内，修了锦囊一封，又取出黄金两锭，一并交与……（《粉妆楼》）

b.主意已定，到晚上偷开库房，盗了三千两金子，打在箱内。（《粉妆楼》）

（5）a的语序是"'黄金'+数量词"，（5）b的语序是"数量词+'金子'"。

"黄金""金子"与数量词搭配时的上述语序差异，以及所形成的固定结构，沿用至现代汉语阶段。

"黄金""金子"的不同"出身"及其历时发展差异，以及内部结构成分与结构关系的不同等因素，对二者在现代汉语中的词义演变方向、句法性质、句法搭配、修辞运用等都产生了深刻的影响。考察一组同义词群各成员的历时发展轨迹，有助于辨析同义词之间的共时差异，探求源流和理据。

无论是古代汉语还是现代汉语语料库中，"黄金"出现的次数皆远多于"金子"。查BCC语料库，在"古汉语单一来源"中，二者出现次数分别为：黄金55287次，金子3181次。在现代汉语阶段，历时检索，二者频次对比差异鲜明，见下图：

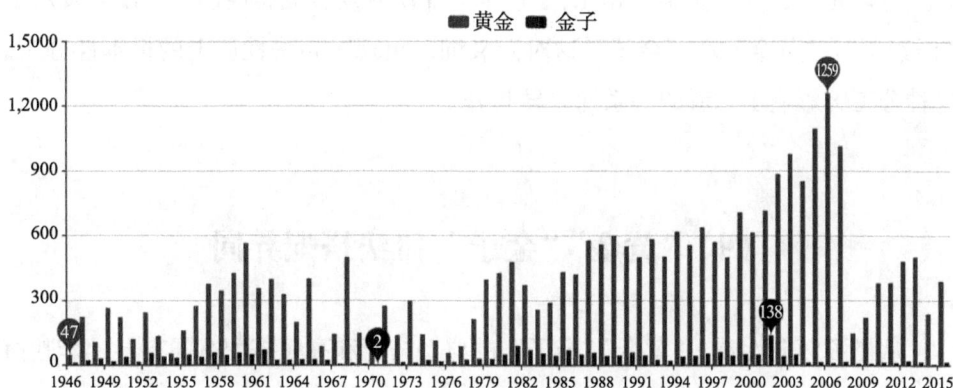

检索式"黄金"与"金子"的频次对比图

在现代汉语阶段，"黄金"使用范围更广，特别是用作术语时。二者用例数相差很大，与"黄金"历时发展所形成的多功能有关。

三、"黄金""金子"句法性质异同

回答这个问题，首先要看"黄金"的义项分解和句法性质分解。《现代汉语词典》第5版已收"黄金"为属性词："【黄金】属性词。比喻宝贵：～地段｜电视广播的～时间。"属性词"黄金"所形成的比喻结构中，最成熟稳定的是"黄金时代"和"黄金时间"，已经发展成为固定短语，《现代汉语词典》第5版已收"黄金时代""黄金时间""黄金时段""黄金周"。《现代汉语词典》第6版新收固定短语"黄金储备""黄金搭档""黄金地段"，新收合成词"黄金档"（释义：黄金时间）。其中的"黄金搭档、黄金地段、黄金档"均为比喻结构。我们将"黄金"分解为二（李胜梅，2019）：用作物质名词的为"黄金₁"，用作属性词的为"黄金₂"。

而"金子"没有这种词性分化，只是指物名词，不兼属性词。

再进一步看，这种位置和用法的"黄金₂"已经具有构词功能，有词内成分的发展倾向。刁晏斌（2011）将其看作"语素词"，主要理由是，这种用法和比喻义的"黄金"位置固定，有黏着性，若离开整个组合（"'黄金'＋NP"）不能单独成"词"。这种性质的"黄金"无论是语义上还是结构形式上，对整个组合的依赖性都很强。

也就是说，与"黄金"相比，"金子"并没有发展成属性词，更没有发展成"语素词"。"黄金"和"金子"这对同义词，出现了句法性质上的根本性分工。这种分工，影响了二者的一系列差异和分工。

四、"黄金""金子"句法搭配异同

从搭配倾向性看，"黄金""金子"的典型搭配和高频搭配有同有异，李胜梅（2019）已有论述。本节仅重点说说二者与数量词相组合时的差异，以及"'黄金'＋数量词"结构在现代汉语的沿用情况。

"'黄金'＋数量词"形成了"黄金万两"这样一个具有较强结构凝固性的短语，有书面色彩，风格古雅，整体表义，含有强调的意味，极言财富数量之大。其中"万两"并不是确指一万两，而是夸张表达，是"很多很多"的意思。如：

（6）这个说"见面发财"，那个就得这样说："您黄金万两，日进斗金！"
（CCL）

（7）怎比得了只靠着"天生丽质"和一副歌喉便"黄金万两"的歌星呢？
（CCL）

上述例句中都不说"万两黄金"。有时"黄金万两"还可以整体充当喻体。如：

（8）把信守承诺看作比黄金万两还重要。（CCL）

就上例而言，即使需要一个指称性的名词短语（如"很多黄金"）时，也没有
临时组合成"一万两黄金"，并没有临时改变"黄金万两"的语序和结构，可见
"黄金万两"这个结构的凝固性之强。不仅如此，"黄金万两"还构成了一条谚
语格式。如：

（9）火车一响，黄金万两。

上例一般看作谚语（有的看作俗话），流传较广。"NP 一响，黄金万两"，作
为能产性较强的谚语格式，常被人们仿用。如："机床一响，黄金万两。""槌子
一响，黄金万两。""炮竹一响，黄金万两。""手机一响，黄金万两。"这些都是
CCL 语料库中的用例。

上述例句中都不用"金子"。也就是说，"金子"不进入"～+数量词"格式，
更无固定结构。"金子"可进入"数量词＋～"格式，且无古雅之风。

概括地说，"黄金万两"作为一个整体沿用至现代汉语，结构具有凝固性，
格式具有能产性，有古雅之风。虽然现代汉语也可以说"万两黄金"，但这个短
语不具备结构凝固性，不具备能产性。若说"一万两黄金"，则是数量确指，更
无古雅风格。

"黄金万两"与"日进斗金""招财进宝"等不仅都是凝固性很强的短语，
而且还是典型的民间装饰字（也称"民俗组合字""吉祥语合体字"等），都是对
四个汉字的部件进行拆分和特殊组合而成，这种凝固性和文化含义都是"金子"
一词所不具备的。

五、"黄金""金子"在熟语中的选用差异和分工

有的名言名句，只用"黄金"不用"金子"。如"书中自有黄金屋"，"黄金有价情义无价"，"男儿膝下有黄金（下句"只跪苍天和娘亲"一般"歇"而不现）"，"黄金万两容易得，知心一个也难求。"这些句子都需要作为一个整体来引用，固定性强。

有的谚语，一般只用"金子"不用"黄金"。如"是金子就会闪光""是金子总会发光的""闪光的不一定都是金子"。

有的谚语为了跟上下句的"银子"相配，只能选择结构相同的"金子"而不用"黄金"。如"楠木是金子，樟柏是银子""好话是银子，沉默是金子"。语义上看，不突出色泽"黄"，不必突出多余的语义信息；附属色彩方面，也不突出"金"的经济价值。

考察同义词所出现的固定短语，考察它们在熟语中的出现情况，可为对外汉语教学提供很好的用例参考，给出典型搭配和高频搭配，可以有针对性地提高汉语学习者的词语理解能力和词语输出能力。

六、"黄金""金子"在语体、色彩、风格、语域方面的差异和分工

"黄金""金子"构词结构和语素差异显著："黄金"，复合词，两个语素都是实义，更正式，相比较而言多用于正式的书面表达；有语素"黄"，语义与色泽有关。"金子"含"子"尾后缀，派生词，口语色彩明显，相比较而言多用于日常生活的非正式表达。在同样用其本义和基本义的情况下，"黄金器皿、黄金制品、黄金首饰、黄金交易、黄金价格、黄金储备、黄金储量、黄金走私、黄金价格走势、黄金生产企业"等多出现于正式的书面语，而一般不说"金子器皿、金子制品、金子储备"。

概括地说，二者存在书面语与口语的区别、正式与非正式的差异，可分别用于严肃与随便的不同场合。

　　二者还出现了语域的大致分工。"黄金"多用于现代黄金工业、宝石业、货币学、金融学、经济学，有行业性和学科性，表现出行业色彩和科技色彩。专名如"冶金工业部黄金管理局"（不说"金子管理局"）、"国务院黄金工作领导小组"（不说"金子工作"）、《中国黄金报》（不说"金子报"）。例句如："南非是全球最大的黄金生产国。""人类开采黄金已有 5000 多年悠久历史。"这样的句子都不用"金子"。"金子"无行业色彩和科技色彩。

　　二者也有文体方面的差异。从 CCL 语料库的用例看，虽然"金子"也用于书面，但多见于近代文学作品，如淘金生活叙事体中，是实指客观物体；也出现于当代文学作品中，常用作喻体。而与之不同，"黄金"多用于学术论著、论文。

　　含相同语素的同义指物名词之间存在语体差异和语域分工，这是一种普遍现象。含相同语素（X）的"X＋子"，与由其他实义语素（A、B）构成的名词"A＋X""X＋B"之间，若构成同义关系，大多表现出语体色彩方面乃至语域方面的显著差异；而在感情色彩方面的差异不明显；一般也无明显的地域差异。如：

杯子—水杯、茶杯　　膀子—肩膀、脖子　　窗子—窗户　　村子、庄子—村庄、乡村

稻子—水稻　　刀子—刀具　　胆子—胆魄、胆量　　房子、屋子—房屋、房间

稿子—书稿、稿件　　棍子、棒子—棍棒　　颈子—颈部、颈脖、脖颈

例子—用例、例句　　脑子—大脑、头脑、脑袋　　牌子—品牌　　瓶子—水瓶

沙子—黄沙　　身子—身体　　衫子—衬衫　　位子—座位　　院子—院落、庭院

桌子—圆桌、方桌、书桌、供桌

　　上述各组，与"金子—黄金"一样，也有类似的语体分工和文体分布差异："X＋子"，大多用于日常生活，"A＋X""X＋B"则多用于书面表达或者特定的语域。

　　从古汉语中的单音节形式 X（如"金"）到现代汉语双音化大趋势下出现近义的双音节词，一般继续保留这个单音节形式，使其作为一个构词语素；采用两种不同的构词方式，一是派生词，加前缀或后缀，如名词的典型后缀"子"，构成"X子"（如"金子"），有的构成"X头"（如"木头"），使之成为典型的双音节名词，"子""头"等是词性标记；二是复合词，加一个实义语素，构成"AX""XB"，如"木材"，词义表达更细腻。"X子""X头"与"AX""XB"虽

然有同义关系，但是句法搭配、语体、语域、文体、风格等方面均出现差异，对立、互补，丰富了汉语的词汇系统，使词义表达更精细，情感态度表达更准确。

七、"黄金""金子"修辞用法异同

我们已专文分析过"黄金""金子"之间的修辞用法差异，尤其是二者在用作喻体时体现出的系列差异（李胜梅，2019），考虑到论文内容的完整性，此处简述主要观点。

7.1 充当喻体的临时性和固定性不同

二者都可以临时选作喻体，都可以进入"Adj/NP ＋ ～"构式。但"黄金"还分化出"黄金₂"。能进入这个构式的是"黄金₁"而不是"黄金₂"。而"金子"未出现这种分化。

"黄金₂"是属性词，有固定的句法位置，是句法位置不自由的黏着词，不仅如此，所构成的"黄金时代、黄金搭档、黄金档、黄金地段"已经发展为固定短语，其中的"黄金"已有词内成分倾向，成为词汇现象。而"金子"无此性质，无此用法。"金子"最主要的用法是临时充当喻体，是临时的造句现象和修辞现象。

7.2 修辞结构成分方面的异同

首先，与本体的联系和选择，有同有异。与时间有关的对象、高贵坚韧的性格、不容易被腐蚀的人品，"黄金""金子"皆可用作喻体。如"黄金般 / 金子般的岁月"，"黄金般坚韧的性格 / 金子般坚定的性格"。不同的是，美好的黄灿灿的色彩、光泽，选择"黄金"做喻体。特别有经济价值的，用"黄金"做喻体。而描述"心、心灵"等本体，一般选择"金子"做喻体。

其次，与本体的相似点及引申的比喻义，存在差异。"黄金"和"金子"与本体之间的相似点存在分工，二者的比喻义有明显区别：用"黄金"多比喻"值钱"，用"金子"多比喻"珍贵"。

再次，是否需要使用比喻关系词语（李胜梅，2018）做喻体的修辞标记和句法标记，将本体与喻体"黄金"或"金子"联系起来？从修辞结构看，"黄金＋NP"中的"黄金"是喻体，"NP"是本体，二者之间通过定中结构组合起来，不需要比喻关系词来连接，也就是说是通过句法手段将本体和喻体联系起来。而"金子"多出现在有比喻关系动词或比喻关系助词的结构中，如"金子般的＋NP""比金子还宝贵"中，喻体"金子"与本体的联系需要比喻关系词语来连接，是临时的造句现象。"Adj/NP＋黄金/金子"，一般需要在句中其他位置出现比喻关系词语，将喻体"黄金"或"金子"与本体联系起来。"Adj/NP＋黄金$_1$/金子"及表比喻的"黄金$_2$＋NP"这样的名词性短语，主要用于指称；而"金子"和"黄金$_1$"临时用作喻体所构成的"～般""比～还/更"以及"是～""像～""变（成）～"等结构，常用于陈述。

7.3　是否出现在多义结构中？

"黄金＋NP"是多义结构。这一方面由于"黄金"有时用其本义（如"黄金首饰"），有时是比喻义（如"黄金时代"），另一方面还由于其中的"NP"多数情况用其基本义（如"黄金首饰"），少数情况也用比喻义（如"黄金季节"）。而"金子"无此多义结构。

7.4　充当喻体时对比喻构式的首选及不选情况

二者都可以构成"Adj/NP＋～"，都可以出现在"～般""比～还/更"中。但"～＋NP"结构，仅有表比喻的"黄金$_2$＋NP"，没有表比喻的"金子＋NP"。

二者所出现的比喻结构有各自的最常用形式。

"黄金"做喻体，首选的是句法结构而不是显性的比喻关系词。所形成的比喻结构首先是"黄金$_2$＋NP"，结构有固定性，"黄金"句法位置固定。其次是表比喻的构式"Adj/NP＋黄金$_1$"，"黄金$_1$"句法位置也较为固定。"黄金$_1$"临时充当喻体，主要出现在"比黄金＋还/更……""黄金般……"中，其次是"像黄金……""变成黄金""是黄金""赛黄金"等。

而"金子"最常见的是临时做喻体。在喻体之前或之后出现比喻关系词（或前置，或后置，或框式），将本体和喻体联系起来，是临时造句现象。常用的有"比～还 / 更……"和"～般……"，这是"金子"临时用作喻体时的典型句法结构。其次才是进入构式"Adj/NP＋金子"，通过句法手段和上下文将本体和喻体联系起来。而"像～""是～""变成～"等并不是首选。表比喻的"金子"不出现于"～＋NP"中。

7.5　所形成比喻结构的语体色彩及功能

虽然"金子"口语特征更显著，"黄金"行业性和科技语体色彩更显著，但二者做喻体时，所参与完成的比喻结构，均有明显书面色彩，有的有行业性（如"黄金$_2$＋NP"），有的有抒情性和文学色彩（如"～般"），有的表现出正式性（如"比～还 / 更＋形容词"）。

八、结语

8.1　对同义名词用法辨析框架的启发

"金子"在汉语双音化发展大势下出现，与"黄金"含有相同的语素"金"，但"黄金""金子"这两个双音节词是分别按照不同的结构方式构造的，二者从词汇系统中的近义关系开始，在发展中各走各的路，渐行渐远，分工，互补，在词汇系统和语言运用系统中找到了各自的位置，以各自独特的语言价值和语言学价值体现其存在意义。同义词之间的差异如此细腻，可见语言材料系统和语言表达系统精密之一斑。

如果一个事物熟知程度高，形象性强，那么指称这个事物的名词就会经常临时选用作喻体。因此，一对同义指物名词的用法，若要全面辨析，在对词义和句法功能进行全面辨析的基础上，还需要考察其是否常选作喻体，是否已有明确的、固定的比喻义。即使是同样可以充当喻体，它们也可能在比喻引申义的发展方向、所适应的本体、相似点的表达和用词情况、相异点的表达和用词情况、比喻关系词语的隐现、对比喻结构的首选及不选、选用为喻体时的句法搭配情况及所形成的比喻结构及结构的表义特点等方面存在差异，形成多方面的分工与互补。

"黄金""金子"这对同义词，在基本语义相同的情况下，不仅在合成词内部结构、常用搭配对象、句法性质、句法功能、构词能力、造句能力、义项演化、语体等方面存在差异，而且在语域、文体以及所形成的固定结构、所参与完成的熟语等方面出现了分工。以往论述同义词之间的句法搭配异同时，关注点主要是与之经常搭配的词语，而对所形成的固定搭配、在熟语中的选用情况等关注不够。

学界关于同义词辨析的框架中大都提及语体，但主要是口语和书面语的比较粗线条的二分。实际上，同义词之间在语体方面的区别要细腻得多，而且与语域、文体、风格等方面的差异密切相关。如果只说明"黄金"多用于书面，而"金子"多用于口语，只能算是关于语体的粗线条的二分。还应该看到，"黄金"有行业色彩，可构成系列专业用语，而"金子"无行业色彩。虽然"黄金"的书面色彩强于"金子"，"金子"的口语色彩强于"黄金"，但二者均可用于书面，不过，"黄金"多用于科技汉语，而"金子"多用于文学作品。如用作喻体，所形成的比喻结构均有明显的书面色彩，"黄金"构成的比喻结构正式性强（如"黄金时代""黄金地段"），而"金子"构成的比喻结构抒情性强（如"金子般的心灵"）。辨析出上述细致分工，有助于指导汉语学习者准确造句，并将其用于适当的文体和语体中。

"黄金""金子"之间的上述差异和分工，可为同义指物名词在用法方面的辨析框架的拟定提供参考，也对比喻结构研究有一定启发。

8.2 对对外汉语教学的启发

一个名词，了解其基本的语义和常用句法搭配，只能满足听懂和阅读理解的要求。母语者对一个名词的运用能力，二语者对一个名词的输出能力（说话和写作），不仅要看其对这个名词的常见搭配情况是否掌握，对所参与完成的熟语的引用情况，还要看其修辞运用情况。

新汉语水平考试（新 HSK）大纲词汇（1～6级）未收"黄金""金子"，但有相关的语素和合成词。一级有含"子"尾的名词"杯子"，三级有单音节词"黄"，四级有"奖金"，五级有"现金、金属、资金"和"黄瓜"，六级有"基金、金融、押金"和"黄昏"。也就是说，四级时学习者可根据学过的"-子"尾（一级）、词"黄"（三级）、语素"金"（四级），类推生成"黄金"和"金子"。

"黄金""金子"用法的风格差异、语域差异、难度差异等，在不同的学习阶段应该有不同的教学安排和教学策略，学习者的听说读写能力应该有不同的表现。就"黄金""金子"这对同义名词而言，会说出"这是金子""黄金价格很高"这样的句子，只是基本训练，在初级和中级阶段即可处理。而在高级阶段，不仅要看其是否掌握了几个常用固定结构，是否会用"黄金时代""黄金时间""黄金周"（也可由此看出学习者对当代中国社会生活的了解），是否会用相关谚语、名言，如"书中自有黄金屋"，"是金子总会闪光的"等（也可由此看出学习者对相关中国语言文化的了解），还要看其是否会用"金子般的心""比金子还珍贵"等比喻结构，是不是会临时组合出"黄金温度""黄金比例"这类表示比喻的短语。

参考文献

刁晏斌（2011）试论当代汉语的"语素词"，《杭州师范大学学报》（社会科学版）第 6 期。

李　强、袁毓林（2014）基于物性角色的同义名词辨析方法探讨，《世界汉语教学》第 4 期。

李胜梅（2018）《比喻关系词与比喻句式研究》，北京：科学出版社。

李胜梅（2019）同素同义名词"黄金""金子"用作喻体时的异同，《贵州工程应用技术学院学报》第 1 期。

潘志刚（2016）从《齐民要术》看名词后缀"子"成熟的时代，《西南石油大学学报》（社会科学版）第 3 期。

王洪涌（2006）先秦两汉商业词汇——语义系统研究，华中师范大学博士学位论文。

王　力（1980）《汉语史稿》，北京：中华书局。

袁毓林（2014）汉语名词物性结构的描写体系和运用案例，《当代语言学》第 1 期。

作者简介

　　李胜梅，教授，北京语言大学汉语国际教育研究院 / 预科教育学院。主要研究方向为汉语修辞学、语篇分析与对外汉语教学。

联通主义视域下人工智能时代的个人知识管理[*]

殷晓君

摘　要　人工智能的时代背景对个人的知识体系提出了更高的要求。本文
对个人知识管理的主要技能进行阐述、总结和完善，并提出了新
的思考。

关键词　人工智能　　联通主义　　个人知识管理

一、引言

个人知识管理一般指个人建立知识体系并不断完善，进行知识的收集、消化吸收和创新的过程，英文是 Personal Knowledge Management。这一概念最早是由美国加州大学洛杉矶分校的 Frand 和 Hixon 提出的。美国密歇根大学的 P. A. Dorsey 教授在其基础上完善了个人知识管理的概念。他指出，"个人知识管理应该被看作既有逻辑概念层面又有实际操作层面的一套解决问题的技巧与方法"。这一概念越来越受到学者的重视，并且具有很强的现实指导意义。

二、个人知识管理的必要性

随着互联网从 Web1.0 到 Web 2.0 的发展，数字化时代的信息呈爆炸式增长的态势。2005 年，乔治·西蒙思发表了《联通主义：数字时代的学习理论》，联通主义理论就是在这样的时代背景下产生的，这一理论对个人知识管理有很强的指导意义。

---

* 本成果受北京语言大学院级项目资助（中央高校基本科研业务费专项资金），项目批准号：
20YJ010404。

2.1 信息过载

区分重要信息和非重要信息的能力尤其重要。现在已经不是"开卷有益"的时代。

自人类进入数字时代以来，信息突然爆炸式增长，人们生产的信息远远超出了自身的应对能力。在数字时代以前，信息的主要载体是纸张和广播等。纸媒时代的出版、印刷和传播周期比较长，而且门槛也比较高，也就是说信息多以出版物的形式呈现出来。但是，到了数字时代，网络的力量完全颠覆了之前的信息呈现方式，网络以接近零成本的扩散能力，以史无前例的速度传播信息。更重要的是，信息要呈现给受众并不像之前的出版一样有门槛，自媒体越来越发达，任何个体都可以在网络上发出自己的声音。数以亿计的网站、博客以及其他平台爆炸式地生产各类信息。数字时代的人们深刻体会到了信息过载。不仅如此，除了信息量本身的过载，现在获取信息的渠道也过载了。过去人们说的"开卷有益"，已经不能适用于现在的社会了，如果不懂得区分重要信息和非重要信息，一味的"拿来主义"，很可能将宝贵的时间都浪费在信息垃圾上。

2.2 知识迭代快

知识更新的速度越来越快，知识倍增周期正在变得越来越短。彼得·圣吉说过"一个人学习过的知识，如果每年不能更新 7% 的话，那么这个人便无法适应社会的变化"。互联网很大的一个特点是"快"，特别是进入了移动互联网时代。我们所处的时代就是这样一个时代，人们的生活越来越高效，商业公司的广告语可见一斑，写着"多、快、好、省"的京东快递小车满城穿梭。因为知识的传输速度太快，很多知识没来得及出版已经过时了，全世界的人们可以实时关注世界任何一个角落发生的事情。

三、个人知识管理的主要技能

3.1 获取信息

传统时代信息的获取主要依靠纸媒以及掌握信息的人，数字时代，特别是互联网高度发达的今天，知识获取的方式十分丰富，比如说搜索引擎、网站、论坛、贴吧、问答系统以及智能软件等都是重要的信息来源。联通主义认为，管道比管道中的内容更有用（王志军、陈丽，2014），说的正是这一点。我们以 MOOC 为例，MOOC 为教育界熟知，并且在 2000 年以后引发了热切的关注，当时有人用"颠覆、海啸、大学关门"这些字眼来形容 MOOC 的影响。虽然笔者个人并不认为 MOOC 会取代学校，但是，它的出现确实大大拓宽了人们学习的渠道，国内外一流大学的学习课程可以分享给世界上任何一个角落不分年龄、不分教育背景的学习者，而且还是免费的。

3.2 筛选信息

在今天这样的信息爆炸时代，区分重要知识和非重要知识的能力显得尤其重要。

知识的门槛降低了。互联网就是一堆未经把门的谣言、流言与谎言的集合。（戴维·温伯格，2015）在今天，知识的门槛降低了，过去由于受印刷、出版成本等的影响，人们对于信息的态度是做减法，将知识简化到图书馆或者科学期刊上来获取它。而我们现在是通过做加法——将任何一种想法，它的每一个细枝末节都放置在巨大的、松散链接的网络之中，来获取知识。（戴维·温伯格，2015）在大量的信息中挖掘有用信息的能力变得十分重要。

知识更新快。信息科学技术加速了人类知识的更新速度。因此，我们在筛选信息的时候就需要了解到当前的情景。对待新知识、新事物的态度要积极，不然很可能会落伍。

知识与知识是不一样的，有些知识比其他知识的威力更大。少数的知识能够给我们带来关键的影响，这就是临界知识。（成甲，2017）在当今社会知识数量这一维度已远不如过去那么重要，现在更重要的是认知的深度。而临界知识就是对底层规律的把握。有了认知的深度才能把握好什么是值得学习的知识。

3.3 组织信息

信息越丰富就越需要对其有优良的组织。元数据是我们在组织管理信息时非常重要的一个概念。元数据主要是描述数据属性（property）的信息，用来支持如指示存储位置、历史数据、资源查找、文件记录等功能。其最本质、最抽象的定义为 data about data，是一种广泛存在的现象，在许多领域有其具体的定义和应用。当你在文件夹上贴上标签，你就是在利用元数据，这样就能更加容易地找到你需要的文件。（戴维·温伯格，2015）

3.4　建立新知识

分析信息，也可以称为知识再创造。联通主义认为，人脑中都存在自己的知识网络。网络中分布着很多节点，在获取新知识后，人脑会自动将获取到的新知识和与之相关的节点联结，联结后产生新的知识。

现在，除了信息内容的获取变得便捷、快速，随着人工智能技术的发展，很多时候我们在网上不但可以找到我们想要的知识，即"what you want"，更重要的是你可能会发现"what you need"。我们在搜索引擎上搜索我们需要的信息的时候，系统会根据我们的搜索为我们提供个性化推荐，有时候系统的推荐不仅能帮我们顺利地找到我们想要的知识，甚至可能会拓宽我们的思路，使我们发现"what we need"，也就是我们真正需要的知识。

现在，还有一个显著的现象就是我们在吸收、学习知识的同时也是在创造新知识。"交互"是联通主义的核心本质。举例来说，我们在一个论坛上获取信息的时候，除了信息原本的内容，我们可能会浏览论坛下面的评论，这些评论本身就会影响我们的判断。甚至有时候，我们会在评论区发帖与其他发表评论的学习者产生互动，互动的内容和过程，又会影响我们的判断。因此，这个时代的一大显著特征就是获取知识的同时也在创造知识，简单地说就是"知识的再创造"。人的知识网络就是在这样的过程中完善、更新的，并且这一过程会一直再循环、更新。

3.5　长线思考

有人认为，互联网的普及，一方面为碎片化学习提供了可能性，但同时，也把我们的注意力切割成了碎片，甚至终结了那些长线的、深入的思考。那事实是这样的吗？互联网真的终结了长线思考吗？事实上并非如此，恰恰相反，互联网的普及更大程度上促成了人与人之间的"交互"，当然也就是有利于长线思考的，我们从以下几个方面来阐述。

广度上，当今时代交互的广度比之前任何一个时代更加广泛。想象一下，在纸媒为主的时代，作者在论证一个论点的时候，只能通过自己与自己对话的形式，因为纸媒本身是一种单向的媒介，在成书之前很难有读者读到作者的观点，也就不能与他人产生思维的交互，但是在互联网时代就不同了。信息只要在网上公开就会引起大量人群的围观，这种人群的构成比例也是传统社会不可比拟的，过去针对某一个观点，可能采取座谈会、工作坊之类的形式展开谈论，这些讨论的人群通常就是某个领域的相对固定的一群人，但是在互联网上就不同了，这里没有了专业背景、从业经历、身份高低以及知名度差异，人人都可参与进来，只要他感兴趣。这种广度是之前无法比拟的。在人工智能日益发展的今天，除了传统的互联网方式，比如说论坛、网站、贴吧等，现在很多基于人工智能技术的产品，比如有的英语学习软件里面的聊天功能，其实就是利用了人工智能技术让人与背后的机器人进行聊天练习。还有，现在的翻译产品，比如腾讯君、百度翻译等都是人工智能类新产品，这些产品可以充当亦师亦友的角色。

速度上，在过去信息通讯不发达的年代，人们的交互周期会很长，比如说，一名硕士研究生要跟导师讨论自己的论文，在以前，这位学生要跑到导师的办公室，如果运气好，导师恰好在，可以保证这次的讨论能够进行。下次的讨论他还用采取同样的办法。现在，你可以随时将你的论文通过互联网的方式发给你的导师，导师可以第一时间收到学生的信息并及时给予反馈。他们也可以通过语音或者视频连接在线及时沟通。在网络上你发布的言论可以在第一时间让他人看到并收到回复，沟通效率史无前例地提高了。

成本上，现在网络越来越发达，除了极大地节省了沟通的时间成本，人们的通讯不需要支付额外的经济成本，经济成本也大大降低了。在过去，书信通讯的时代，人们只能在纸上把自己的想法通过文字的方式表达出来，以邮递的方式传达到对方手中，后来有了电话，可以通过电话的方式传播语音信息，但是不管是书信、传真还是电话的方式，这些都是收费的，如果要频繁地沟通，也是很可观的一笔费用。

方式上，在过去，书信或者传真的方式只能传递文字内容，后来的电话可以传递语音信息，但是都是比较单一的，互联网时代就不同了，人们可以通过时下的聊天工具选择及时的文字沟通，或者语音方式，或者视频方式，而且随着语音识别技术的发展，文字信息转语音也很快捷。

效果上，当然现在的交互也是史无前例的高效、便捷和充分。

四、个人知识管理的实施方案

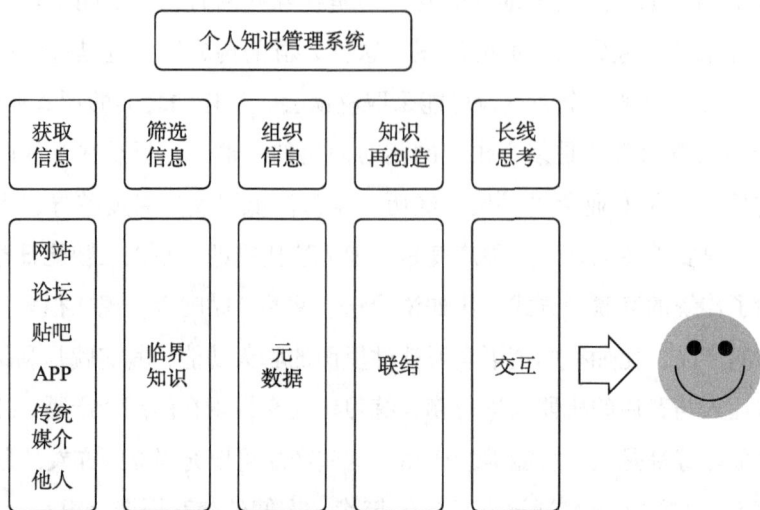

五、展望未来

《中华人民共和国国民经济和社会发展第十三个五年规划纲要》提出"建立个人学习账号和学分累计制度，畅通继续教育、终身学习通道"。我们说的"个人知识管理"与国家提出的"个人学习账号"是一致的，良好科学的个人知识管理不仅是为了提高学习的效率，同时也有利于个人学习的长期规划，也是响应国家的终身学习计划，适应未来社会发展的必备条件。

参考文献

成　甲（2017）《好好学习：个人知识管理精进指南》，北京：中信出版集团。

戴维·温伯格（2016）《知识的边界》，太原：山西出版传媒集团/山西人民出版社。

王志军、陈　丽（2014）联通主义学习理论及其最新进展，《开放教育研究》第5期。

Siemens, G. (2005) Connectivism: A learning theory for the digital age. *International Journal of Instructional Technology and Distance Learning*, 2(s101): 3-10.

作者简介

　　殷晓君，北京语言大学预科教育学院讲师，北京语言大学信息科学学院博士研究生。研究方向为语言智能与技术、语言学及应用语言学。